创新创业路径揭秘

张国庆　程洪莉　王　欢　毛付俊◎著

清華大学出版社
北　京

内 容 简 介

本书是教育部产学合作协同育人项目的一个阶段性成果。本书阐述了创新创业的基本规律，以创新创业路径理论为主线，系统地阐述了创新创业的基本逻辑和实训技能。本书内容全面、技训融合，具有较强的知识性、技能性和实用性，符合国家和教育部产学合作协同育人项目的创新创业人才培养需求。

本书分上、下两篇，分别是理论篇和实践篇。理论篇层层递进，阐释了创新创业的相关理论和基础知识，包括创新创业总述、创新创业理论、创新创业与职业人生、创新创业风险管理等相关内容。实践篇以创新创业路径理论为主线，串联了创意、创新、创造、创业、创富和资源整合等内容，理论联系实际，能够更好地帮助读者学习。

本书可作为公共基础课规划教材，适合研究生、本科生、专科生使用，也可作为企业和社会组织继续教育的培训用书，更好地培养创新意识、拓宽思维视野、提升创业素养，从而增强各类社会群体创新创业的能力，赋能青春力量实现创新创业的梦想。

图书在版编目(CIP)数据

创新创业路径揭秘/张国庆等著. —北京：清华大学出版社，2019
ISBN 978-7-302-52570-7

Ⅰ. ①创…　Ⅱ. ①张…　Ⅲ. ①创业—研究　Ⅳ. ①F241.4

中国版本图书馆 CIP 数据核字(2019)第 046907 号

责任编辑：杨作梅
装帧设计：杨玉兰
责任校对：吴春华
责任印制：李红英
出版发行：清华大学出版社
　　网　址：http://www.tup.com.cn, http://www.wqbook.com
　　地　址：北京清华大学学研大厦 A 座　　**邮　编**：100084
　　社 总 机：010-62770175　　**邮　购**：010-62786544
　　投稿与读者服务：010-62776969, c-service@tup.tsinghua.edu.cn
　　质量反馈：010-62772015, zhiliang@tup.tsinghua.edu.cn
印 装 者：三河市吉祥印务有限公司
经　销：全国新华书店
开　本：170mm×240mm　　**印　张**：16.5　　**字　数**：327 千字
版　次：2019 年 4 月第 1 版　　**印　次**：2019 年 4 月第 1 次印刷
定　价：59.00 元

产品编号：082333-01

前言

在浩瀚的历史长河中，曾有过多少卓越的发明创造，又曾有过多少惊叹的宏伟工程，它们都在一定的时空改变了人类的命运。创新是一个民族进步的灵魂，创业是国家兴旺发达的不竭动力。创新驱动战略、创新型国家建设引领着当代中国社会发展的潮流。“大众创业、万众创新”的号召获得了各个领域的关注，吸引了世界各国的目光。

当前国际政治形势错综复杂，全球经济复苏势头减弱。我国经济进入新常态，经济由高速增长转为中高速增长，由投资驱动转向创新驱动，经济结构不断优化升级。党的十九大提出，要“不断推进理论创新、实践创新、制度创新、文化创新以及其他各方面创新”，要在 2035 年跻身创新型国家前列，“鼓励更多社会主体投身创新创业”。有中国特色的社会主义新时代，社会对人才的需求发生了革命性的变化。从就业到创业，从初次创业到连续创业已经成为许多人的生活方式。以创业带动就业、以就业提升经济的社会发展格局即将迎来新的历史机遇。

长久以来，教育都具有追求创新创业人才培养的价值取向。创新创业教育得以孕育和产生，既是时代的需要，也是教育的追求。在广泛适应时代需求的同时，创新创业教育更符合学校永恒的教育理念。为培养学生的创新创业能力，教育部要求全国高校加强创新创业教育。因此，高校亟待开设适合大学生的创新创业课程，这些课程面向全体学生，作为必修课或选修课纳入学分管理。

然而，以培养学生“双创”精神为目标的创新创业教育不能简单地与商业、经济学科等混为一谈。创新创业教育，主旨在于激发学生创新创业的激情与梦想；创新创业教育，意义在于启发学生创新创业的思想和意识；创新创业教育，行动在于传授学生创新创业的理论和知识；创新创业教育，目标在于增强学生从事创新创业活动的实践能力。

当前，我国创新创业教育的内在需求急剧膨胀，亟须建立良好的创新创业教育体系。本学科团队经过多年的探索和实践，立足于中国创新创业发展的前沿，积累了丰富的理论知识和实践经验，愿意奉献给青年学子和社会创业者。因此，本书统筹教育部创新创业的教学要求，依据国家创新创业人才培养的实际情况，结合具有典型特征的实践前沿，旨在帮助学习者树立创新创业理念、增强创新创业能力，实现创新创业理论与实践的有机融合。

本书的结构分为上、下两篇，分别为理论篇和实践篇。理论篇层层递进，阐释了创新创业的相关理论基础，包括创新创业总述、创新创业理论、创新创业与职业人生、创新创业风险管理等相关内容。实践篇以“五创”路径为主线，分别阐述了创意、创新、创造、创业、创富和资源整合。通过理论与实践相结合的方式，对“五创”理论进行了创新创业路径揭秘。各章互相联系、技训融汇、理论联系实际，能够帮助读者更好地掌握创新创业的基本理论和社会实践。

本书由张国庆负责统筹工作，王晓红负责审核工作。具体各章的写作分工如下：第一章由中关村学院程洪莉撰写，第二章由中关村加一战略新兴产业人才发展中心张国庆撰写，第三章由山东大学孙大永、包头师范学院张东虎撰写，第四章由北京城市学院段玉厂撰写，第五章由梯队科技(北京)有限公司毛付俊撰写，第六章由中关村加一战略新兴产业人才发展中心王欢撰写，第七章由中国地质大学长城学院秦晓杰撰写，第八章由中关村加一战略新兴产业人才发展中心张国庆撰写，第九章由北京蓝石智汇教育科技有限公司商克伟撰写，第十章由中关村加一战略新兴产业人才发展中心王晓红、中关村学院张萌撰写。

本书是教育部协同育人项目合作的一个阶段性成果。在本书撰写过程中，感谢科技部原副部长刘燕华、中共中央统战部机关党委原常委岳庆平、中国青年政治学院副院长李家华、北京市教育科学研究院原副院长吴晓川、中关村管委会原副主任夏颖奇、北京大学产业技术研究院原院长陈东敏、曲阜师范大学副校长辛杰、山东省人力资源和社会保障厅副厅长夏鲁青、人力资源和社会保障部职业技能鉴定中心协调指导处(研发室)副编审许远、山东省城镇劳动训练中心主任杨卫华等有关专家的悉心指导。

2018 年，是改革开放四十周年。四十年的发展巨变，四十年的劈波斩浪，四十年的中国梦想实现了起飞。2018 年，是新时代的开局之年，这个新时代比任何时候都接近中国梦想，将为两个“一百年”的奋斗目标不懈努力。我们衷心希望本书能够为我国的创新创业人才培养提供理论借鉴，为创新型国家建设奉献微薄之力。国家发展日新月异，学海无涯路远且长。我们当把握时代的脉搏，砥砺前行，无愧于教育事业赐予我们的崇高使命，无愧于时代赋予我们的神圣职责。由于水平所限，书中难免存在一些不足，恳请各位同仁、读者批评与指正。

张国庆

2018 年 12 月于北京中关村

目录 Contents

上篇 理论篇

下篇 实践篇

上篇

理 论 篇

我们正处在一场静悄悄的大变革中——它是全世界人类创造力和创业精神的胜利。我相信它对 21 世纪的影响将等同或超过 19 世纪和 20 世纪的工业革命。

——杰弗里·A.蒂蒙斯(Jeffry A.Timmons)

美国创新创业教育之父，美国百森商学院创业学教授

第一章 创新创业总述

内容提要

本章从创新创业的国内外背景切入，阐释了创新创业的概念、含义、特点等基础理论，并从教育的视角论述了创新创业教育的定位及其目标，最后概括了创新创业学的的概念、研究范畴及其学科性质。

要借改革创新的“东风”，推动中国经济科学发展。在 960 万平方公里的土地上掀起“大众创业”“草根创业”的新浪潮，形成“万众创新”“人人创新”的新态势。

——李克强

第一节　国内外创新创业

一、国外的创新创业

当今世界，新一轮科技革命与产业变革相互交织、加速演进，科技创新日益成为推动世界经济增长、重塑全球经济格局的关键力量。许多发达国家和新兴经济体纷纷把科技创新作为打造竞争优势的重要手段，抢占未来发展的制高点。2013 年，美国就制定了《国家创新战略》和《先进制造业国家战略计划》，提出要在 10 年内创建 45 个制造业创新研究所，加速再工业化和制造业回归。欧盟加大了整合各成员国创新资源的力度，制定了“工业复兴战略”，启动“地平线 2020”计划。德国发布了“高技术战略 2020”，实施“工业 4.0”计划，力图奠定在重要关键技术上的国际顶尖地位。日本发布了《科技创新综合战略》，推动实现科技创新立国的目标。韩国制定了《第六次产业技术创新计划》，致力于实现向先进产业强国的飞跃。俄罗斯颁布《2013—2020 国家科技发展计划》，确定八大领域的研究方向。

作为发达国家的美国，被誉为全球最具创新性的国家，是全球科技创新中心的所在地，是全球创新的引领者和风向标。在美国，推动高校师生创新创业成为有效服务国家创新发展战略的重点之一。美国政府所属创新创业办公室直接与美国各大学进行对接，深度了解高校的创新创业情况，共同培育具有市场经济价值的创业项目。2013 年 7 月，美国发布了《创新与创业型大学：聚集高等教育创新和创业》的报告，明确大学创新创业中的五大核心活动领域，即促进学生创新和创业、鼓励老师创新和创业、支持高校专利及科技成果转化、促进校企合作及参与区域和地方经济。美国的高校中，有为本科生、研究生和博士后研究人员提供支持创业的课程和计划。学生可以参加跨越不同学科的学习，更好地理解创新创业，为其以后的创新创业奠定基础。建立高校与企业的联系，是推动创新创业的重要途径，如斯坦福大学(资料拓展 1-1)便是这样的代表。

【资料拓展 1-1】斯坦福大学的校企合作

美国斯坦福大学一直致力于校企合作，首创了“科技工业园区”模式，这是一种有利于创新创业的新模式。在这种模式下，一方面可以让企业得到高校最新的专利等科研成果，实现建立在创新基础上的快速发展；另一方面，高校得到企业支持，可以更好更快地完成发明创造项目，持续为企业服务。斯坦福大学与硅谷之间多年来形成的这种良性循环成为美国产学研合作的典范。

德国的创新创业在全球也极具竞争力。虽然德国只有八千多万人口，但是它是继中美之后的第三大出口国。德国的创新能力是其经济保持繁荣的重要原因之一，现在有超过 3 万家研究型企业和超过 11 万家创新型公司不间断地为市场提供新产品。其中，中小企业的科技创新能力在发达国家首屈一指。2012 年，德国有 1307 家中小企业位列世界“隐形冠军”的统计范畴，美国有 366 家，日本有 220 家。[①]德国所取得的这些成就，很多都归功于其创新创业教育的体系。德国的职业教育非常发达，年轻人一半的时间在企业、一半的时间在学校，非常重视知识的更新和创新。同时，德国政府和金融研究机构联合在中学、大学开设创新创业课程，让学生很早就开始尝试自己开公司，接触和熟悉企业管理及经营知识，积极培养学生的创新创业意识。同时，德国联邦教研部通过实施“EXIST”区域创业计划，选出哈根、德累斯顿、耶拿、魏玛等市，支持这些地区的大学和校外经济界、科学界和政府部门建立合作伙伴关系，推动和支持大学的创新创业活动，提高创新创业质量。

显然，很多国家都制定了专门的国家发展战略。这些不仅体现在国家战略上，而且也深入高校教育领域。各国都把创新创业作为未来发展的核心战略，超前部署，加快推进，被视为全球第四次创新创业浪潮的到来。

在美国康奈尔大学、欧洲工商管理学院和世界知识产权组织最新发布的全球创新指数(GII)排行榜上，中国跻身世界上最具创新性的前 20 个经济体之列，而瑞士则继续独占鳌头。2018 年全球创新指数前十名的国家分别是：瑞士、荷兰、瑞典、英国、新加坡、美国、芬兰、丹麦、德国和爱尔兰。中国排在第 17 位，比 2017 年前进了 5 位，首次跻身全球创新指数 20 强。虽然有所进步，但与发达国家相比，还有较大的差距。逆水行舟，不进则退。面对严峻的形势，必须在创新驱动上寻求更大突破，培育竞争新优势。

二、国内的创新创业

(一)创新创业的国家驱动战略

创新是人类文明进步的原动力，人类发展史就是一部创新史。5000 多年的中华文明，历经风雨沧桑却没有中断，靠的就是在传承中创新，在创新中传承。历史上，中华民族为世界文明做出过重大贡献，四大发明造福人类，丝绸、陶瓷、茶叶等产品漂洋过海，织造、冶炼、天文、算学、中医、农学等科技领先世界。从公元 6 世纪到 16 世纪，中国的重大科技成果曾占到世界的半数以上。

工业革命发生前，中国经济、科技、文化一直处在世界的第一方阵。近代以来，以蒸汽机、电气技术、通信技术的发明和应用为代表的三次科技革命，分别让人类社会迈入机械化时代、电气化时代、信息化时代。每一次科技革命，都极大地解放了社会生产力，推动人类社会物质和精神财富不断迈向新的高度。但同时期的中国，与世

① 张明妍. 德国创新创业现状及其生态体系构建对我国的启示[J]. 科技与经济，2017(3)：26-29.

界科技发展潮流渐行渐远，多次错失富民强国的历史机遇，逐步沦为半殖民地半封建社会，国家和人民遭受了沉重的苦难。

新中国成立后，共和国的缔造者们励精图治，克服千难万险，在条件极其艰苦的情况下，完成了两弹一星，依靠自己的力量，紧紧追赶世界发达国家飞速发展的脚步。特别是改革开放以来，中国驶入创新发展的快车道，用了 40 年的时间，大大缩短了与世界科技的差距，提高了整体竞争力。改革开放本身就是一场规模宏大、史无前例的创新活动。正如习近平主席在庆祝改革开放 40 周年大会上的讲话中所说："改革开放是我们党的一次伟大觉醒，正是这个伟大觉醒孕育了我们党从理论到实践的伟大创造。"

改革开放的第一个十年，通过联产承包责任制的制度创新，极大地释放了农民的生产力，在同样的土地上，同样的农民，创造出了巨大的产能，用十年时间解决了大部分人的吃饭问题。改革开放的第二个十年，通过允许经商，极大地释放了商人的生产力，全国兴起经商热潮，下海经商成为一股时尚潮流。改革开放的第三个十年，通过吸引外资企业在沿海建厂，极大地提高了我国的工业化水平，中国制造作为中国的一张亮丽名片享誉全球。改革开放的第四个十年，通过允许科技工作者创办企业的政策创新，极大地激发了科技工作者的创新热情，释放出核能一般的爆发力。未来的十年将通过"一带一路"的倡议，讲好中国故事，让中国先进文化影响全世界，将文化与科技融合，把中国先进的文化、科技生活方式传播到世界各地的黄金时期。

通过改革开放，极大地激发了人民群众的创新创造精神，形成了推动经济社会发展的强大动力。通过改革开放，中国面貌发生了翻天覆地的变化，用四十年时间走完了发达国家三百年走过的发展历程。正反两方面的事实告诉人们，创新强则国运昌，创新弱则国运衰。

党的十八大提出实施创新驱动发展战略，强调科技创新是提高社会生产力和综合国力的战略支撑，必须摆在国家发展全局的核心位置。这是党中央在新的发展阶段确立的纵览全局、面向全球、聚焦关键、带动整体的国家重大发展战略。创新驱动就是创新成为引领发展的第一动力，科技创新与制度创新、管理创新、商业模式创新、业态创新和文化创新相结合，推动发展方式向依靠持续的知识积累、技术进步和劳动力素质提升转变，促进经济向形态更高级、分工更精细、结构更合理的阶段演进。

2014 年 9 月 10 日，国务院总理李克强在天津夏季达沃斯论坛开幕式上第一次提出"大众创业、万众创新"。他明确指出：中国永远做开放大国、学习大国、包容大国。从中国国情出发，努力建设成为一个创新大国……要借改革创新的"东风"，推动中国经济科学发展，在 960 万平方公里的土地上掀起"大众创业""草根创业"的新浪潮，形成"万众创新""人人创新"的新态势。在 2014 年 11 月 20 日首届世界互联网大会上，他又提出"促进互联网共享共治，推动大众创业、万众创新"。

《2015 年政府工作报告》中提出，"我们要把握好总体要求，着眼于保持中高速增长和迈向中高端水平'双目标'，坚持稳政策稳预期和促改革调结构'双结合'，打造大众创业、万众创新和增加公共产品、公共服务'双引擎'，推动发展调速不减势、量增质更优，实现中国经济提质增效升级。……另一方面，推动大众创业、万众创新，这既可以扩大就业、增加居民收入，又有利于促进社会纵向流动和公平正义。我国有 13.8 亿人口、9 亿劳动力资源，人民勤劳而智慧，蕴藏着无穷的创造力，千千万万个市场细胞活跃起来，必将汇聚成发展的巨大动能，一定能够顶住经济下行压力，让中国经济始终充满勃勃生机。政府要勇于自我革命，给市场和社会留足空间，为公平竞争搭好舞台。个人和企业要勇于创业创新，全社会要厚植创业创新文化，让人们在创造财富的过程中，更好地实现精神追求和自身价值。”

中共中央、国务院《关于深化体制机制改革加快实施创新驱动发展战略的若干意见》(中发〔2015〕8 号)提出了加快实施创新驱动发展战略的总体思路：“加快实施创新驱动发展战略，就是要使市场在资源配置中起决定性作用和更好发挥政府作用，破除一切制约创新的思想障碍和制度藩篱，激发全社会创新活力和创造潜能，提升劳动、信息、知识、技术、管理、资本的效率和效益，强化科技同经济对接、创新成果同产业对接、创新项目同现实生产力对接、研发人员创新劳动同其利益收入对接，增强科技进步对经济发展的贡献度，营造大众创业、万众创新的政策环境和制度环境。”

国务院《关于大力推进大众创业万众创新若干政策措施的意见》(国发〔2015〕32 号)指出，“推进大众创业、万众创新，是培育和催生经济社会发展新动力的必然选择。推进大众创业、万众创新，就是要通过结构性改革、体制机制创新，消除不利于创业创新发展的各种制度束缚和桎梏，支持各类市场主体不断开办新企业、开发新产品、开拓新市场，培育新兴产业，形成小企业‘铺天盖地’、大企业‘顶天立地’的发展格局，实现创新驱动发展，打造新引擎、形成新动力。……推进大众创业、万众创新，就是要通过转变政府职能、建设服务型政府，营造公平竞争的创业环境，使有梦想、有意愿、有能力的科技人员、高校毕业生、农民工、退役军人、失业人员等各类市场创业主体‘如鱼得水’，通过创新创业增加收入，让更多的人富起来，促进收入分配结构调整，实现创新支持创业、创业带动就业的良性互动发展。……推进大众创业、万众创新，是激发全社会创新潜能和创业活力的有效途径。目前，我国创业创新理念还没有深入人心，创业教育培训体系还不健全，善于创造、勇于创业的能力不足，鼓励创新、宽容失败的良好环境尚未形成。推进大众创业、万众创新，就是要通过加强全社会以创新为核心的创业教育，弘扬‘敢为人先、追求创新、百折不挠’的创业精神，厚植创新文化，不断增强创业创新意识，使创业创新成为全社会共同的价值追求和行为习惯。”

《中华人民共和国国民经济和社会发展第十三个五年规划纲要》指出，实施创新驱动发展战略，“把发展基点放在创新上，以科技创新为核心，以人才发展为支撑，推动科技创新与大众创业万众创新有机结合，塑造更多依靠创新驱动、更多发挥先发优势的引领型发展”；实施就业优先战略，“实施更加积极的就业政策，创造更多就业岗位，着力解决结构性就业矛盾，鼓励以创业带就业，实现比较充分和高质量就业”。进一步推进创新创业，“将大众创业万众创新融入发展各领域环节，鼓励各类主体开发新技术、新产品、新业态、新模式，打造新引擎”。

2016 年 5 月，中共中央、国务院发布了《国家创新驱动发展战略纲要》，指出了国家创新驱动发展“三步走”战略目标，“到 2050 年建成世界科技创新强国，成为世界主要科学中心和创新高地，为我国建成富强民主文明和谐的社会主义现代化国家、实现中华民族伟大复兴的中国梦提供强大支撑”[①]。2017 年，《国务院关于强化实施创新驱动发展战略进一步推进大众创业万众创新深入发展的意见》(国发〔2017〕37 号)中指出：“大众创业、万众创新深入发展是实施创新驱动发展战略的重要载体”。

2018 年，国务院将创新创业提升了一个新的高度，发布了《关于推动创新创业高质量发展　打造“双创”升级版的意见》，深入实施创新驱动发展战略，将创新创业推向一个新的高度。所有这些表明，国家正在将创新创业打造成引领国家发展的重要引擎，驱动着我国向高科技、高精尖的领域迈进。

(二)创新创业的经济实体活跃

对一个国家和地区的经济发展而言，创新创业无疑具有巨大的推动作用。伴随着创新创业实施的国家驱动战略，我国创新创业的经济实体纷纷崛起。2015 年，我国平均每天新登记注册企业 1.2 万户，比 2014 年提升 20%。在国家高新技术产业开发区，创新创业效果更加凸显：2015 年中关村国家自主创新示范区高新技术企业实现总收入 4.07 万亿元，同比增长 12.8%；新创科技企业 2.4 万家，同比增长 84.6%。[②]中关村创业呈现“天使投资+合伙人制+股权众筹”等新趋势，创新创业活力显著提升。作为创新企业培育“策源地”，中关村先后诞生了联想、百度、京东、小米等一批代表性领军企业，拥有上市公司 320 多家，独角兽企业近 70 家，天使、创投发生金额与投资案例均占全国 1/3 以上。[③]“十二五”期间，北京、上海、深圳等创新集聚城市，创新创业成果呈指数级增长，全社会的创新创业热情不断高涨，经济增长的内生动力不断增强。

《全球创新创业观察 2016/2017 中国报告》中指出，中国创新创业活动的质量在提高。从中国早期创新创业活动的结构特征来看，机会型创新创业比例由 2009 年的 50.87%提高到 2016—2017 年度的 70.75%；同时，中国创业者的产品创新性、创新创业成长性和国际化程度在提高。2009 年，20.19%的创业者认为自己提供的产品/服务具有创新性，2016—2017 年度这一比例为 28.76%。2009 年，15.65%的创业者认为企业具备高成长潜力，可以在五年内创造 10 个及以上就业岗位，2016—2017 年度这一

---

① 中共中央国务院、国家创新驱动发展战略纲要[2]. 2016-5-19.

② 刘晓春，张善利，张国庆. 创业导向[M]. 北京：教育科学出版社，2017.

③ 中关村国家自主创新示范区创新成果展开幕[EB/OL]. http://www.zpark.com.cn/newsinfo.aspx?id=11232，2018-8-27.

比例为 22.74%。创业者的海外客户比例提升最为明显，2009 年仅有 1.4%的创业者针对海外市场，而 2016—2017 年度 7.67%的中国创业者拥有海外客户[①]。

第二节　创新创业的内涵

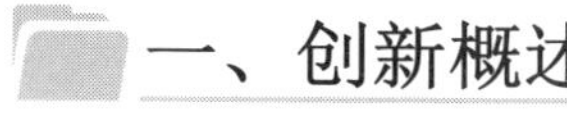

一、创新概述

(一)创新的含义

“创新”一词，最早出自《南史•后妃传》，是指创立或创造新的东西，这与发明创造比较相近。后引申为以新思维、新发明和新描述为特征的一种概念化过程。在漫长的古代文明发展进程中，正是创新的力量在推动着人类文明不断向前。人类历史上，早期的创新成果主要是指科技创新，包括“原创性科学研究”和“技术创新”，如中国的四大发明就属于这个范畴。

人们对创新概念的理解最早主要是从技术与经济相结合的角度，探讨技术创新在经济发展过程中的作用，主要代表人物是现代创新理论的提出者熊彼特。熊彼特认为，所谓创新就是要“建立一种新的生产函数”，即“生产要素的重新组合”，就是要把一种从来没有的关于生产要素和生产条件的“新组合”引进生产体系中去，以实现对生产要素或生产条件的“新组合”。

党的十八大以来，习近平总书记高度重视创新发展。2013 年，习近平在欧美同学会成立一百周年庆祝大会上指出：“创新是一个民族进步的灵魂，是一个国家兴旺发达的不竭动力，也是中华民族最深沉的民族禀赋。在激烈的国际竞争中，惟创新者进，惟创新者强，惟创新者胜。”同时，他在多次讲话和论述中都反复强调“创新”，内容涵盖了科技、人才、文化等方面的创新。当前，我国正在建设创新型国家。这是一个创新的时代，创新就在人们身边。高铁缩短了人们出行的距离，海水稻解决了粮食短缺，共享单车解决了“最后一公里”交通问题等，这些都已被人们所熟悉，也给人们的生活带来了诸多方便。

当然，在很多人的观念里，创新几乎等同于高科技，认为生产高科技产品才称得上为创新。很多评价体系也通常以一个企业或一个国家在一段时间所获得的专利数量来衡量它的创新程度。这样的观念使得创新囿固于少部分专业人士或专业部门，无法触及个人内心深处的创新灵感。虽然专利可以为公司产生价值，但是那些勇于向传统智慧挑战、敢于提出新想法、不墨守成规的个人可能蕴含着更高的创造力，如马云。

① 清华大学. 全球创新创业观察 2016/2017 中国报告[EB/OL]. http://finance.people.com.cn/n1/2018/0128/c1004-29791128.html，2018-1-28.

在全球主要企业的“创新力”排行榜中，阿里巴巴是唯一一家入选的中国企业。①

创新是指在一定范围内(通常是指一个国家内或世界范围内)首次引入新东西、引入新概念或制造新变化的过程或行为。狭义上说，创新是指创新主体以现有的思维模式提出有别于常规或常人思路的见解，利用现有的知识和物质，在特定的环境中，本着理想化需要或为满足社会需求，而改进或创造新的事物、方法、元素、路径、环境，并能获得一定有益效果的行为。广义上说，创新是指人类为了满足自身需要，不断拓展对客观事物及其自身的认知与行为的活动。

(二)创新的分类

从规模以及对系统的影响程度来考察，可分为局部创新与整体创新。局部创新是指在系统性质和目标不变的前提下，系统活动的某些内容、某些要素的性质或其相互组织的方式，系统的社会贡献的形式或方式等发生变化。整体创新则往往改变系统的目标和使命，涉及系统的目标和运行方式，影响系统的社会贡献性质。

从创新与环境的关系分析，可分为防御型创新和攻击型创新。防御型创新是指由于外部环境的变化对系统的存在和运行造成了某种程度的威胁，为了避免威胁或由此造成的系统损失扩大，系统在内部展开的局部或全局性调整。攻击型创新是在观察外部世界运动的过程中，敏锐地预测到未来环境可能提供的某种有利机会，从而主动地调整系统的战略和技术，以积极地开发和利用这种机会，谋求系统的发展。

从创新的时期来看，可分为初建期的创新和运行中的创新。初建期的创新是指系统在组建过程中的一系列创新活动，如系统目标、系统结构、系统规划等。因此，组建本身就是一项创新活动，其中蕴含的创新思想，创造的创新系统，都属于初建期的创新。运行中的创新是指在系统组建完毕并开始运行之后，系统的管理者不断寻找、发现和利用新的机会，调整系统的结构、扩大系统规模的创新过程。

从组织程度来看，可分为自发创新和组织创新。自发创新是指随着外界变化而对系统自身的内容、方式、目标等进行积极或消极的调整的创新过程。组织创新是指管理人员根据系统的内外部环境，积极地引导和利用各要素进行有计划、有规律的创新过程。

从内容来看，可分为目标创新、技术创新、制度创新、组织创新、市场创新等。目标创新是指根据社会需要、市场环境、消费需求等变化，不断进行系统自身创新从而获得利润的创新过程。技术创新是指系统在发展过程中广泛运用先进的科学技术，在人、机、料、工艺、产品等方面进行创新的过程。制度创新是指从政治、经济、管理等角度来变革系统各成员的社会行为和关系网络的创新过程。组织创新是指系统的运行制度、运行载体、系统结构(或机构)等方面的创新过程。市场创新是指通过新产品开发、地理转移、宣传促销等活动去引导消费、创造需求的创新过程。

---

① 崇珅. 出海记丨阿里巴巴闯入全球“创新力”企业十强[EB/OL].http://www.cankaoxiaoxi.com/finance/20181224/2366228.shtml，2018-12-24.

(三)创新案例

【案例导入 1-1】空气净化器

雾霾的出现，让大家更关注空气的清洁。现在绝大部分家庭都购置了空气净化器。全世界所有品牌的空气净化产品中，以过滤吸附作为核心技术的产品几乎占90%以上。这种类型要看过滤网，过滤网分粗过滤、中过滤、细过滤三种。中效过滤可以吸附 PM10 和 PM50 的颗粒，过滤 PM2.5 一定要用高效过滤器。市场上绝大部分的净化器企业没有自己的核心技术，只是一个外观、一个模具，只有极少数企业有核心技术。但国内有核心技术滤网的企业一般不生产整机，只卖滤网。另外，从使用角度来说，即便使用非常好的滤网，不及时更换滤网也有很大的风险，一是灰尘越积累越多，净化效率就下降了；二是如果不及时更换，超过一定时限又会造成二次污染。大家在使用过程中也发现，传统的净化器使用的都是滤芯净化技术，当滤芯使用到一定程度后，就需要更换。

为了消除消费者换滤芯的痛苦，生态型空气净化器生泰宝应运而生。生泰宝(见图 1-1)的核心技术是模拟大自然的湿地净化技术，空气分别经过微晶活性炭、水幕净化、分子络合[①]净化、纳米光催化净化、紫外净化、负离子净化六道净化，最后排出干净空气。微晶活性炭、水幕净化、分子络合净化过滤的有害物质，通过循环转移系统转移到生态湿地中，在植物、生物、介质的共同作用下，有害物质被分解，并转换为植物的营养被植物吸收。从外观上说，只要植物长得好，就表示空气质量是好的。通过使用仿生创新法，净化器形成了自我生态系统，在净化空气的同时，还为净化器自带植物提供养分。

图 1-1 生泰宝生态空气净化器

① 分子络合技术是目前能够真正有效彻底去除室内装修污染，尤其是化学污染的技术。该技术首先对室内装修污染甲醛、苯、氨等污染物进行收集、捕捉，再通过亚都专利技术成果——甲醛捕捉剂和水组成的络合分解体系，分别将甲醛和氨等气态短分子链物质，迅速络合转化为不可逆的长分子链固态物质，并分解生成氨盐，结聚、沉淀于水中清除分离，排放出清洁空气。据科技部等有关专家鉴定，分子络合锁定技术属于我国原创技术，在全球范围内拥有完全的自主知识产权，其产品达到国际先进水平。

二、创业概述

(一)创业的含义

这是一个鼓励创业、支持创新的时代。在国家政策的指引下，越来越多的个人变身创客，走上了创新创业之路。创新创业不仅意味着可以创造出更丰富更贴心的产品和服务，为社会创造财富，而且能够让创业者施展才能，实现自身的社会价值和人生理想。我国在《就业促进法》中明确规定："国家倡导劳动者树立正确的择业观念，提高就业能力和创业能力；鼓励劳动者自主创新、自谋职业。"《现代汉语词典》对创业的解释是"创办事业"。《辞海》对创业的解释是"创立基业"。

创业有广义和狭义之分。广义的创业是指创造新的事业的过程。也就是说，所有创造新事物的过程都是创业。无论是创建新企业、企业内部创业，还是在工作岗位上创造性地发挥自己的聪明才智，通过发现机会、整合资源实现自己的价值和抱负，都可以称为创业。所以从广义的角度去理解，创业既包括创立营利性的组织，也包括创立非营利性的组织；既包括运行政府设置的部门和机构，也包括运行非政府设置的组织机构；既包括从事大型的事业，也包括从事小规模的个人和家庭事业。

狭义的创业是指创建一个新企业的过程。新创建一个企业一般需要符合以下几个方面的条件：①企业的创办必须符合法定的程序；②企业能够提供满足市场需求的产品和服务；③创新企业需要确定适合于产品或服务的营销模式；④创新企业需要一个创业团队，并能根据企业发展的需要进行有效的管理，包括技术管理、财务管理、营销管理、人力资源管理等。

总体来说，无论是广义的创业，还是狭义的创业，都是指通过发现和识别商业机会，利用各种资源来创办新企业，以及不断提供新产品或新服务，而创造社会价值和商业价值的过程。

(二)创业的分类

1. 按创业动机分类

依据创业者的创业动机，将创业分为生存型创业和机会型创业。2001 年，全球创业观察(GEM)报告最先提出了生存型创业和机会型创业的概念。

生存型创业，是指创业者为了生计而被动进行的创业。这种类型的创业者大多为下岗工人、失去土地或因为种种原因不愿困守乡村的农民，以及刚刚毕业找不到工作的大学生。这是中国数量最大的一个创业人群。清华大学的调查报告说，这一类型的创业者，占中国创业者总数的 90%。当然也有因为机遇成长为大中型企业的创业，但数量极少，像刘永好兄弟创立的希望集团、鲁冠球打造的万向集团等。

机会型创业是指创业者为了追求商业机会，谋求更多发展而从事的创业活动。如李彦宏创办百度公司就是典型的机会型创业。他舍弃了在美国的高薪岗位，毅然回国创业，主要原因是他发现和把握了互联网搜索引擎存在的巨大商机，同时也是期望实现人生的更大发展。相比较而言，机会型创业的创业者拥有较高的学历。这个群体能够关注新的市场机会，拥有更高的技术含量，无论从提高经济效益还是改善经济结构，或拉动社会就业等方面，更容易获得政府关注和创业资金支持。有关数据显示，中国参与早期创业的人员中，具有大专及以上文化程度的比例为 47%，而加拿大为 82%、法国为 81%、美国为 79%[①]。与他们相比，中国创业群体的学历水平明显低于发达经济体。

2. 按创业绩效分类

依据创业绩效进行分类，是一种常见的分类形式。这种分类方法有助于创业者关注创业活动绩效，提升创业活动的质量，有助于创业取得成功。在这方面，克里斯琴(Christian，2000)的分类更具代表性。他依照创业对市场和个人的影响程度，将创业分为四种类型。

(1) 复制型创业，是指复制原有公司或单位的经营模式而获取利益的活动。这种类型的创业效果对创新的贡献率很低，很少被纳入创业管理课程中而被认同。

(2) 模仿型创业。这种形式的创业，对于市场虽然无法带来新价值的创造，创新的成分也很低，但与复制型创业的不同之处在于，创业过程对于创业者而言还是具有很大的冒险成分。例如，某一纺织公司的经理辞掉工作，开设一家当下流行的网络咖啡店。这种形式的创业具有较高的不确定性，学习过程长，犯错机会多，代价也较高昂。这种创业者如果具有适合的创业人格特性，经过系统的创业管理培训，掌握正确的市场进入时机，还是有很大机会可以获得成功的。

(3) 安定型创业。这种形式的创业，虽然为市场创造了新的价值，但对创业者而言，本身并没有面临太大的改变，做的也是比较熟悉的工作。这种创业类型强调的是创业精神的实现，也就是创新的活动，而不是新组织的创造，企业内部创业即属于这一类型。例如，研发单位的某小组在开发完成一项新产品后，继续在该企业部门开发另一项新产品。

(4) 冒险型创业。这种类型的创业，除了会给创业者本身带来极大改变外，个人前途的不确定性也很高；对新企业的产品创新活动而言，也将面临很高的失败风险。冒险型创业是一种难度很高的创业类型，有较高的失败率，但成功所得的报酬也很惊人。这种类型的创业如果想要获得成功，必须在创业者能力、创业时机、创业精神发挥、创业策略研究拟定、经营模式设计、创业过程管理等各方面，都有很好的搭配。

3. 按创业性质分类

根据创业的性质，可以分为传统技能型创业、高新技术型创业和知识服务型创业

① 清华大学. 全球创业观察 2016/2017 中国报告[EB/OL].http://finance.people.com.cn/n1/2018/0128/c1004-29791128.html.

三种类型。

(1) 传统技能型创业，是指使用传统技术、工艺进行创业的项目。它具有永恒的生命力，尤其是酿酒、饮料、中药、工艺美术品、服务与食品加工、修理等与人们日常生活相关的行业。在这些行业中，独特的传统技能项目表现出了经久不衰的竞争力，许多现代技术无法与之竞争，如同仁堂、景德镇瓷器等。

(2) 高新技术型创业，是指知识密集度高，持续进行研究开发与技术成果转化，形成企业核心自主知识产权，带有前沿性、开发性的新技术、新产品项目，如腾讯、IBM、紫光等。

(3) 知识服务型创业，是指为人们提供知识、信息的创业项目。当今社会，信息量越来越大，知识更新越来越快，各类知识性咨询服务的机构将会不断细化和增加，如律师事务所、管理咨询公司、广告公司、培训机构等。这类项目投资少，见效快。

4. 按创业者的数量分类

按照创业的人数进行分类，分为独立创业和合伙创业。

独立创业是指创业者独立创办企业的过程。这种创业的优势是创业者按照自己的思路来经营和发展企业，无须迎合他人对企业经营的干扰。如余世维便是独立创业类型。这种独立创业的优势是产权清晰，责任明确，利润归创业者所独有。缺点是创业者独自承担风险，创业资金筹备困难，企业发展也可能受到个人能力限制。

合伙创业是指两个及两个以上的创业者共同创办一个企业的过程。如新东方创业团队便是这种类型。这种创业类型由于是由几个人共同创办，有利于优势互补，也有利于共担风险，形成一定的团队优势。不足的是，容易产生利益冲突，企业内部管理费用较高，在某一决策方面也容易产生分歧等。

5. 按创业的方向或风险分类

依附型创业，是指依附于他人或他类企业的某种形式进行的创业。例如，依附于大企业或产业链而生存的企业，这类创业专门为某个或某类企业生产零配件、包装材料等。又如，特许经营权，即利用他人或他类的品牌效应或成熟的经营管理模式，以减少创业风险的创业，如黄焖鸡米饭、麦当劳等。

尾随型创业，是指模仿他人的一种创业方式。这种类型的创业在市场上拾遗补阙，不求独家承揽全部业务，只希望能够在短期内维持，并随着学习的成熟再逐步进入强者行列。

独创型创业，是指提供的产品或服务能够填补市场空白的创业方式。这种创业大到产品本身，小到产品的某方面技术，都具有独一无二的特性。这种独创型新产品不但具有非同一般的生产工艺、配方、原料、核心技术，而且有长期市场供应的需求。但这种创业可能有一定的风险，在客户和消费者认同度等方面需要一个过程。但一旦获得认同，采用一定的销售模式，便可以在短时间内获得无限商机，如微信、支付宝、共享单车等。

对抗型创业，是指进入其他已经形成垄断或高度认同感的市场，与之对抗较量的一种创业方式。这类创业的风险极高，必须知己知彼，抓住市场机遇，将自己的优势发挥得淋漓尽致，如针对百度搜索，出现了搜搜、360 搜索等。

6. 按创业的过程进行分类

根据创新创业的过程来看，目前最获得认同的是火箭式创业和精益创业两种类型。

1) 火箭式创业

从 20 世纪 20 年代开始，美国硅谷就已经成为一台“科技发动机”，那时真空管推动了整个硅谷通信技术产业的发展；30 年代，推动硅谷的是仪器；60 年代诞生了半导体行业，而风险投资于半导体行业也相伴而生。接下来的每个 10 年，硅谷都有一波新的技术浪潮让它不断颠覆自我。

20 世纪的后三四十年内，GBF(Get Big Fast，快速扩大)是硅谷主流的创业思维，其主要的推动力是当时的风险投资家①。硅谷主流的创业思维是依靠某个天才设想：一个具有天赋的创新创业人物有一个好点子，风险投资资金随之跟进，然后封闭开发产品，接着投放市场，最终进行大规模的复制。自 20 世纪 70 年代之后，硅谷便形成了一个“固定打法”：天才人物产生设想、资源跟进、封闭开发、在某一点“发射”。该模式的缩写是“GBF”，用中文描述最合适的成语是“大干快上”，它在互联网初期可谓达到了顶峰。

GBF 的创业思维在硅谷早期非常流行。中欧商学院龚焱教授在《精益创业方法论》中给出了一个中文名词——火箭发射式创业思维。顾名思义，火箭式创业是一个“商业计划——资本投入——产品研发——产品发布——成功/失败”的流程。试想下火箭发射的情景。发射场上一旦启动倒计时，摁下发射按钮后可能会是什么结果？必定能发射成功吗？不一定。成功只是一种可能，还有两种可能，一种是升空爆炸，一种是无声无息，这两种结果可能是谁也不想看到的。

这种创业方式，在初期会花费大量的时间和精力做市场调研，然后根据调研结果进行论证，甚至将大量金钱投入产品开发，然后再制作一份精美的甚至上百页的创业计划书到处进行路演或参加比赛，最后再开始进行正式创业。只有产品投放市场后才可能发现，自己的产品有没有人需要。这样的创业方式，缺乏纠错的机会，所有的赌注都集中在产品发布那一刻，一旦发布，就像火箭发射之后无法再干预一样，结果只能听天由命。成功了，皆大欢喜。失败了，万念俱灰，甚至会给亲朋好友造成严重伤害。

2) 精益创业

精益创业是创业思维演变的产物。精益创业(Lean Startup)由硅谷创业家 Eric Rise 在其著作《精益创业》一书中首度提出。2006 年开始，作为全球创业“火车头”的美

① 芮益芳. 精益创业：如何识别信号与噪声[J]. 商学院，2015(9)：74-75.

国硅谷开始对过往的“火箭发射式”创业思维进行反思。在这一轮创业思维中，有三位代表人物：一位是史蒂夫·布兰克(Steve Blank)，他写了《四步创业法》和《创业者手册》；第二位是布兰克的学生艾瑞克·莱斯(Eric Ries)，他写了《精益创业》；第三位是里德·霍夫曼(Reid Hoffman)，他是领英(Linkedin)的创始人，被称为硅谷的人脉王，而领英本身也是关于人脉、关于链接的。自此，火箭发射式创业逐渐被淘汰，精益创业逐步成为创业的新标杆，获得了高度青睐。精益创业从依赖天才人物的天才设想、依赖完美计划和完美执行的思维，转向了科学试错、民主创业的思维。因而，精益创业不再是机械执行的过程，而是需要不断试错，并从试错中不断获取认知，然后在不断迭代认知的基础上，调整创业路径，最终获取成功的商业模式。

精益创业模式最基本的前提是，认为用户痛点和解决方案在本质上是未知的，创业者不知道也无法完美地预测用户痛点，以至无法完美地去设计一个解决方案。聪明的创业者们逐渐意识到，不必一开始就追求完美，可以用“做实验”的方式来做产品。大胆假设，小心求证，利用最少的资源、在最短时间内先做出一个“最小可行性产品”，结合市场反馈，不断迭代优化，做出一个好产品。这就是“精益创业”的核心思想。最小可行性产品(Minimum Viable Product，MVP)是精益创业的主要工具之一。

对于创业者而言，传统的管理思维并不适用。精益创业提供了一种不断形成创业的新方法。这种创业方法提倡“验证性学习”，先向市场推出极简的原型产品，然后不断地试验和学习，以最小的成本和最有效的方式验证产品是否符合客户或用户需求，并迭代优化产品，最终形成具有自己特色和知识产权的创业型企业。因此，在运用过程中，它需要遵循一些原则(资料拓展 1-2)。

【资料拓展 1-2】精益创业的原则

“精益创业”遵循以下几个基本原则。

第一，用户导向原则。精益创业的核心是围绕用户，所有的认知、所有的迭代都是围绕用户展开。而火箭发射式创业则是自我导向——从初创公司或者创始人本身导入创业过程。

第二，行动原则。行先于知，而不是用知来引导行，从计划导向转为行动导向。实践是检验真理的唯一标准。在精益创业过程中，需要不断地通过实践检验，形成正确的认识才能够不断优化迭代产品。

第三，试错原则。从完美预测转向科学试错。最小可行性产品(Minimum Viable Product，MVP)就是试错过程中非常重要的一个工具。

第四，聚焦原则。从火箭发射式的系统思维转向单点突破，甚至在单点突破时，主动过滤市场中部分噪音客户，聚焦在最关键的客户上。

第五，迭代原则。从火箭发射式创业中的完美计划、完美执行，转换到精益创业的高速迭代。需要注意的是，迭代的速度非常关键。

由此看来，精益创业是指从试错中不断获取认知，以最小成本和有效的方式验证产品合理化，然后在迭代认知的基础上实现创业的一种创业模式。

精益创业是与传统创业模式不同的商业模式。Eric Ries 是该理论的提出者，他在《精益创业》一书中，总结了精益创业的几大特点。

一是强调市场测试而不是细致的筹划。创业者们会积极走出办公室测试他们的假设，即所谓的客户开发。他们邀请潜在的使用者、购买者和合作伙伴提供反馈，这些反馈应涉及商业模式的各个方面。通过这种方式获得符合市场预期的产品。这种方式避免了传统创业细致筹划的假设空想，更具有针对性和可操作性。

二是强调顾客反馈而不是自我的直觉。在创业过程中，创业者们会积极走出去与客户接触，聆听他们的想法和建议。这些反馈涉及各个方面，包括产品功能、定价、分销渠道以及可行的客户获取战略等。该方法的关键在于获取客户的反馈，然后根据消费者的反馈对假设进行改进。

三是强调反复的设计和改进而不是前期大而全的产品研发。精益创业是一种以人为核心，不断迭代、循序渐进的产品开发模式，它可以与客户开发有机结合。通过迭代和渐进的方式，可以预先避开无关紧要的功能，杜绝了浪费资源和时间。而传统的创业是假设消费者面临的问题和需求，设计一套完整精美的产品，而且周期常常在一年以上。

此外，根据不同的参考标准，创业还可以进行多种分类。如根据创业主体，可将创业分为大学生创业、失业者创业和兼职者创业等；根据创业的融资形式，可分为独资创业、合资创业、引进各类(风险)投资基金创业等；根据行业分类，可分为餐饮、娱乐、批发零售、装饰装潢、信息咨询、金融衍生服务等各领域的创业。

(三)创业案例

【案例导入 1-2】豌豆荚的创立者——王俊煜

豌豆荚是一款基于 Android 手机管理软件，具有备份恢复重要资料、通讯录资料管理、应用程序管理，音乐下载、视频下载与管理等功能。此款豌豆荚手机精灵实现了独有短信主题视图，可在电脑上直接查看、回复，批量发送短信等，非常方便。此外，还可以在电脑上安装、管理手机应用程序，下载各种流行的应用和游戏，是一款功能强大的手机管理软件。

王俊煜，豌豆荚的创始人，出生于 1985 年。在大学四年级时，正好是互联网从 Web 1.0 时代向 Web 2.0 时代过渡的时期，博客、社交等互联网新业务正迅速成为热点。2007 年毕业后，他进入谷歌中国，成为一名用户体验设计师。他一直对信息传播情有独钟。出于兴趣，他对信息的呈现非常敏感。

一次旅游时，王俊煜因丢了自己的 iPhone 手机而购置了一台 HTC 的 G1——世界上第一款采用 Android 系统的智能手机。虽然在谷歌工作，但却是第一次接触

Android 产品，他“真的被震撼了”。虽然很喜欢，但他认为这个系统太粗糙了。他意识到“这个东西挺靠谱的，但可以让它更靠谱些，尤其是在系统和用户的交互层面上”。他心中一阵惊喜，大学时的灵感和工作经历碰撞出了思想的火花。于是，“豌豆荚”雏形出现，并逐步开始了自己的创业之路。

这个项目是李开复的创新工场孵化的第一批项目，现在来看也是最成功的项目。后来又获得了一些投资机构的融资，王俊煜开启了自己的创新创业生涯。2010 年公司刚成立时有三个合伙人；2011 年，公司变成了有 20 人左右的小团队；2012 年发展成为 50 人左右的规模。到 2018 年，他们的公司已经拥有了近 180 位员工。

第三节　创新创业教育

一、创新创业教育的定位

2012 年，教育部印发了《关于做好“本科教学工程”国家级大学生创新创业训练计划实施工作的通知》(教高〔2012〕5 号)，将大学生创新创业项目分为“创新训练”“创业训练”和“创业实践”三大类。同时成立了国家级创新创业训练计划专家工作组，指导全国各高校开展创新创业。

在国家系列政策推动下，各高校通过形式多样的项目，积极支持学生参与科学研究，构建了国家、省、校三级创新创业训练组织体系。截至 2016 年年底，全国高校开设创新创业教育相关课程达 2.3 万余门，全国高校创新创业教育专职教师超过 2.6 万余人，并建设了 200 个全国创新创业教育改革示范高校和 19 个国家级“双创”示范基地。如上海交通大学创建 800 多平方米的“全球创新创业实验室”，形成了融合创业诊断、创业模拟、创业研究和创业苗圃“3+1”功能为一体的创新创业训练体系。

开展创新创业教育，就是以创新精神、创业意识和创新能力培养为导向，创新人才培养体制机制，全面深化人才培养模式和教育教学方法改革，推动专业教育与创新创业教育有机融合，积极探索产教协同、科教协同等育人模式，实现学生、教师和课程的全覆盖。①但是，在创新创业教育中，不管是高等院校还是高职院校，都普遍认识到创新创业教育并没有触及教育的本质，缺乏系统化、有深度的课程，存在资源短板；同时，现有投资人则将学校当成市场，与学校的合作多浮于表面形式。

(一)创新创业教育不等于创办企业

创新创业是时代的主旋律。创新创业教育，是学校教育的重要目标之一。然而，

① 樊丽明. 全面推进创新创业教育[N]. 人民日报，2018-1-8.

创新创业教育似乎陷入了一个误区。学校认为学生走出校门应该开辟出一片天地来，老师认为学生走出校门应该自己做老板，学生也认为自己走出校门应该去创立自己的企业。

但实际情况是，由于受视野、资源、资金和项目等所限，绝大部分学生都不具备创办企业的条件。虽然国家希望每个学生都要学创新创业课程，但并不是要求每个学生马上要去创办企业。因此，不鼓励学生在校，或者说一走出校门就立即创办企业。

因此，创新创业教育并不等于创办企业。开办创新创业课程，是为了让学生具备一种素质，一种能力。培养学生的创新思维和创业能力，是创新创业教育的目标。

(二)创新创业实践不等于创业孵化

当前，高校强调创新创业教育的工具性作用，创业者被看成是速成的教育。甚至有些高校开展创新创业教育的目的就是“使学生创立起大大小小的企业”[①]。现在，几乎每个学校都有自己的孵化器。社会上的孵化器不仅提供一个物理空间，还提供注册、工商、税务、法务、会计等系列服务，甚至部分资金。在这里，被孵化的企业由小长大，获得了新的投资，或者到股市上挂牌(如新三板、创新创业板等)。在股权交易的过程中，孵化器通过服务占股或者通过资本占有部分股份，实现增值。

然而，高校的创业项目，几乎没有可能按照这样一个孵化逻辑进行变现。通过这几年的教学实践可以发现，学生的创业项目，大部分围绕着本校学生的市场需求，如最后一百米快递、洗衣服、复印、快餐等服务。这些服务一般在一个学校的范围内有效，但到了另外一个学校就失灵了。如“校内一百米”的快递，在北京大学可以做，但到对面的清华大学就做不了。之所以能在北京大学做，是因为北京大学的学生身份，凭学生证可以很方便地出入每个学生宿舍。到了清华大学后，北京大学的学生身份没有效力，进入学生宿舍无法实现，此时“校内一百米”的快递项目，就没法做了。

显然，学生的创业项目，充其量只能算是一个创新创业实践，不具有孵化的价值。学校里建设创业项目孵化器，有点不大现实。创业实验室或者实践基地的名称或许更贴切，也比较契合国家创新创业的政策导向。作为学生，只要有创新创业的想法，甚至付诸行动，或者学校提供的一些基本的创新创业实践项目，都可以给予支持。让学生真正体验到创新创业的各种经历，不管是成就感也好、艰辛也好、困难也罢，甚至是面临资金断流、项目倒闭等严峻问题，都可以去尝试。因为小本生意失败了，损失也不大，最终目的是让学生能够通过这种方式，体验式学习创新创业。

因此，创新创业实践不等于孵化。建议回归到创新创业教育的本源，如建设一个创新创业实验中心，或者创新创业实践基地，让学生切实地参与到感兴趣的创业项目

---

① 刘文杰，张彦通. 中国高校创业教育的应然选择——基于历史分析的视角[J]. 北京航空航天大学学报(社会科学版)，2017，30(5)：96-101.

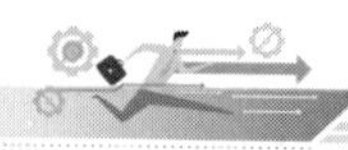

中去。当然，创新创业实践项目若能与课程建设、学院特色以及专业建设等相结合，培育创新创业的种子会更有意义，专业课与创业课深度融合是创新创业教育的大趋势。

(三)创新创业教育不等于技能培训

当前的创新创业教材，大部分是教给学生如何识别商机、如何构建团队、如何开发产品、如何推销产品、如何管理财务、如何招人、如何融资、如何写商业计划书等一系列“怎么做”的问题。教学生怎么做，基本上都属于技能培训。创新创业教育是一种素质教育，而素质教育是以改变人们的意识、思维为目标，引领学生对创新创业产生一定的认识和兴趣，埋下一颗创新创业的种子。这颗种子不见得马上就要萌发成长为一棵大树，而是在适当的时机再去唤醒，使其萌发。

现在很多创新创业教育，有点偏向于管理方向的 MINIMBA。一旦涉及管理这个层面，几乎进入了一个知识的海洋。三百多年工业社会的历史长河，国内外有若干的专家、学者、企业家等创造了无数的理论和知识，如果将这些丰富的管理内容融入进来，设计课程非常容易。但实际上，这些并不能真正地教学生创新创业，不能带领学生产生创新创业意识，仅仅是一种知识传递和技能培训。因此，创新创业教育不等于技能培训，而是孕育学生创新创业意识的萌芽。

(四)创新创业师资不能用企业高管

教书育人，是教师的天职，是教师最光荣的事业。自然，教师也是创新创业教育的主体。但是，当真正接触到创新创业课程的时候，很多学校老师认为有一定的难度，认为自己从学校到学校，博士毕业后直接留校任教，并没有创新创业的经历，教授创新创业课程有点不现实。创新创业教育作为一门课程，如果老师没有创新创业的经历，高校创新创业教育无法取得良好的效果。

如果老师不能胜任，似乎胜任创新创业授课的还是那些成功的企业家，他们能够用自己的亲身经历和体验来诠释创新创业。让企业家去教授创新创业课程，可能他们有天然的创新创业经验优势。但是，由于课程是一个专门的知识体系，需要纳入学校的教学大纲，有教学周期、学时等要求，企业家必须按照教学要求开展有规律性的教学活动。退一步讲，即使能够开展有规律性的教学活动，但由于没有经过专业的教育训练，如何将自身的优势转化成一种适合教学的教育模式，还需要进行斟酌。实际上，这种可能性太小，因为投入与产出不成比例。但是，学校可以邀请这些企业家分享创新创业的经历，以专题的形式进行创新创业教育讲座或报告。

显然，只有经过专业训练的老师才能够胜任。创新创业作为一种素质教育，是学校教师最擅长的。教师是创新创业教育的主体，但一定不是成功的企业家。因此，创新创业课程一定需要本校教师来授课。本校老师有两种，一种是经管类老师给学生教创新创业的通识课；一类是专业课老师，教学生与专业课相结合的创新创业课。由于创新创业课程是一个系统的课程体系，这些老师需要参加一些创新创业教育的培训。

如高校创新创业师资中关村特训营(资料拓展 1-3)。中关村作为国家创新创业的聚集区，培训教师在这里能够触及创新创业的前沿领域，获得创新创业教育的灵感和体验。

【资料拓展 1-3】全国高校创新创业师资中关村特训营简介

全国高校创新创业师资中关村特训营是由教育部学校规划建设发展中心中国教育智库网和中关村加一战略新兴产业人才发展中心联合举办的高校创新创业教师培训机构。此特训营目前已举办了 18 期，旨在聚集中关村各类创新创业高端资源，服务于全国高校创新创业教育体系建设，有效地促进高校建立科学有效的创新创业教育体系，加强高校教师开展创新创业教育的教学水平和实践操作能力。

二、创新创业教育的目标

我国的创新创业教育尽管起步晚，但由于政府的大力推动，发展快、规模大，创新创业教育遍及全国。“大众创业、万众创新”成为高校不容忽视、不可或缺的课程。2015 年，国务院颁布了《关于深化高等学校创新创业教育改革的实施意见》，该意见对高校的创新创业教育改革进行了谋篇布局，成为高校开展创新创业教育的行动指南。

建设众创空间、开设创业课程、举办创业比赛等固然很重要，但是通过各种互动交流、创业实践、课堂内外活动的结合，从外围边缘走向核心，塑造学生的创新思维更为重要。创新创业教育是一个基础的素质教育，需要构建一个系统的知识体系。依托这一知识体系，培养创新有灵感、创业有基础、就业有优势、发展有空间的高素质专业人才。因此，创新创业教育的目标就是旨在从以下五个方面去构建一个完善的、系统的、有计划的知识体系。

(一)想创业——激发学生创新创业意识

通过创新创业教育，能够激发学生的创新思维和创业意识，让学生想创业，有创业的想法或冲动，也就是有创新创业的意识。因此，创新创业教育需要培养学生的创新思维和创业意识。

(二)能创业——培养学生创新创业能力

创业是大势所趋。1999 年，在韩国召开的第二届国际职业教育大会上，有关专家就预测 21 世纪将有 50%的大学生要走自主创业之路。[①]通过创新创业教育，让学生具

① 吴立保，吴政，邱章强. 我国大学生创新创业政策的变迁逻辑与政策建议——基于历史制度主义的分析[J]. 高等教育评论，2017(3)：89-99.

备一些创业的能力。当然，不是指所有学生，而是对于一些将来真正想创业的学生。

(三)会创业——掌握创新创业科学方法

通过创新创业教育，让学生掌握创新创业的科学方法。在有组织、有体系的学校教育系统内，学生能够掌握系统的创新创业知识体系和基本方法。就像专业学习一样，需要了解、掌握一些系统的理论和方法，将来真正在工作岗位上用到的时候，能够将知识体系进行自由转化，而不是江湖套路。

(四)创成业——掌握成功创业商业模式

要了解创新创业的模式。一旦有了能创业、会创业的能力和方法，还必须让其创办的企业能够在市场的大潮中生存并具有较长的生命周期。因此，企业必须有自己独特的商业模式。通过创新创业教育，了解每个时代、每个产业各种创新创业的成功模式，学习哪些模式是可行的，哪些模式是不可行的，促使学生掌握该专业的可行性模式和可能挖掘的创新模式。

(五)不失业——规避创新创业失败风险

要规避创业风险。现在有很多学生创业失败以后，又会重复创业，而不愿意给别人打工。持续的创业失败，实际上变成了一种失业状态。通过创新创业教育，能够让学生预知创新创业中可能存在的风险，从而避免风险，推动创业成功。创新创业教育很重要的一个目标是解决学生的就业问题，创业本身不是目标，而是一种高层次的就业，一种成功的创业之路。

第四节　创新创业学概述

一、创新创业学的建设需求

(一)创新创业教育的实践需求

创新创业教育是我国建设创新型国家的重大战略举措，是深化高校教育教学改革，培养学生创新精神和实践能力的重要途径。创新创业教育作为适应经济社会和国家发展而产生的一种教学理念和教育模式，有助于激发学生的学习兴趣和创新创业热情，有助于唤醒学生的创新精神和创业能力。

2014 年 9 月以来，政府多次强调“双创”工作，在工作报告、机会对接等方面提供各种有力措施推动创新创业的发展策略。为此，各地创新创业教育的基地、平台、活动等如雨后春笋般纷纷成长起来。目前，北京已经形成亚洲规模最大的“创客空间”，深圳的华强被视为“创客圣地”。创客风潮加速了互联网与制造业融合发展的新工业革命。创新创业激发了民族的精神和基因，正在引领着大众创业、万众创新时代的到来。

近些年来，各高校纷纷开设创新创业课程，甚至组建创业学院。每年毕业季，教育部都会对普通高校毕业生就业创业工作做出部署，反映了国家对创新创业教育工作的高度重视。2017 年 12 月，教育部在《关于做好 2018 届全国普通高等学校毕业生就业创业工作的通知》中又再次强调：“要把创新创业教育改革作为高等教育综合改革的重要突破口，深化高校创新创业教育改革，着力培养学生的创新精神和创造能力。”

截至 2015 年 12 月底，全国各类众创空间已超过 2300 家，现有 2500 多家科技企业孵化器、加速器，11 个国家自主创新示范区和 146 个国家高新区，共同形成了完整的创业服务链条和良好的创新生态，在孵企业超过 10 万家，培育上市和挂牌企业 600 多家，吸纳就业人数超过 180 万人。技术转化、转移加速发展，2015 年国家技术转移示范机构达 453 家，技术(产权)交易机构 30 家，技术交易总额达 9835 亿元，同比增长 14.7%。连续举办四届的中国创新创业大赛共有近 6 万家创业企业和团队、1500 家创投机构参加，促进创业投资近 300 亿元，银行授信总额超过 500 亿元，帮助一大批创业企业和团队获得市场支持，形成“赛场选骏马、创赛搭平台、市场配资源、政府后补助”的新模式。

从社会需求的趋势来看，人们的消费需求多样化、多层次、个性化，形成了许多新产业、新业态的产品和服务。中华大地正在兴起新的创新创业热潮，以大学生、大企业高管、科技人员创业者、留学归国创业者等为代表的创新创业群体正在不断涌现。随着社会发展进入新常态，党中央和国务院从我国发展的全局出发，提出大众创业、万众创新的战略举措，在推动经济和社会发展的过程中将取得显著成效。创新创业的成果正在全社会兴起，经济增长的内生动力在不断增长。显然，创新创业正成为一种价值导向、一种生产方式、一种生活方式、一种时代气息。社会发展迫切需要创新创业教育。

(二)创新创业教育的理论需求

创新创业是国家的发展战略，更是教育的重要使命。创新创业教育是高等教育的重要使命和重大任务。创新创业教育要主动与思政教育紧密结合，要主动与专业教育紧密结合。2018 年 6 月 2 日，中国高校创新创业学院联盟成立，它由高等院校和相关企事业单位自愿组织而成，旨在扎实推进全国高校开展多样化、多层次的创新创业教育合作，实现资源共享、协调发展、共同提高，共同引领我国的创新创业教育。[1]要努力造就有理想、有本领、有担当的敢闯会创的源源不断的青春力量，努力培养堪当

① 中国高校创新创业教育联盟章程[EB/OL]. http://www.ieeac2015.org.cn/p/10/index.html.

时代大任的卓越人才。[①]

在大众创业、万众创新的背景下，大学生对创新创业教育充满了期待，作为创业主体的可能性也越来越高。但在创新创业教育的过程中，教育实施理念、资源获取以及体制机制等方面存在着一些障碍。仍有许多学生对创新创业很困惑，感到创新创业教育内容杂乱无章，没有体系，如专题内容不连贯、内容授讲不透彻，没有可操作的平台将理论转化为实践等。甚至高校教师对于创新创业也有很多迷茫，是专题讲座还是教材系列，没有创业经历如何授课等一系列问题接踵而来。

当前，高校教育面临深刻的变革，全国高校全面启动了创新创业教育，展开了以教育教学创新为主阵地，以创新创业活动为主抓手的创新创业教育改革[②]。很多高校已经设立了创新创业的专门机构，以推动创新创业。如上海交通大学 2010 年 6 月成立了创业学院，2015 年 6 月 30 日，中国人民大学创业学院正式揭牌成立。

自 2016 年起，教育部要求所有普通高校设立创新创业课程，对所有学生开设开发创新创业教育的必修课或选修课，纳入学分管理。为此，许多省份纷纷做出了教学安排，开设创新创业课程，有些学校还设置了创新创业学院。如广东省 2015 年 10 月份公布的数据显示，全省有 107 所高校开设了创新创业课程，有 35 个高校设置了创新创业学院。有些大学生跃跃欲试，产生了创新创业的想法；有些大学生脑洞大开，提出了自己的创意；有些大学生立足前沿，创立了自己的公司。

目前，我国创新创业理念还没有深入人心，创新创业教育培训体系还不健全，善于创新、勇于创业的动能不足，鼓励创新、宽容失败的良好环境尚未形成，推进高校的创新创业教育任重道远。同时，学校现有课程体系多是照搬西方的课程体系，而且是针对企业为基础的课程内容，并不适合在校学生，不具有本土特色。因此，创新创业的理论需求正在成为制约创新创业发展的短板，迫切需要加强创新创业的理论建设。因此，探索新的创新创业教育模式，强调创新创业知识的体系化、培育创新创业教育的传授者便成为创新创业教育非常重要的课题之一。

(三)创新创业人才的培养需求

党的十八大以后，大众创业、万众创新成为我国经济发展模式转轨的新常态，也是国家发展的重要战略。

创新是社会进步的灵魂，创业是推进经济社会发展、改善民生的重要途径，创新和创业相连一体、共生共存[③]。近年来，大众创业、万众创新蓬勃兴起，催生了数量

---

① 中国高校创新创业学院联盟在山大成立，140 余所高校参与[N]. http://news.ifeng.com/a/20180603/58558355_0.shtml，2018-6-3.

② 扎实推进高校创新创业教育改革——教育厅长谈学习贯彻习近平总书记重要回信精神[N]. 中国教育报，2017-9-19.

③ 国务院. 关于强化实施创新驱动发展战略进一步推进大众创业万众创新深入发展的意见[Z]. 国〔2017〕27 号，2017-7-21.

众多的市场新生力量，促进了观念更新、制度创新和生产经营管理方式的深刻变革，已成为稳定和扩大就业的重要支撑与推动新旧动能转换和结构转型升级的重要力量。创新创业正在成为中国经济行稳致远的活力之源。“大众创业、万众创新”，需要不断培养出创新型、智慧型、生态型、高端型和卓越型的复合人才。

创新创业教育的开展虽然取得了一定的成效，但却未能深层次改变高等院校的教育教学现状。很多院校仍然停留在把创新创业教育等同于“开一门课、设一条街、添一些设备、建一个创业园”的层面，落后的教育教学理念还根深蒂固，陈旧的教育教学方式未能得以全面更新，未能将创新创业的教学与专业课、与培养目标进行有效的结合。

从师资队伍建设来看，他们对于创新创业教育这些名词并不陌生。但如何融入教学中，教师并没有接受过创新创业的专业教育，也没有更多的渠道能够接受创新创业的连贯性深造。因此，承担创新创业教育的师资队伍多为兼任教师。他们虽然教授创新创业课程，但是缺乏专业性，普遍存在畏难情绪。同时，高等院校的教师队伍对于创新创业的教学目标也没有深刻的理解，虽然很多教师普遍参加了产教研融合项目，但也只是把企业技术引入专业课中，未能真正地将企业的创新思维、创新方法和创业方法引进课堂。

显而易见，高等院校的专创融合教学效果依然停留在表面，无法解决“两层皮”的问题。放眼全球，创新创业要纵观欧美；通览国内，创新创业要把握当下。从国际来讲，对欧洲、美国等国家的创新创业发展趋势需要有一个宏观把握，如政治倾向、地缘业缘等。从国内来讲，需要时时关注国家创新创业的发展战略，因为它引领着产业的发展趋势。再结合自己的本土环境，自己积累的各种知识，寻找适合自己的创新创业方向和机会。因此，创新创业人才的培养，迫切需要系统的、有组织的专业教材，以适应当前创新型社会建设用人的需求。只有如此，才能更好地进行创新创业教育，培养各种类型的创新创业人才。

二、创新创业学的概念

随着社会发展和科学技术的进步，创新创业成为推动时代发展的代名词。在普通高校，创新创业将成为引领整个教育发展的主旋律。因此，创新创业教育正逐渐成为具有学科性质的建设体系，也将在高校课堂中占据非常重要的地位。创新创业学，既沉淀挖掘了创新创业的学科底蕴，丰富了创新创业教育的内涵；又整合了政府、企业和高校的资源，适应了社会人才需求和发展需要。

(一)创新创业的含义

创新创业是人类文明进步的不熄引擎，是植根于每个人心中具有顽强生命力的基因。当今世界，新一轮科技革命和产业变革浪潮席卷而来，信息、生物、航天、能源、医药等领域技术不断取得激动人心的突破，催生了新的制造模式和商业模式，也催动着一场全人类走向人工智能生产、绿色生活的新迁徙，其中蕴含着诸多革命性变化，将对国家竞争力和世界经济政治格局产生重大而深远的影响。我国是世界上人口最多的国家，13 亿勤劳智慧的人民中间，蕴藏着无穷的创造力。

2015 年 6 月 4 日，国务院常务会议结束后，“双创”再度吸引了人们的注意，该次会议决定鼓励地方设立创业基金，对众创空间等办公用房、网络等给予优惠；对小微企业、孵化机构等给予税收支持；创新投贷联动、股权众筹等融资方式；取消妨碍人才自由流动、自由组合的户籍、学历等限制；大力发展营销、财务等第三方服务，加强知识产权保护，打造信息、技术等共享平台。

当前，创新创业正成为国家发展的驱动战略。以中关村国家自主创新示范区为首的高新开发区、创客基地、创意空间等的快速崛起，正引领着我国创新创业的新格局。结合产业发展的实际情况和多年的基层实践经验，在此对创新创业进行一个学术意义上的界定。创新创业是指在某一方面或者某几个方面进行创新进而创业的活动。

创新是创业的特质，创业是创新的目标。创新是创业的基础和前提，包括技术、产品、品牌、服务、管理、组织、市场、渠道、商业模式等方面的创新，强调开拓性与原创性；创业是创新的体现和延伸，强调通过实际的创新行动而获取利益的行为。

(二)创新创业学的含义

虽然对创新、创业有多种不同的看法，但在教育领域，仍然是一个崭新的课题。根据创新创业的进程，以及多年的创新创业实践，在此暂且给出一个初步的界定。我们认为，创新创业学是指将创新创业作为一个不断发展变化的整体，研究创新创业的基本理论和发展规律，创新创业与其他社会现象之间的关系，创新创业与人的行为、观念的关系，以及创新创业发展的动力和制约因素，从而用以推动创新创业合理发展的一门综合性学科。

三、创新创业学的研究范畴

创新创业学的研究对象是创新创业过程及其规律。创新创业始终处于发展、变化之中，只有对创新创业不断地进行研究与实践、总结与提炼，这一学科才能获得更大的发展与完善，才能更加接近创新创业的总体内在规律。

(一)研究创新创业的基本理论

这类研究主要从整体上研究创新创业，包括创新创业在人类社会演变进程中的规律；创新创业理论体系的建立；创新创业对人类社会文明的创新创业价值的阐述；对整个创新创业的组织结构与功能的分析；对创新创业特点的分析；对创新创业中人的行为、社会关系、社会心理等方面的分析；对创新创业与其他社会现象，如政治、经济、文化等之间关系的论述。

(二)研究创新创业的专创融合

不同的学科专业，创新创业具有不同的要素和特征，可以从不同的学科视角进行研究。在学科专业领域，这类研究着重研究创新创业如何与学科专业进行融合，影响和制约专创融合的因素；专创融合的具体方法、专创融合的实践演练等。这些研究有助于具体地阐述各学科专业的创新创业理论与实践，也有助于学生根据自己的专业有针对性地进行创新创业实训演练。这些研究，对产业发展和领域开拓非常关键，将越来越受到人们的重视。

(三)研究创新创业的社会问题

这类研究主要包括创新创业社会问题的调查研究，并解决创新创业的实际问题。社会问题是指导致社会关系或社会环境失调，影响社会成员或部分成员的正常生活，破坏社会正常运行，妨碍社会协调发展，需要依靠社会力量加以解决的问题。社会问题的研究有助于对创新创业持正确的观点和态度，并且可以丰富创新创业学的基本理论。

四、创新创业学的学科性质

作为一门新兴的学科，创新创业将贯穿于整个教育阶段。创新创业学适合于每个专业的大学生，也将成为一门普适性的必修课程。通过学习该门课程，让每个学生树立创新创业的基本理念，逐步掌握创新创业的理论知识与实战训练。因此，创新创业学的学习，既是拓展视野、丰富阅历、激发创新能力、强化创新创业意识的过程，又是对自身能力、拥有资源以及创新创业实践体验的过程。

创新创业学是一门综合性学科，具有严谨的理论体系，同时具有很强的实践性。这些理论和实践，既有来自前人的概括和总结，又有密切联系创新创业基层和一线的实践体验。显然，创新创业学的建立、发展和提高，都与创新创业教育的具体实践密不可分。实践培育了这一学科，其教育理论又反哺于社会实践，这种相辅相成的关系推动了学科与实践的同步发展。因此，创新创业学也将成为令人关注的热门学科。

思考题

1. 什么是精益创业？它遵循哪些原则？
2. 什么是创业？其有哪些类型？
3. 简述你对创新创业教育的理解。
4. 试举例说明身边的创新创业活动。

第二章 创新创业理论

内容提要

本章从创新创业驱动力理论入手，先后讲解了创新创业驱动力理论、创新创业要素聚集理论、创新创业生态理论、创新创业路径理论等，构建了创新创业的理论框架，为创业者进行创新创业实践奠定理论基础。

天才的主要标记不是完美而是创造，天才能开创新的局面。

——亚瑟·柯斯勒

第一节　创新创业驱动力理论

一列快速飞驰的高铁，时速可以达到 350 公里，是因为高铁每节车厢都有原动力驱动，而不只是火车头一个驱动机车。创新创业也如此，需要多个原动力来驱动，才能快速发展。找到和设计创新创业的驱动力系统，是创新型国家战略发展的需求。创新创业的驱动力逻辑(见图 2-1)，是资本驱动产业、产业驱动企业、企业驱动人才、人才驱动教育。

图 2-1　创新创业驱动力逻辑

一、资本驱动产业

资本是现代创新创业系统的驱动力之一。美国斯坦福大学研究表明，创新创业是在为客户创造价值的过程中顺便赚钱。赚钱是创新创业的目的，创业企业是资本赖以实现保值增值的载体。项目在找资本的同时，资本也在找项目。

资本驱动创业项目的抓手是产业。纵观市场上的各类资本，都是有产业倾向的，总是流向投资机构擅长的产业。有的投资机构青睐 IT 产业，有的投资机构青睐生物医药产业，有的投资机构青睐于新能源新材料产业等。推动整个产业发展的动力，当属资本最敏感。随着国家的创新型战略、中国制造 2025 计划等一系列前瞻性引领，很多战略新兴产业都处于布局阶段，比如人工智能产业。

如果创业者选择恰当的时机进入该领域，则有可能获得青睐。只要做与人工智能有关的产品，或者服务，都可能获得投资。当然，资本关注的是产业，而不是某一个企业。企业初创期的机会很多。比如，早期投资百度、阿里的机构，现在已经积累了庞大的资本。可是在阿里初创期的时候，当时像瀛海威、8848(这些企业现在都已经不存在了)非常好，获得了很多融资。相比之下，百度、阿里是名不见经传的小企业。但是现在，这些企业已经完全不可同日而语。因此，在资本驱动产业这个阶段，资本看产业，资本广泛地选择投资对象。

所以，资本关注的是整个产业发展，对于具体的选择对象谁也不能保证最后哪个成功，哪个失败。在创新创业过程中，企业有很多死亡的理由，却只有一条路最后能走向成功。在早期，资本一般会广泛涉猎，普遍性培养，经历了时间的洗礼后才能知道谁是行业的领军企业。可见，资本能够驱动产业发展，进而促进创新创业。根据这个逻辑，在引进资本之前，政府一定要提前确定好适宜本土发展的产业定位，营造创新创业的良好环境，这一点尤显重要。

二、产业驱动企业

相对于产业而言，企业是微观的。产业的基础在于微观企业的顺利成长，同时产业的发展也会促进企业的良性成长。制定适合本土或本地域的产业发展战略，会产生企业聚集效应，最终会形成集群优势。集群优势能够驱动企业发展的各个要素，如信息、人才等，从而推动企业的发展，进而实现创新创业的驱动力逻辑。

中关村是一个全国性的创新创业示范园区。30 年来，中关村科技园区按照产业发展战略的部署，已经聚集了一大批战略新兴产业，这些产业集群驱动了企业的发展。如在信息技术领域，形成了以联想、百度、方正、同方、曙光、大唐电信、中星微电子、新浪等为代表的下一代互联网、移动互联网和移动通信、卫星应用等产业集群；在生物技术领域，形成了以科兴、万泰、百泰、乐普医疗等为代表的生物医药产业集群；在新能源与环保领域，形成了以华锐风电、碧水源、嘉博文、神雾热能、中核能源、普能等为代表的能源环保产业集群；在高端装备制造领域，形成了以北车股份、北控集团、北方微电子、中科信等为代表的轨道交通、集成电路装备等产业集群；在新材料领域，形成了以安泰科技、中材国际、有色金属总院、百慕航材、北大先行等为代表的新材料产业集群。

中关村的战略性新兴产业格局支持了移动互联网、节能环保、下一代互联网、生物、轨道交通、卫星及应用六大优势产业引领发展；推动了新材料、高端装备制造、新能源、新能源汽车四大潜力产业跨越发展；促进了现代服务业高端发展。因此，发展经济，必须首先明确产业定位，通过定位聚集产业资源，才能产生或者吸引相关产业的企业，培育创新的种子，形成创业的氛围，带动就业的链条，从而促进创新创业发展的驱动力格局。

三、企业驱动人才

新兴产业领域的企业蓬勃发展之后，具备了定义人才标准的权利，他们的招聘条件就成为人才追求的方向。

互联网[1]与人们的生活息息相关。但其快速发展可以追溯到 2001 年以后。当时，人才成为新浪、搜狐、网易等互联网巨头发展的瓶颈。他们到企业、到学校进行大量招聘，希望有懂软件、懂互联网的人才归其所用。通过调研，他们并没有发现与其企业发展相应的专业和学科，更别提有人才了。无奈之下，他们只能把相关专业的人才给吸引过来。他们到科研院所、国有企业去挖掘与计算机相关的信息、计算机、自动化等人才，用高出原单位几倍的薪酬吸引人才。

通过这些方式，互联网巨头瞬间把周围的一些人才聚集到新兴产业领域。后来，他们中有很多人成为公司的主要负责人，甚至再次创新创业开辟出了一番天地。显然，此时的新兴产业人才极度稀缺，没有相应的适宜互联网发展的人才。企业驱动人才的特征就是领军企业来定义人才标准，按照这个标准来去学校挖掘人才。此时，大企业基本上主导着整个行业的人才流动方向，主导着整个人才需求的发展趋势，中关村的企业发展便是这样的一个典型(资料拓展 2-1)。因此，各类人才会聚集到新兴产业，形成企业驱动人才，以人才为抓手的创新创业战略。

【资料拓展 2-1】中关村的企业驱动人才聚集概览

自 2011 年 15 个中央单位和北京市联合印发《关于中关村国家自主创新示范区建设人才特区的若干意见》以来，中关村全力落实特殊政策、构建特殊机制、打造特殊平台、引进特需人才，加快打造“人才智力高度密集、体制机制真正创新、科技创新高度活跃、新兴产业高速发展”的国家级人才管理改革试验区，构建了“人才引领、创新驱动”工作新局面。中关村人才特区建设取得了显著成效，到 2013 年年底，中关村已集聚各类人才 189.9 万人，约占北京地区人才总量的 1/3。其中，拥有博士、硕士学历的人才分别超过 1.8 万人、18.3 万人，集聚海外归国人才 1.8 万人、外籍从业人员近 9 千人。截至 2014 年 6 月底，中央“千人计划”、北京“海聚工程”和“高聚工程”入选者分别达到 874 人、424 人和 158 人，均占北京市的 70%以上。中关村人才在承担国家科技重大专项项目核心任务数量、专利申请量和授权量、国际国内技术标准创制数量等方面均走在全国前列。中关村已成为全国名副其实的智力资源集聚地。

① 2018 年上半年，我国规模以上互联网和相关服务企业(简称互联网企业)完成业务收入 4171 亿元，同比增长 22.9%，在去年同期较高基数上保持快速增长。主要省份保持快速增长发展态势，互联网业务收入总量居前三位的广东、上海、北京互联网业务收入分别增长 27.8%、22.2%和 31.5%。资料来源：工信部. 上半年互联网业务收入增速超过 20%[EB/OL].http://www.ec.com.cn/article/dssz/scyx/201808/30896_1.html，2018-08-02.

四、人才驱动教育

新兴产业这种高薪就业诱发了社会培训的热潮。有些人看到了商机，成立了专门培训 IT 技能、互联网技术的机构。2003 年前后，社会上出现了一大批专门的 IT 技能培训机构。这些培训机构高收费培养人，大量企业高薪招聘人才，如人工智能。人才的大量需求带动了教育的发展。

2003 年，教育部批准了第一批示范性软件学院，一共 37 所，其中北京有 9 所。自此，有了真正科班出身的软件专业。为了创造校企合作的良好环境，教育部规定第一批软件学院的学生，最后一学年全职进入企业实习。显然，新兴产业对人才的需求推动了教育的发展。由于新兴产业的快速发展，很多传统的产业、职业被替代。比如操作工人，原来有很多职业院校、技师学校都在培养这样的人，可是现在全自动生产线作业、机械手替代了工人，他们必然面临着淘汰。这种驱动力逻辑是人才驱动教育，呈现出了强烈的行业发展特征。

随着社会对人才需求的变化，专业调整势在必行。互联网产品设计、互联网教育、大数据技术应用、人工智能、云安全等专业教育，纷纷成为一些新型的专业。由于新兴专业基本上都是产业做主导，市场走在教育的前面，这些专业需要校企合作来培养。比如电商专业，学校自己研究，与市场脱离得太远，因为市场变化太快。比如早期电商仅做发布，后来要做直播，现在又有人工智能等。这样的快速发展，教育无法获得及时更新。因此，这些专业人才必须由学校和企业联合培养，才能够使专业更加贴近实际，培养的学生才能更好地服务于社会。可以看出，新兴产业的人才需求走在了教育的前面，推动了教育的发展。传统观念上的人才培养模式正在被打破，教育发展必须与人才需求紧密结合。人才驱动教育，颠覆了传统教育引领人才的发展逻辑。

第二节　创新创业要素理论

要素是构成事物必不可少的组成部分，是组成系统的基本单元，是系统产生、变化、发展的动因。对于一个创业企业来说，创新创业要素应该包括以下七个方面。

一、人才要素

党的十九大报告指出，“人才是创新的根基”“创新驱动实质上是人才驱动”。人才是实现民族振兴、赢得国际竞争主动性的战略资源。2018 年两会期间，习近平主席在参加全国人大广东代表团审议时又进一步强调：“发展是第一要务，人才是第一资源，创新是第一动力。”①可见，人才是创新创业的根基，创新创业要素聚集的第一资源实质上是人才的聚集。

人才是创新创业的核心要素，有凝聚力的团队，有决断力的创始人，这些都是创新创业成功的必不可少的条件。如何组建团队，如何选择团队人员，是创新创业必须要解决的问题。当然，创新创业是一条非常艰难的路，并不是每一个人都适合创业。除了要具备相应的知识、战略决策的能力外，创业者还需要具备正确的价值观、良好的自我认识以及品质、合理的动机等。

1973 年，哈佛大学心理学教授 McClelland 提出了素质构成冰山模型，认为人的素质就像海洋中的冰山，只有极小部分裸露在海平面之上可以观察到，而另外很大一部分隐藏在海平面之下，难以发现。于是，他将人的素质分为两部分：冰山上部和冰山下部。其中，很容易被观察到的冰山上部包含知识和技能，而难以被觉察的冰山下部，是人的价值观、自我认识以及品质、动机等。如果将海平面以上的部分称为“创业胜任力”，那么海平面以下部分则称为“创业内驱力”。

(一)创业内驱力

创业内驱力是创新创业能否持续、能否成功的内生动力，是一个创业者的核心素质，它包括：

1. 强烈的创业意识

要想取得创业的成功，创业者必须具备自我实现、追求成功的强烈意识。强烈的创业意识，可以帮助创业者克服创业道路上的各种艰难险阻，将创业目标作为自己的人生奋斗目标。

2. 良好的创业心理品质

创新创业之路，是充满艰险与曲折的，自主创业就等于是一个人去面对变幻莫测的激烈竞争以及随时出现的需要迅速解决的问题和矛盾，这需要创业者具有非常强的心理调控能力，能够持续保持一种积极、沉稳的心态，即有良好的创业心理品质。良好的创业心理品质，是对创业者在创新创业过程中的心理和行为起调节作用的个性心理特征，它与人固有的气质、性格有密切的关系。这一心理品质主要体现在人的独立性、敢为性、坚韧性、克制性、适应性、合作性等方面，它反映了创业者的意志和情感。创业的成功在很大程度上取决于创业者的心理品质。所以，如果不具备良好的心理素质和坚韧的意志品质，一遇挫折就垂头丧气、一蹶不振，那么，在创新创业的道路上是走不远的，也不可能取得成功。宋代大文豪苏轼曾说：“古之成大事者，不唯有超世之才，亦必有坚韧不拔之志。”只有具有处变不惊的良好心理素质和愈挫愈强

---

① 习近平强调人才是第一资源，专家解读四重含义[EB/OL]. http://www.chinanews.com/gn/2018/03-18/ 8470546.shtml，2018-3-18.

的顽强意志，才能在创新创业的道路上自强不息、竞争进取、顽强拼搏，才能从小到大，从无到有，闯出属于自己的一番事业。

3. 竞争意识

竞争是市场经济最重要的特征之一，竞争力是企业赖以生存和发展的基础，也是一个人立足社会不可缺乏的一种精神。人生即竞争，竞争本身就是提高，竞争的目的只有一个——取胜。创业者只有敢于竞争、善于竞争，才能取得成功。创业之初一般会面临充满竞争的市场，如果创业者缺乏竞争的心理准备，甚至害怕竞争，就只能是一事无成。

4. 清晰的自我认知

自识力是创业者持续思考自我价值取向、自我与他人以及外界关系等形而上学命题的思辨能力。它不仅决定了一个人有多强的创业胜任力，也不断校正着一个人的人生态度与气度格局。创新创业的过程是一个目标逐渐清晰、资源逐渐增加、知识和能力逐渐增强的过程。在这个不断发展的过程中，自识力强的创业者能够保持冷静头脑，清醒审视自我价值与人生追求，不断实现自我突破，这正是优秀创业家与普通创业者最本质的区别。

(二)创业胜任力

创业胜任力指的是创业的技能。创业技能是一种特殊的能力，这种特殊能力往往会影响创新创业活动的效率和成功。创业技能由决策能力、经营管理能力、专业技术能力、交往协调能力与创新能力组成。

当然，创业技能不是一蹴而就的，也需要不断地学习和提升，因此创业者要注意在环境和教育的双重影响下，不断培养和提升自己的创业技能。

(三)创业团队建设

单个的创业者，并不一定能具备所有创业成功的素质，只有寻找到合适的创业伙伴，优势互补，形成创业团队，才有可能取得创业成功。

1. 创业团队的概念

关于创业团队概念的界定，不同研究领域的学者给予了不同的理解和阐述。美国著名学者劳伦斯·霍普，多年致力于研究团队建设。他认为创业团队是在特定的可操作范围内，为实现特定的目标而共同合作的人的共同体。美国著名的商业研究专家乔恩·卡岑巴赫认为，创业团队主要具备以下特点：团队拥有一个共同的任务和目标；成员同舟共济，共同承担风险与责任；成员间知识技能具有互补性；成员之间信息共享，彼此尊重、诚信；对团队的事务尽心竭力、全力奉献。

由此可见，创业团队有狭义和广义之分。狭义的创业团队就是有共同的目标、共同承担创新创业风险以及共享创新创业收益的群体。他们共同组建某一营利性组织，并向社会提供某种产品或服务价值。广义的创业团队不仅包含狭义的创业团队，还包括在其创新创业活动过程中其他利益相关者，如供应商、经销商或风险投资人等，创业企业在这些主体的参与下得以成长和发展。

2. 创业团队组建

1) 创业团队的组建过程

(1) 初期创业计划合伙企划。结合创业项目的实际情况，创业者需要草拟出简易的创业计划或创业计划书，厘清创新创业思路和步骤流程，初步规划创业团队的职责需求。

(2) 优势劣势自我分析。创业者在初步规划好创业企业所需的职责岗位人选后，还需要深入地进行自我剖析，挖掘自我的优势和劣势所在，主要围绕性格、爱好、特长、人格以及价值观等，结合创业企业未来活动的诉求，进一步界定创业团队人选所应具备的特质。

(3) 明晰创业团队成员的合作形式。经过以上步骤的分析和思考，创业者需要结合创业企业的诉求以及实际情况，选定有助于创业企业计划发展的最优合作形式方案，其重要宗旨就是寻求与自身优势形成互补的创新创业合作者进行更好的协作。

(4) 广泛搜寻或挖掘创业合伙人。通过以上步骤，创业者基本可以对所需的创业伙伴较为细致地进行画像，以便将该描述落实到位，通过亲朋好友的广泛举荐、招聘主流平台以及各类活动会议，进行创业合伙人的广泛搜寻。

(5) 真诚地与匹配人员进行洽谈，达成双方互惠共赢。找到与之匹配的创业合伙人之后，创业者就需要深入地与其进行沟通协商，讨论关于企业未来的发展计划、企业股权分配以及职业发展等相关事宜。对于需要白纸黑字落实到正式文本形式的书面约定上的事务就需要提早进行约定，尤其是关于创业团队权力利益与分配等事务问题，一定需要尽早讲清楚，杜绝口头承诺。

(6) 明确职责权利，落实约定。完成以上步骤后，创业者已经与创业合作伙伴达成一致，但仍然需要对今后的详细合作条款进行谈判和契约约定。一般情况下，约定的内容主要包括创新创业的目的、创业合伙人的有形资产、财产、设备、专利、技术以及人脉资源等投入，将基本的权利职责进行明晰的界定，重点是关于创业企业的股权、利益部分，主要包括创业企业增资、扩股以及未来融资等。在这份协议中，一般允许创业合伙人占有差异化的股份，与此同时明确合伙人在企业中的公司职务和职责等，甚至还需要包括是否允许创业合伙人从事公司以外的其他事务。最后，还需要注意退出机制部分，也就是需要明确创业合伙人以何种形式结束合伙关系。

2) 优质创业团队组建策略

(1) 核心成员引导团队凝聚力。团队的凝聚力是指创业团队成员为了实现共同的创新创业目标，而共同协作努力的程度，突出表现在成员之间的行为，以及成员与整体团队目标之间的依赖度和依存度。

(2) 保持有效的沟通互信合作。在创业团队中，每位成员都设定了特定的角色定位和工作职责。团队成员在其工作领域基本能够实现独当一面，但是在某些交叉的事务领域中，需要创业团队成员之间形成协作配合的工作方式，以公司的未来发展大局为重，保持高度团结的协作精神，以此能够快速推进公司的发展进程。在实际执行过程中，难免会就某些具体事务产生矛盾或误会，那么就需要创新创业成员及时进行沟通，有效地消除误解，保证团队成员的互相信任。当然，团队成员之间也不能盲目信任，团队成员之间需要建立合理的监督机制，需要在日常点滴中培养团队成员之间互相信任的渐进模式。如遇到一些问题或产生异议，就尽可能多地制造场景接触，比如一起撸串、喝茶、爬山、打球、打牌、喝酒等，先多谈点与工作无关的事情，然后循序渐进地过渡到问题或事务，进而敞开心扉、心平气和地进行沟通协商。

(3) 合理的股权分配。对于大部分创业团队成员而言，成员之间的股权问题是一个关键但又敏感的话题。成员之间的分配是否合理科学，对整个创业团队的工作效率具有重要影响。如有些创业团队在开始阶段，简单地将股权进行均等分配，但从一个中长期的发展过程来看，过于分散、平均的股权结构对公司可能是隐忧，乃至于成为公司发展道路上的一个“暗雷”，这也是很多初创企业团队获得融资后期分崩离析的重要导火索。因此，建议初创企业融资之前，CEO 的股份最好不低于 67%。这样经过天使融资后，CEO 还能持有公司 51%以上的股份，用以保障初创团队的领导人做绝对的大股东。如果创新创业初期，大家的贡献和条件相差不大，建议 CEO 通过个人向公司注资的方式获得更高的股权。股份上的明显优势，对于 CEO 在团队内部树立影响力和话语权也很有帮助。当然，CEO 也不能持有过高的股份比例，需要为创始团队留出股份，也要为员工和后续核心成员留出期权的空间。

二、技术要素

对于科技创业企业而言，技术是创新创业必备的要素，创业者需要妥善处理与知识产权相关的问题，如了解著作权、商标、域名、商号、专利以及技术秘密等保护方法，建立起完善的、立体的知识产权保护体系。知识产权，主要指创作人对其所创作的智力劳动成果所享有的专有权利，一般只在有限时间内有效。各种智力创造比如发明、文学和艺术作品，以及在商业中使用的标志、名称、图像以及外观设计，都可以被当作某一个体或组织所拥有的知识产权。

知识产权从本质上来讲，是一种无形财产权，它的客体是智力成果或者知识产品，是一种无形财产或者一种没有形体的精神财富，是创造性的智力劳动所创造的劳动成果。它与房屋、汽车等有形财产一样，都受到国家法律的保护，都具有价值和使用价值。有些重大专利、驰名商标或作品价值也远远高于某些固定资产等有形资源。

知识产权是智力劳动产生的成果所有权，是依照各国法律赋予符合条件的著作者以及发明者或成果拥有者在一定期限内享有的独占权利。需要指出的是，建立相应的制度，保存好相关文件资料对于知识产权保护非常重要。当然，在做好自身知识产权的同时，还需要尊重别人的知识产权。在相关业务开展过程中，需要充分考虑自己与已有技术冲突的可能，并进行必要的论证。

知识产权有两大类：一类是著作产权，又被称为版权、文学产权；另一类是工业产权，也被称为产业产权。著作权又称版权，是指自然人、法人或者其他组织对文学、艺术和科学作品依法享有的财产权利和精神权利的总称，主要包括著作权及与著作权有关的邻接权。通常所说的知识产权主要是指计算机软件著作权和作品的登记。产业产权则是指工业、商业、农业、林业和其他产业中具有实用经济意义的一种无形财产权，也可称为工业产权，主要包括专利权与商标权。

我国的知识产权法是指中华人民共和国保护知识产权的制度及执法体系。从 1980 年我国加入世界知识产权组织之后，相继制定了与之相关的《商标法》《专利法》《技术合同法》《著作权法》以及《计算机软件保护条例》等。目前，我国与知识产权相关的法律条文相对发展较为完善。基于创业者而言，应该在初创企业阶段，对本企业个体和企业的知识产权寻求法律保护，及时保障自身的合法权益。

三、资本要素

创新创业需要资本投入，创新创业原始资本有以下几个来源：自有资金、亲友支持的资金、借款、贷款、融资。当今的创新创业，融资是获得资本的很重要的渠道，那么何为创新创业融资呢？如何获得创新创业融资呢？

(一)创新创业融资概念界定

创新创业融资是创业者为了将某种创意转化为商业现实，通过不同渠道、采用不同方式筹集资金以推动企业发展过程的一种资金筹措形式。创业者应根据新企业在不同发展阶段的资本需求特征，结合创业计划以及企业发展战略，合理确定资本结构以及资本需求数量。了解创新创业融资渠道的种类、特点和适用性，有助于创业者充分利用和开拓融资渠道，实现各种融资渠道的合理组合，有效筹集所需资金。

(二)创新创业融资需求形式

结合当下实际，初创企业的融资需求形式主要分为三种。

(1) 固定资金。所谓固定资金主要是指创办企业所需要购置固定资产的资金，包括办公设备、生产设备、交通工具以及房地产等。通常来说，购置固定资产需要大笔资金，所需要的资金期限也相对较长。初创企业应该避免进行固定资产方面的投资，可以利用租赁的方式，解决其办公以及生产等所需要的场地和设备等要素。

(2) 流动资金。流动资金主要是指用来支持企业在其短期内运营所需要的资金，包括办公费、工资、差旅费以及广告费用等。由于初创企业的生产经营规模相对较小，所需要的流动资金并不多，主要是依靠企业投资和短期借款等来解决眼前问题。

(3) 发展资金。又被称为增长资金，主要用来进行相关技术的研发、产品的研究以及前期和后期的市场反馈调研等。初创企业在其新产品或服务研制过程中，以及进行产品的规模化生产和企业转型过程中，需要投入大量的资金，主要依靠增加资本进行股权扩充或银行借贷。

(三)创新创业融资渠道

1. 私人资本融资

私人资本融资主要包括创业者个人储蓄、亲友资金援助以及天使投资等。根据教育数据权威研究机构麦可思关于《大学生就业蓝皮书》中的数据显示，对于目前阶段选择创新创业的大学生而言，家庭亲属、个人储蓄以及朋友援助依旧是大学生创新创业的主要启动资金来源，其比重约占到资金来源的 80%以上。尽管私人资本资金渠道相对较为便利，减少了“找钱”过程的磨炼，能够短时间内得到一笔创新创业启动资金支持，但是私人资本的资金数量相对有限，伴随着创业企业之后的运营发展，会越来越难以满足创业者对资金的需求。创新创业活动一旦失败，容易造成家庭亲属的资金“打水漂”，甚至会背负上沉重的债务负担。因此，该融资渠道是大学生创业者在创新创业启动阶段以及后续的发展阶段需要慎重考虑的问题，也是评估自己是否进行创业的一个重要前提条件。

“天使投资”一词源自纽约百老汇，特指由那些富人出资赞助一些具有社会意义性质演出的公益行为，对于那些渴望表演、充满理想的演员而言，这些赞助者就像从天而降的天使，以便帮助他们实现自己的梦想。伴随着时代的进步和发展，天使投资被引申表述为一种对高风险和高收益的新兴企业的早期投资行为。所谓天使投资，主要指个人出资协助具有专门技术或独特概念而缺少自有资金的创业者进行创新创业，并承担创新创业中的高风险和享受创新创业成功后的高收益；或者自由投资者以及非正式风险投资机构对原创项目构思或小型初创企业进行的前期投资。这种投资方式属于一种非组织化的创新创业投资。

天使资本主要包括曾经的创业者、传统意义上的富翁以及大型高科技公司或跨国公司的高级管理者三个主要来源。随着互联网技术的发展和移动通信的进步，中国经济正在加速转型，创新创业人群迅速增加。这是天使投资人成长的良好土壤，国内成功的企业家、有远见的资产阶层都在积极转型为天使投资人，成为我国储蓄型财富持有者转型为权益型投资人的先驱，如李开复、雷军、周鸿祎、徐小平等，他们成功投资了一批初创企业，如真格基金投资合伙人、著名天使投资人徐小平就顺势投资了世纪佳缘以及聚美优品等潜力企业。小米科技创始人雷军投资了拉卡拉、凡客诚品、米聊和尚品网等。这些天使投资人几乎都能够收获丰厚的回报，同时也大大推动了天使投资的发展。随着我国经济的创新驱动发展战略的实施，我国的天使投资人必会如雨后春笋般发展繁荣起来，也势必能够有效地推动未来中国创新驱动经济的发展。

2. 机构融资

通常意义上的机构融资途径主要包括银行贷款、非银行金融机构贷款、交易信贷和租赁以及从其他企业融资等。贷款金融机构主要分为政策性银行①、商业银行②、股份制银行、城市商业银行、城市合作信用社、邮政储蓄银行、农村信用社和农村商业银行以及外资银行等。贷款非银行金融机构：信托投资公司、财务公司和金融租赁公司等。与私人资本资金相较而言，专业化的机构所能提供的创新创业投入资金数量较多，并且对项目评估和审核的程序相对正规和完善。通常，创业者在获得专业机构投资之后，不仅能够收获足够的资金保障，还能在短时间内迅速提升创业企业的社会名气和行业地位。2003 年 8 月我国的中国银行、光大银行、广东发展银行以及中信银行等金融机构相继推出“个人创新创业贷款”项目。

早在 2002 年，我国农业银行就推出了《个人生产经营贷款管理办法》的相关业务。通常，大学生创新创业贷款是银行等资金发放机构对各高校学生(大专生、本科生、研究生、博士生等)发放的无抵押无担保的大学生信用贷款。大学生创新创业贷款是国家给大学生提供的创新创业优惠措施。这种贷款是具有一定生产经营能力或已经从事生产经营活动的个人，因创新创业或再创新创业提出资金需求申请，经银行认可有效担保后而发放的一种专项贷款。最高可获得单笔 50 万元的贷款支持，创新创业贷款的期限一般为 1 年，最长不超过 3 年。

3. 政府相关项目融资

伴随着大众创业、万众创新的政策驱动战略发展，各级政府高度重视高校大学生的创新创业活动，也纷纷创建了高校大学生的专门创业基金。通过创新创业大赛以及个人申请等方式，向具备一定资质的大学生提供专项资金支持。这种以政府为主导的大学生创业资金，实质是一种公益资金，其目的在于促进大学生实现成功创新创业。同时，地方政府能够结合本地的未来发展规划和目标，有针对性地为那些能对当地建设发展起到推动作用的大学生，提供专项的创业资金的扶持，从而推动本区域的经济发展。

因此，一般政府机构会偏向于能够解决当地或某一区域显著社会问题的初创企业，这点可以作为大学生创业者关注的方向。政府的相关融资，其实质是属于一种公益性质，因此该专项资金的审核过程相对复杂，资金获得手续相对烦琐，但取得资金之后附加条件相对较少。我国现在正在陆续围绕该部分资金进行创新改革，有创业意

① 国内的政策性银行主要有国家开发银行、中国农业发展银行和中国进出口银行。

② 国内主要商业银行包括中国工商银行、中国银行、中国农业银行、中国建设银行、交通银行、中信实业银行、中国民生银行、中国光大银行、华夏银行、招商银行、兴业银行、深圳发展银行、广东发展银行、上海浦东发展银行、汇丰银行、花旗银行以及渣打银行等。

愿的大学生，应该重点关注不同地域的相关政策，积极地参与地方政府所举办的创新创业大赛等活动，以获得创业初期的基础资金。

四、市场要素

伴随着商业环境的迅猛发展，客户的消费决策日益变得复杂。企业若要获得持续的盈利，就需要紧紧地抓住客户的消费需求，不断拓展市场，帮助企业在市场竞争中取得优势。

(一)把握客户需求

把握客户需求是企业开发市场的起点，能够帮助企业更好地服务客户，并发现新的市场机会。客户需求伴随着外部市场环境的变化而不断发生变化的，企业若要长期占有市场份额，就需要及时地根据时代的变化，及时地调整方案，重新定义客户进而满足客户需求。或者在新的细分市场中寻找新的客户，提出与之匹配的客户价值主张。如此方式，把握住客户需求，能够及时帮助初创企业更好地适应客户需求，获取潜在的利益价值，并且从根本上创新企业的商业模式。

需要注意的是，企业重新定义客户需求的前提是，客观深入地掌握客户需求，而并非简单地依靠市场上常见的调研方式，以及市场分析或研究，还需要直接与目标客户群体进行交流沟通的深度接触，以实时地、动态地跟踪反馈客户的后期需求。

(二)构建吸粉体系

伴随着国民生活水平的提升，客户需求逐渐呈现出区域个性化的特点。为了得到较高的市场占有率，企业对目标客户群体建立及时的回应处理机制和反馈支持机制等是非常必要的。初创企业需要线上线下及时地对客户的建议或不满进行处理，同时要尽可能地减少客户的反馈成本，并为客户提供良好的用户体验，从而获得客户情感上的认可。此外，作为初创企业，应该及时创新客户的支持体系，为客户提供额外机制，减少客户的转换成本等系列措施，都有利于提升客户对企业的忠诚度。总之，通过各种方式，培育一定群体的吸粉数量，使企业能够拥有一批稳定的消费者，从而推动企业进入稳定的发展之路。

(三)拓宽收入模式

收入模式定义了企业采取的商业模式能够获得的收入方式。收入模式主要包括收入介质、交易方式和计费方法。收入介质，主要是指企业通过选择何种产品或服务获取收入。交易方式主要是指企业通过何种方式取得收入。计费方法主要是指企业如何对收入介质进行定价。合理地运用收入介质、交易方式和计费方法，能够有效地帮助初创企业刺激目标客户群体的消费欲望，增加消费者的购买次数或频次，进而提高企业单位产品的收入。

改变收入介质，企业与竞争者会形成一定的差异化。这种差异化通常有助于企业获得新的利润来源，如全球快餐连锁品牌——麦当劳，其实际营收的主要来源并不是餐饮，而是房产资源。麦当劳将租来的房产转租给加盟店，通过赚取租金差额来获得一定的收入。可见，通过改变交易方式，企业可以围绕信用交易、消费信贷、批发零售以及竞标等方式进行创新。计费方法可以选择不同的计费策略，如分期付款、折扣优惠以及捆绑定价等。因此，拓宽收入模式，企业能够更好地找到自己的市场定位，从而获得新的发展机遇。

五、渠道要素

渠道通常被定义为参与到促使产品或服务可供消费或使用这一过程的相互依存的组织。这一过程包括物流、仓储、售前售后、交易、订单处理、产品审核等一系列活动，甚至还包括各种各样的支持服务，是一个复杂的系统。

(一)改变提供产品或服务的路径

改变提供产品或服务的主要路径是转变分销渠道。企业进行分销渠道的调整或创新，主要目标就是扩大目标客户群体的覆盖面，帮助客户更为便捷地获得产品或服务，进而创造额外的顾客价值。在分销的过程中，产品或服务的流通能够提高产品的附加值。企业可以通过增加或压缩渠道的环节或步骤，进而改变与分销商的合作形式。或者，企业也可以采用全新的渠道，实现降低成本，提高分销效率的目标。

在渠道要素中，有些产品获得了巨大成功。最具有代表性的案例当属戴尔电脑，其消除了分销商环节，创造了全新的直销商业模式，进而最大限度地降低了成本，为企业带来了巨大收益。伴随着互联网信息技术的飞速发展，当前各个行业的分销渠道得到了极大扩展，“互联网+”大大地改进了传统的营销方式。越来越多的企业开始借助新媒体销售平台，实现与顾客的直接接触和交易，较好地满足了目标客户群体的需求，同时有效地降低了消费者的购买成本，实现了顾客与企业的双赢。

(二)构建有特色的价值网络

当前，商业市场竞争激烈，价值和利润在产业链条上的动态活动日益频繁，开始很多产品或服务需求很大，赚钱很多，但很有可能是一段时间后就会遭遇营销困境，而且产品或服务的价值链也会发生断裂、压缩以及重组等。企业不仅需要充分考虑利润产生的环节和自身实力，还需要在价值链中选择合理的位置，协调与供应商、分销商、合作伙伴之间的关系，充分发挥协同势能，构建为顾客共同提供价值的业务生态。因此，企业需要构建独特联系的价值网络，同时避免和规避同行业其他竞争对手的复制或模仿，成为企业创新商业模式的新常态。

六、品牌要素

最早系统地进行品牌研究的是大卫·奥格威(David Ogilvy)，他认为品牌是一个错综复杂的象征，是品牌属性、名称、包装、价格、历史、声誉、广告方式等的无形总和。品牌形象与企业形象是部分和整体的关系。

任何一个企业都要有自己的品牌，自己的定位，在消费者心中树立自己的地位。品牌定位是在企业和消费者之间画等号。品牌要素就是让消费者一提到品牌便能联想到企业，包括品牌策划和品牌价值。一个初创企业一开始必须有自己的品牌，像抚育孩子一样让他慢慢长大，正如有些企业家所说“品牌即事业”的思想。一个企业的品牌包括企业品牌、产品(或服务)品牌和企业家品牌。

(一)品牌是消费者的心智联想

品牌是创新创业的一个关键要素。很多创业者认为品牌应该是大企业关心的事情，对于初创期企业没有必要做自己的品牌。实际并非如此，初创企业更要重视树立自己的品牌。品牌能够把企业的产品和消费者的需求紧密地关联在一起，如从绥中到“东戴河”的变身，便是品牌要素的一个突出体现(资料拓展 2-2)。

【资料拓展 2-2】东戴河的由来

2009 年的辽宁省葫芦岛市绥中县，是一个名副其实的贫困县，66 万人口，年财政收入不足 2 亿元。当时辽宁省的新任省长看中了这个地方，希望在这里打造第二个“大连”，因为这里是东北与京津冀连接的第一站，地处山海关附近，出关第一县就是绥中。虽然地理位置重要，历史悠久，但是想将一个贫困县打造成第二个“大连”谈何容易。当时的发展思路是“高起点、高品质、借外力、快发展”，举全省之力为绥中县全面招商引资，招才引智。因此，当时的主要领导第一反应就是到中关村去招商，引进一批高科技的企业。省长亲自带领招商队伍到中关村，并且每次招商会上省长都亲自主讲，半年之内接见了 1000 多位中关村的高科技企业家。但是，很多企业都客气地婉拒了，因为当时的绥中新城还是一片不毛之地，沿海岸线长 80 公里，纵深 5 公里，虽然碧海蓝天金沙滩，山清水秀人热情，但是完全没有企业生存的条件。企业非常现实，不是光看情面就会投资一个不毛之地的，是需要获利才可能去投资的。在贫困县开办企业面临种种风险，诸如政策、文化、物流、交通、市场、人才等。

经过一段时间的研究，有人提出了根据绥中县的区域环境和地理位置，借力北戴河的品牌优势的创意，因为山海关以内就是著名的北戴河和南戴河旅游景区。当然，不能冒用人家的品牌，必须另辟蹊径。

在消费者的心目中，已经对北戴河、南戴河有一个很明确的定位，此区域海水清澈，沙滩平缓，风平浪静，交通便利，适宜消夏避暑。因此，每年 7—9 月份有超过 500 万人到这里旅游度假。有北戴河、南戴河，没有东戴河，能不能改名叫“东戴河”？经过认真研究，最后报辽宁省批准，将绥中正式更名为东戴河。

绥中是个好地方，但是到那里去旅游的人非常少，人们到葫芦岛兴城去旅游也不愿意到绥中。自从更名为东戴河以后，到绥中旅游的人数暴增，当年带来的旅游人口数量就超过两百万人。在消费者心中，有一个北戴河、一个南戴河，可没听说过东戴河。由于北戴河、南戴河已经在消费者心中有了具体的品牌，在绥中改成东戴河以后，大大引发了人们的好奇心。消费者将东戴河与北戴河、南戴河进行联想，产生了极强的心理效应。这样，很多人都想到东戴河去旅游。仅仅经过 10 年的时间，东戴河已经形成了“一带五区”[①]的发展格局，极大地改善了当地人的生活条件。

可见，品牌的树立一定需要与消费者的心智进行连接。品牌是消费者心中认为的形象和概念，而非厂商描述的概念。树立品牌，要深入研究消费者的心理，在产品和消费者的心智之间建立一种关联。显然，品牌是创新创业的一个关键要素，对于初创企业更是如此。一个初创企业，在树立品牌时，要挖掘初创企业的初心、愿景，甚至背后的文化民俗等人文禀赋，赋予品牌深厚的底蕴，更容易得到消费者的认同。

(二)品牌是消费者的心理定位

品牌就是在消费者心中找准定位，就像绥中更名为东戴河的例子。著名品牌专家菲利普·科特勒对企业品牌的定义是：消费者在记忆中通过联想反映出对组织的感知。品牌是消费者认为品牌是什么，而不是企业自己标榜品牌是什么。市场是不讲情义的，消费者会用脚投票。因为，每一个消费者心中有一把标尺，会衡量这个品牌到底是什么。

比如汽车市场，通常会说“开宝马”“坐奔驰”。“开宝马”就是说宝马这辆车，它的品牌定位是要让消费者驾驭的感觉好，充分照顾驾驶员的心理情感，有一种驾驭感，所以叫“开宝马”。“坐奔驰”，奔驰车的品牌定位是为了乘坐者的舒适而设计的，是站在乘坐者的角度设计的。这就是消费者的心理定位。当然从企业来讲，可以预先有这样一种设计，然后在市场上不断地宣传推广，进而在消费者心中强

① 一带是指依托绥中 26 公里浪碧沙白、滩缓无礁的海岸线，建设滨海旅游景观带；五区是指五个园区，即文化旅游产业园区、高新技术产业园区、东戴河核心城区、临港工业园区、绥中港物流产业园区。文化旅游产业园区，规划面积 14 平方公里，重点进行基础及配套设施建设；高新技术产业园区，规划面积 12 平方公里，重点发展电子信息产业，同时涵盖生物与新医药产业、新能源新材料产业及教育、科研；东戴河核心城区，规划面积 20 平方公里，重点发展行政办公、商业金融、文化娱乐、休闲疗养及生活居住；临港工业园区，规划面积 35 平方公里，重点发展先进装备制造业、临港工业、仓储物流、煤化工业等；绥中港物流产业园区，规划面积 53 平方公里，重点进行石河亿吨综合港区通用码头及煤炭码头的建设。

化这种定位。

对于创业企业而言，如果打造一个全新的品牌，使消费者心中产生一个不曾有过的概念，这样树立品牌需要一定的周期，而且可能非常难。因此，对于创新创业的企业而言，创业初期应先找一个品牌对标，找一个和自己类似的，且能让消费者在两者之间产生一种联想的品牌。当然，最好是一种美好的联想，并且能够进行对比，这样能够把自己的品牌在消费者心中迅速树立起来。比如，现在消费者都知道滴滴，滴滴基本代表了共享经济，因此出现了很多类似的品牌。做餐饮共享经济的，就说自己是餐饮业的滴滴；做小儿按摩共享经济的，就说自己是小儿按摩的滴滴。由于滴滴在消费者心目中已经有了一个很明确的定位，其他行业借助这样一种知名品牌来表征自己的定位，能够让消费者迅速地产生对于类似心理定位的理解。

同时，品牌在进行定位时，要进行精准的市场推广。很多初创企业可能认为自己的品牌或者产品，适合所有人，拥有庞大的消费群体。但实际上，对于将来的市场推广，这样的定位是非常难的，因为无法找到精准的客户人群。只有把客户人群进行精确细分，将客户的定位精准化，才容易推广。有了精细的特定客户群体，企业能够清楚地画出客户肖像，如客户会出现在哪些场合，他们对产品或者服务有什么样的期许，有哪些购买偏好等。只有这样，才能够把产品的功能和品质恰当地附着在品牌上。只有这样，才能够在消费者心中，在细分领域的消费者心中，奠定产品的领导地位，树立良好的品牌形象。

(三)品牌是企业形象的统一体

企业形象是社会公众和企业职工对企业整体的印象和评价。人们可以通过视觉、听觉、触觉、味觉等各种感觉器官在大脑中形成对某个企业的整体印象。一般来说，品牌要素包括三个方面，即企业品牌、企业家品牌和产品品牌。企业品牌可以让企业和某类产品或者某个人物建立起一种联想。例如，提到百度这个企业品牌，马上可以关联到李彦宏和百度搜索，这三者之间相辅相成。通过企业开展的各种活动，企业品牌能够在社会上树立良好的企业形象。

为了扩大影响，很多企业都会进行广告宣传，或开展一些市场活动来宣传企业的品牌形象。如 IBM 每年都会参加软件博览会，即使没有人去，也会预订一个展位，而且展位的位置还要显眼。确定了展位以后，在展位上进行精心布置，摆放一些资料。作为一般的企业，并不理解为什么这样做：不来专人，还要一个很好的展位位置，并且进行布置和放置资料。其实，这就是一种品牌的企业形象宣传。第一，保证自己所在的行业领域，企业必须列席类似的专业大会。第二，彰显企业的领导地位。作为行业里的领导者，展位决定了一个企业的地位，因此要出现在比较明显的位置。

企业家品牌是指与企业紧紧关联的创始人或核心人物。如比较知名的企业家，马云、李彦宏、柳传志、雷军等人，经常在媒体上能够听到他们的声音，也经常能够在互联网上看到他们的一些文章。这实际上是企业的形象代言人，他们的一言一行代表着企业甚至整个行业。由于这些人的号召力和影响力非常大，所以要借助这些人物的形象，或者借助其影响力来带动企业和产品的品牌影响力，这就是企业家品牌。一般来讲，企业家都有一个角色，要么是企业的创始人，要么是企业的CEO，要么是企业的核心技术人员，总要有一个人代表企业，出现在各种公众场合，代表着企业品牌和产品品牌的形象。

产品品牌，作为企业获利的直接载体，实际上更具象，产品的功能、性能、外观设计等都会在消费者心中形成一定的影响。产品作为企业的品牌，不管是有形的还是无形的产品，最终会传递到消费者手中，并且能够给消费者带来价值。当消费者需要购买一个产品时，他的第一反应能够想到的是哪几个企业。以搜索为例，全世界范围内有四大搜索引擎，在中国要查什么资料，多数人第一反应是百度；以人际沟通为例，当需要彼此联系沟通或者传输信息时，第一反应就是微信。

(四)品牌是品质和标识的统一

品牌的内涵，是品质和标识的统一。一个产品品牌，具有非常丰富的内涵，而不仅仅只是一个外观标识。如汽车有很多品牌，国际品牌如奔驰、宝马、奥迪等，也有国产品牌如吉利、江淮等。人们在选车时，除了考虑汽车基本的性能外，肯定还要考虑它的品牌因素。此时，品牌因素就是品质和标识的统一。在选电动汽车时，国产的以比亚迪、北汽等为首。因为比亚迪是做电池出身，所以买家会对其电池的品质更加信任。纯电动汽车的核心部件除了电池就是电机，如果能掌握其中的关键技术，就会赢得消费者的认同。显然，品牌的内涵是品质，一定要把品质做好。然后再将品牌和标识进行关联。否则，只有品牌标识，没有品质内涵，最后消费者自然就会把标识和他背后想象出来的，或者之前体验过的品质建立一个关联。

当然，在得到消费者的认同之前，企业需要树立品牌的品质和标识。此时企业需要进行品牌推广，希望让消费者了解企业的产品。在这个过程中，品质优先，让消费者相信并认同产品，然后再和品牌进行关联。消费者很害怕产品的品质问题，三聚氰胺牛奶事件，还有长生疫苗事件，给企业敲响了警钟。本来人们对这些产品非常信任，一旦出现这种事件，马上就会对这种品牌造成毁灭性的打击。因此，品牌推广要与品质进行紧密关联。另外，即使在品牌推广过程中出现失误或者事故，进而出现一些重大的质量事件时，也必须以一种非常坦诚的态度去面对。如果这时候掩盖，会被消费者挖掘并发酵，尤其是自媒体时代，任何人都掩盖不住事实的真相。

公益活动也是彰显品牌品质和标识的重要策略。现在，很多企业愿意做公益活动，一种不会获得直接利益的活动。实际上，这也是企业推销品牌的一个策略。为了推广品牌，企业会组织一些更容易被消费者接受的公益活动。公益活动会得到很多人支持，成本就会降低，所以公益活动与品牌推广自始至终是相互关联的。很多公益活动，其实背后都有一些品牌在支撑，都是为了某些品牌去做推广而举办的一些活动。

然而，做商业活动，一方面消费者会有抵触，另一方面成本很高。公益活动能够在消费者心中树立一个良好的品牌形象。

七、场地要素

运营场所的选择，与新创企业的经营状况好坏有一定的相关性。所以，选定经营场所时，新创企业者要做较为全面和科学的系统评估，进而规划一个合理的经营场所。一般来说，影响企业选址的主要因素包括政治、经济、社会、文化、科学技术、行业状况等宏观环境，其中经济环境和科技要素对于新创企业的选址决策具有较大的影响。同时，企业更需要结合自身的实际情况来权衡利弊，进而做出科学合理的选址决策。

企业的选址一般需要重点考虑两方面的情况。第一，考虑其所需能源及所需原材料等自然资源的供应条件。第二，考虑交通运输条件、劳动力的供应情况等。当然，科技环境条件以及企业属性等具体的特质也可以作为新创企业选址的重要参考。如与制造业相关的企业，在选址时需要重点考虑其生产成本因素，尽可能地选择就近原材料、燃料动力的供应地。劳动密集型的企业，在选址过程中需要尽可能选择劳动力供应相对较充足以及成本较低的区域。服务型的企业选址，需要侧重将目标市场、销售以及后续服务等作为参考目标，尽可能满足市场目标群体的需求。仓储物流行业的企业选址，需要考虑交通运输情况。高新技术产业的企业选址，需要及时地关注和把握技术的未来发展趋势，地址要尽可能地选在高校科技研发中心区。

中关村有很多孵化器，也有很多集中办公区。它不仅有一区十六园，而且在全国也进行了布局，甚至在美国、以色列等 11 个国家也有中关村海外园或办事处。其中，海淀园注册了 14 万家企业，形成了具有示范作用的自主创新创业园区。在这里，涌现了许多新创企业，如百度、搜狐等。正是因为产业聚集优势，吸引了许多新创业企业在此选址。可见，场地选择对于新创企业非常重要。在选择场地时，新创企业一般要经过以下三个步骤。

第一，明确选址的总体目标。

第二，收集、汇总并整理各类影响因素，进而对这些影响因素进行分析，并逐一按照顺序排列，根据总体目标对二级目标进行权衡取舍，确定多个目标进行评估，拟定其他候选地区作为备选方案。

第三，以企业的经济效益、社会效益以及长远效益为出发点，采取科学的分析办法，对备选地区方案进行系统评估，进而从中选择最佳方案。

第三节　创新创业生态理论

一、创新创业生态系统

随着生物学的发展，生物与环境之间的关系已经密不可分。1935 年，英国生态学家亚瑟·乔治·坦斯利爵士(Sir Arthur George Tansley)受丹麦植物学家尤金纽斯·瓦尔明(Eugenius Warming)的影响，明确提出了生态系统的概念。

生态系统是指在自然界的一定空间内，生物与环境之间的相互影响、相互制约，并在一定时期内处于相对稳定的动态平衡结构。在自然界，有不同的生态系统，如森林生态系统、海洋生态系统、湿地生态系统、城市生态系统等。生态系统是开放系统，为了维系自身的稳定，生态系统需要不断输入能量，否则就有崩溃的危险；许多基础物质在生态系统中不断循环。

创新创业，就像热带雨林和大草原一样，也是一个生态系统，在这里有大树也有小草，有大象也有蚂蚁，它是由很多物种共同营造出来的共生共存的氛围，使这里的各种植物能够枝繁叶茂，动物能够繁衍生息。创新创业生态系统源于自然生态系统，是从自然生态系统的概念演化发展的。罗伯特·欧文曾说过：“人是环境的产物。”创新创业活动，要融入创新创业生态系统。创新创业生态系统包括五层体系(见图 2-2)，第一层是创客空间，第二层是创新创业培训，第三层是创新创业实验，第四层是创新创业孵化，第五层是创新创业加速。

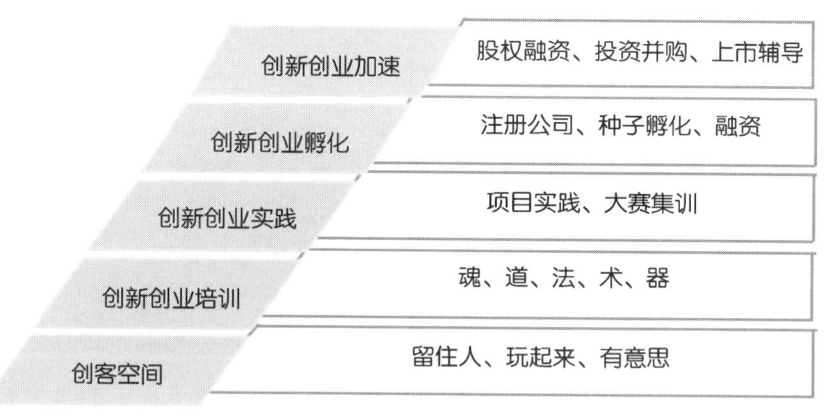

图 2-2　创新创业生态系统理论

(一)创客空间

创客空间是创新创业生态系统中最初级的一层。在创业孵化基地或者创业园区，都能够看到为创业者生活而提供的各种各样的服务。创客空间，是通过为创业者提供良好的生活条件而创建的一个环境。这个环境能够把创业者引得来，留得住，还能让他们玩起来，觉得生活和创业有意思。所以，先要营造这样的氛围和环境，创业者不仅仅是来工作的，创业也是为了改善生活。因此，创客空间提供的是一种公共服务，包括衣、食、住、行、娱乐和健身等。

创客空间是孵化园或者孵化基地的专属空间，可以自己构建并运营，也可以引入第三方服务商。近几年，随着电商的冲击，传统商场腾出很多空间留给孵化器，所以现在很多商场开始逐渐地变成了“创业孵化+餐饮+娱乐+健身”一体化的空间。

创客空间需要结合当地的文化和创业者的习惯，提供相应的公共服务。在创客空间，很多地方都开了咖啡厅，但不一定适合当地创业者的习惯。比如在北京、上海、广州、深圳等一线城市，咖啡厅只是一个载体，并不一定靠咖啡盈利，而是通过咖啡构建起来项目和资金的桥梁，只是创业者与投资人见面洽谈业务的一个场所，真正的盈利点可能来自投资人的资助。但是在二、三、四线城市，人们的生活中没有喝咖啡的习惯，即使谈业务，也可能是约饭、请酒或者喝茶等，很少有人约着一起去咖啡馆谈业务。因此，需要结合当地的文化去构建本区域的公共服务。解决创业者的创业、生活、健身等问题，能够让这些创业者辛苦工作的同时，也能拥有身心愉悦的空间。

目前国内比较大的企业，诸如百度、小米、腾讯等，开始逐渐地采用西方发达国家的创业环境，不仅仅是给员工创造一个良好的工作环境，更重要的是创造一个良好的生活环境。最近有报道称，华为公司迁到了东莞的生活区，是因为那里不仅有工作的环境，还包括购物、娱乐、健身等各种各样的生活空间。创客空间要做到，让创业者第一愿意来，第二不愿意走。这种能提供身心愉悦的一种环境，才能称得上创客空间。以往有很多人误解，把创造空间理解为孵化器，安排一些工位、一个狭小的空间，其实这仅仅是将创业者作为创造财富的生物人，而没有真正地理解创业者的身心需求。

(二)创新创业培训

创新创业是一个非常复杂的实践活动，是一个有机的专业体系，实践性非常强。但创业者的创业能力并不是与生俱来的，还需要接受一些教育和培训的过程。如果说创客空间是外壳，创新创业培训就是创业者的内核。因此，需要进行专门的创新创业培训。在这个培训过程中，需要从教育培训不同的层面来开展工作。

第一个层面是创新创业教育。在创新型国家发展战略驱动下，教育部向全国高校下发文件通知，要求所有的学生都要学习创新创业课程，而且明确规定了学时数不能少于 32 个学时，2 个学分。希望通过这一举措，能够培养一批具有创新精神、创业意识和思维能力的创新创业接班人。但是具体实施过程中出现了很多问题或误区，如创业教育是素质教育还是技能培训、是讲创业技巧还是讲创业理论、如何让学生树立创业意识、如何培养学生的创新创业思维等一系列问题，都应该是创新创业教育解决的问题。

因此，创新创业教育不能将创新创业和管理之间画等号，尤其是对大学生的创新创业教育。这种教育应重点解决思想问题和意识问题，而不是解决具体创业过程中需要掌握的技能。通过创新创业教育，学生在学校种下了一颗创新创业的种子。他们了解了创业，对创业有了兴趣，当然不一定大学毕业就去创业，待时机成熟的时候再创业也来得及。他们在以后的工作和生活中，如果能够不断地去寻找和收集创业需要的条件，最终可能有一天就会加入创业的行列中。因此，这就是创新创业的教学内容，让他们学有所用，但不是技能培训，而是一种素质培育。

第二个层面是创业培训。目前，已经有很多人想创业，有的甚至走在了创业的路上。这些人在创业过程中还需要大量的知识和技能，去提升创业能力。因此创业培训就显得非常重要。近几年，人力资源和社会保障的各级政府部门都在做一件事，就是将想创业、有一定条件和资源的人聚集在一起，给他们开展 SYB(Start Your Business)培训，希望让他们系统地了解创新创业的原理，真正掌握创业的知识，提高创业的成功率，避免因为失败而带来的巨大风险。反观大部分创业培训，基本上是以管理学作为基础，比如讲案例分析还让学员去商场进行实地调研，却忽略了商场已逐渐被电商所替代。创新创业培训应该顺应时代需求，教学生借助电商平台来运营、管理、推广等新技术。在这个过程中，培训内容就需要转变，要研究电商怎么定位、怎么建网站、怎么去找产品、怎么去做推广等这一系列问题。因此培训内容就必须及时更新。

(三)创新创业实验

完成创业培训后，有些人具备创业条件，能够去创业，但是并不意味着马上注册公司就可以创业成功，而是需要进行创新创业实验。因为创业是一件极其复杂的事情，不可能学了几节课，即使经过几百节课或几年培训，也不代表就可以创业成功了。在大学里，一些大学生学完创新创业课程以后，已经有了很好的创业想法和创业条件，然后想去试一试，这时需要为学生创造一种虚拟或模拟的创业环境，如同他们真正地经营一家公司一样。创新创业实验就是在模拟的环境中验证自己的创业想法是否能够成功落地而具体体验创业流程的过程。

一般情况下，学校可以给学生创造这样的条件，让学生能够对自己的项目进行实验，也可称作模拟创业。这个过程中，可能会遇到一些问题，如果创业项目行得通，怎么签约？怎么走账？此时，学校可以专门注册一个公共服务公司为这些想创业的学生提供签约、走账、纳税等一系列真实的公司运营服务，让他们体验一个真实的创业流程。当然，此时有一个很重要的前提，即它不是法人，还不需要承担各种法律责任。

在整个创新创业教育过程中，创业项目需要进行一个真实的虚拟实验。虚拟一个有供需、生产、销售、服务等的环节，让学生在这种虚拟环境下，找到一些创业感受，让学生将项目在学校提供的虚拟环境中进行体验尝试。如果有了成功的经验，可以将经验总结，真正注册一家公司；如果失败了，付出的代价也不会太大，对于学生来讲，这就是一个试错的机会。通过真实的创业过程，创业者需要找寻空间布局、材料、合伙人等。虽然是模拟的环境，但却是真实的感受，这就是创新创业实验。

大部分学校目前对于创新创业实验还做得不是很好，甚至没有。基本上是培训结束后，通过参加大赛选出创新项目，直接送到孵化器进行孵化。事实上，这两者之间还有一个必须跨越的鸿沟，学生是不是对项目有信心、是不是能够找到将项目转化成生产力的路径。如果没有找到，最好先做一些实验，而不是立刻注册公司。因为注册公司以后，各种制度，包括工商年检、税务、员工薪资发放、劳动合同等事情，就可能会一股脑儿地摆在创业者面前，消耗创业者的时间，浇灭创业者的激情，让创业者无暇顾及创业项目本身的发展。如果学校创造一个创新创业实验的环境，可以统一提供很多公共服务，而不需要学生操心，当创业实验真正完成以后，再进入创新创业孵化阶段，创业成功的概率便会大很多。

(四)创新创业孵化

创新创业孵化，就像用鸡蛋孵化出小鸡一样，当然，这些鸡蛋必须是优质的鸡蛋，才能够孵化出小鸡。有了好的创意，通过一定实验证实的项目，此时创立企业的时机已经成熟，可以进入创新创业孵化阶段。通过孵化机构的孵化，可以使初创企业前行的征途更加顺利，同时进一步提升企业在产业链中的地位，甚至能够减少企业发展过程中的一些风险。目前，很多城市都设立了这样的孵化机构。这些孵化器或孵化基地主要担负培育中小科技创新企业、加速高新技术成果转化以及对传统企业进行信息化改造的任务。孵化机构需要给创新创业项目提供一系列服务，其中有三项非常重要。

第一项是共性服务，比如像一站式服务大厅、路演大厅，都可以作为公共服务。作为公共服务，创业孵化机构要引入一些工商、税务、年检等服务，以及满足创业者所需要的其他公共服务。创业者带着自己的项目前来申请适合自己的创业环境，申请以后进行排队，类似于医院挂号一样。

第二项是产业环境实现。对于一个孵化机构来讲，应尽量聚焦在一定的产业领域提供公共服务。这样，入住孵化器的企业，都属于一个产业，容易在上下游产业之间形成链接。如果需要什么产品或者配套服务，不需要走太远就能够获取所需。正像山东高密的中国安防产业园，如果在这个地方创办一个安防产品生产企业，能够获取自己所需要的很多配套零件，在成本、效率等方面就可以尽快实现。因为这些区域产业链相对集中，不需要跑太远，产业环境非常好，能够更好地推动创业成功。

第三项是创业孵化器的进化。经过十多年的发展，孵化器自身也在不断地发展。第一代创业孵化器，并没有多少孵化功能，基本上类似于房东或者二房东。第二代创业孵化器，是将公共服务的一些机构都引进来，比如工商、税务、银行、法律等。这样，能够让孵化器贴近创业者，随时提供公共服务。第三代创业孵化器，不仅仅提供公共服务，还把产业进行了细分。如增加了细分产业所需要的一些基本条件，如实验、测试平台等。这样，进入孵化器的企业，不需要支出昂贵的费用自己建立实验室，只要租用即可。这样的创业孵化器才真正能够系统地为创业者提供综合性的孵化服务，包括基于互联网的服务。显然，创业孵化器进化到今天，还在继续往前进化，可能很快会出现孵化器第四代和孵化器第五代。

(五)创新创业加速

当一个企业规模发展到 20 人以上，年收入超过 2000 万元时，企业所需要的服务，已经不是简单的减免房租，或者获得税收优惠等政策。创新创业加速就是要帮助已经具备一定规模、又有发展潜力的企业，对接资本、市场、人才等各种资源要素，使企业能够快速发展。

一般来讲，当企业发展到这个阶段，创业者需要了解如何让财富进行保值增值。一般有四种情况。第一种情况是投资服务，如果企业有钱，就研究如何使钱增值。第二种情况是融资，即企业缺钱，如何帮企业找到资金。现实情况下，大部分企业都是缺少资金。有些企业需要一些中转资金或者说看好了一种模式需要投资，如果企业有资金，就能够快速地占领市场，此时就需要尽快融资，尤其一些轻资产企业，由于没有抵押物，银行贷款比较困难。第三种情况是企业需要上市辅导。企业发展到了一定的规模，就开始研究怎么上市，要么是上主板，要么是上创业板。现在企业不愿意上新三板，是因为审核程序比较复杂，而且需要向公众披露企业所有的信息。所以辅导企业上市是对企业的一个很重要的需求。第四种情况就是并购相关企业。上市以后，企业处理事情的流程或发展模式会发生质的变化。上市前所有的事情都是靠自己做，一般不外包，因为外包要花钱。可是，一旦上市后，融到巨额资金，投资并购就成了上市企业扩大业务链的第一反应。上市公司会观察整个产业链与自身紧密相关的业务，要么买企业，要么买产品或者团队，把对方的团队和知识产权收入麾下，这样企业就能快速地发展。上市公司有了现成的专业团队发展业务链条，就会大大加速企业的创业进程。如果仅靠自己的经验，可能两三年也做不出来。因此，通过创新创业加速，为企业提供投融资、上市辅导和并购等一些服务，可以推动企业快速发展。

二、创新创业生态系统的利用

创新创业像游泳，在岸上是学不会游泳的，必须在水中，即创新阶段创业者到实践中控制自己的项目，运用创新创业的思维，利用好创新创业的生态系统。

(一)用活创新创业理论

创新创业是一项有规律可循、有经验可学的实践活动，遵循马克思关于认识论的理论联系实际，从实践中来到实践中去的观点。为此，创业者要利用好创新创业生态系统中“教”的环节，进入各地的创新创业学院或利用各地创新创业学习平台，向创业导师学习，向创业实践者学习，学习他们的创新创业理论，研究他们的创新创业经验，悟透创新创业规律；和创业者进行讨论、交流，得到他们的指导与帮助，从而丰富自身的创新创业知识，用活创新创业理论，指导自身的创新创业实践，尽快地实现创业成功。

(二)用透创新创业政策

在创新创业方面，政府为创新创业提供了大力支持。要学习这些政策，研究这些政策，用透这些政策。如学习某省的创新创业政策，就可以了解该省的整个创新创业环境和生态维护，最主要的支持部门就是政府。研究这些政策，就可以获取一些直接福利，如在补贴方面，人事局可能给每一个创业者进行一些资金补贴。用透这些政策，就可以获得全面的政策优惠，如除了给创业者补贴外，可能还会给企业员工提供社保补贴、税费减免，工商局还可能有各种证照费用的免除等。这是整个社会环境给各位创业者的福利，希望能够把握各区域的创新创业政策，把它用透用好，降低创新创业的成本和风险。

(三)用全创新创业服务

创新创业生态系统为创业者提供了非常丰富的创新创业服务。一是使用政府提供的服务。如政府的有些创新创业孵化园，可以给创业者提供房租、物业和水电相关的优惠，甚至有些可能减免。二是使用学校提供的服务。一般情况下，大学生创新创业孵化中心也都是免费入住的，不收水电、物业和房租等，一些大学生在大学期间就可以享受这样的服务。三是使用行业提供的服务。比如环保行业的孵化器、电力行业的孵化器等，如果是他们特别看好的项目，则可以得到房租、水电、物业方面的支持，同时还会得到创业导师、市场的资源，甚至是资金的支持服务。目前，从中央到地方对创新创业都非常重视，提供的服务也是多种多样，创业者要注意用全创新创业服务。

(四)用足创新创业基金

在资金方面，创业者大多数都不宽裕。为此，创业者要注意用足创新创业基金，这是创业者的经济资源。创新创业基金的类型很多，有银行贷款、政府的创投基金、社会投资机构投资等，创业者要注意用足这方面的资金。为此，创业者要注意咨询自己当地的银行政策，有的地方只要在毕业五年内都可以申请银行的创新创业贷款。创业者符合政府的相关条件，可以申请政府创投基金。有的创业者有好的创业计划，在尽量短的时间内说明商业模式，还可能得到社会投资机构的投资。这些基金都是创业者的启动资金，要注意有创新思维、创业渠道，将这些基金用足、用好，可以奠定自己创新创业的资金基础。

(五)用好创新创业文化

创新创业文化是一个系统的社会文化体系，具有非常深刻的社会、经济、文化意义。创新创业文化并不单单指的是文化，而是与经济直接挂钩的，具有可认知性的，体现着知、情、意相统一的文化精神。用好创新创业文化有利于鼓励企业员工的开拓、冒险和创新，有利于鼓励技术创新、管理创新和文化创新，有利于开拓向上的勇气和激情，有利于直面和容许失败，有利于拥有和弘扬团队精神。这种创新创业文化，能够把知识经济时代的科学精神与创新创业相融合，通过知识和价值的发掘来实现区域经济和社会经济的腾飞，实现创新创业成功。

第四节　创新创业路径理论

创新创业有一个有规律性的路径，这个路径的坐标原点在于找到市场需求，然后找到未被满足的市场需求。因此，这一规律性的路径需要构建一定的理论体系，用理论作为人们行动的指南。创新创业路径理论(简称“五创路径”)，“五创路径”(见图 2-3)根据多年的实践经验高度凝练，为创新创业寻找到了一套可行的路径体系。找到未被满足的市场需求之后，需要运用创意、创新、创造、创业、创富的“五创”路径理论进行初创企业的演练，进而逐步推向市场。

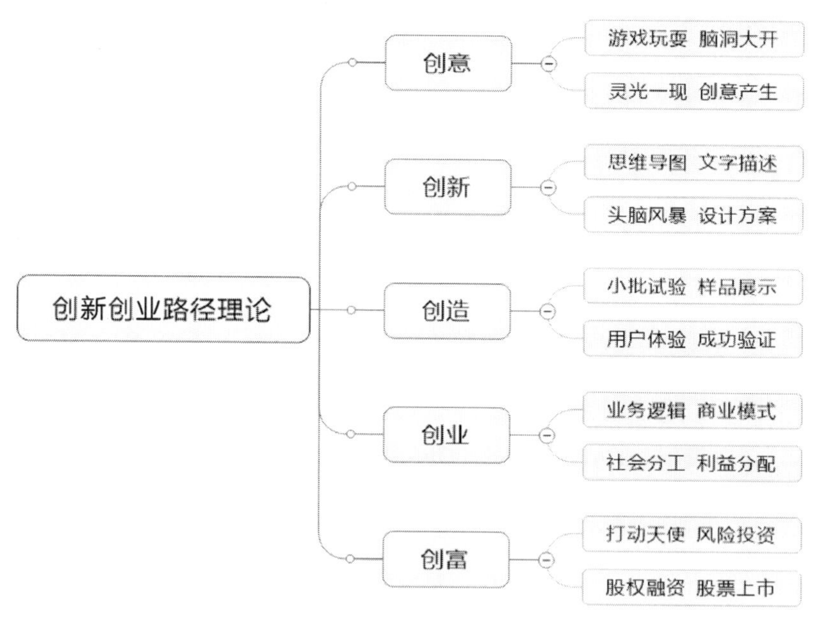

图 2-3　创新创业路径理论

一、创意

创意是指对现实存在事物的理解以及认知，所衍生出的一种新的抽象思维和行为潜能。在创新创业领域，创意更多的是指一种通过创新思维意识，挖掘和激活资源组合方式，从而进一步提升资源价值的方法。每一项创业项目都可以追溯到那些具有新想法和找到更好做事方式的人的创意。

创意是创新创业的源泉。为了鼓励更多的人加入创新创业队伍中，为了各国经济实现稳定增长，联合国设立了“世界创意和创新日”，将每年 4 月 21 日定为世界创意和创新日(资料拓展 2-3)。

【资料拓展 2-3】世界创意和创新日

2017 年 4 月 27 日，联合国大会通过决议，将每年 4 月 21 日指定为世界创意和创新日。这是联合国根据中国的“双创”理念，写入联合国决议所做的决定，旨在呼吁各国支持大众创业、万众创新。因为这将为各国实现经济增长、创造就业凝聚新动力，为包括妇女和青年在内的所有人创造新机遇。这一决议表明，中国的理念为国际社会实现经济增长和创造就业贡献了解决方案，得到国际社会普遍赞同。

2014 年 9 月，李克强总理在天津举行的夏季达沃斯论坛上发出了“大众创业、万众创新”的号召，并在 2015 年全国两会政府工作报告中再次提出要推动大众创业、万众创新。“双创”的提出，响应了联合国教科文组织与联合国开发计划署提出的《创意经济报告》的理念，也意味着个人与群体两方面的创造力和创新已成为各国在 21 世纪的真正财富。

现实生活中，创业者会遇到很多市场需求，也可能知道一个群体的需求和客户的痛点。激发人们的创意来满足市场需求，就是让人的大脑活跃起来，进而迸发创意。之所以能够触发这个创意，是因为人们的大脑里原来存储了很多信息，而这些信息在启动前是零碎的。当遇到一些契机或节点时，便可能在诸多的零碎信息之间建立一种连接，继而触发创意。

试想下北方向来水资源匮乏，在沙漠里水更是稀缺资源。在这些地区，如何解决日常的饮用水问题？从目前来看，传统的饮水机，或者需要研究串接自来水，或者研究连接一个水桶，甚至研究海水淡化等，但总归需要有水源。这也是传统的思维方式，但没有水源能解决这个问题吗？有人想出了利用空气制水的创意。他认为，空气包含着丰富的水资源，这就是一个大水库，类似于抽湿机。是不是可以通过净化空气转化成饮用水呢？最早，他把这个想法应用到了军方，来解决一个班组或者一个连队到野外军事演练或作战的用水需求。因为野外的水不敢喝，尤其是作战时期，无论是地表水还是地下水都有可能被敌人投毒，但只要空气可以呼吸，空气中的水蒸气就可以安全使用。通过一系列研发，最终通过空气取水满足了战士们日常饮水的需求，这款饮水机叫“无水源供水饮水机”(见图 2-4)。目前，这款饮水机已经批量生产，产生这个创意的人现在也是一个企业家。

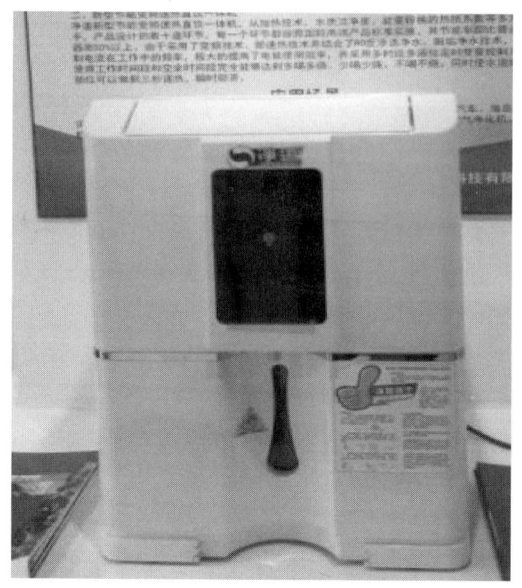

图 2-4　无水源供水饮水机

这个例子的创意，可能是脑洞大开，思路一下子得到了延展。因此，在这个过程中，一定要围绕找到的市场需求，找到的客户痛点苦思冥想，这样便可能瞬间灵光一现，产生新的创意。当然，创意一定是要靠激发才能产生的，绝不是坐在课堂上就能迸发出来。正如科学家需要反复实验才能获得探求未知世界的奥秘，画家需要经常去领略大自然的风光才可能描绘出美景一样。17 世纪的文艺复兴，对意大利、巴黎等城市产生了深远的影响，其创新之都享誉全球。因此，创意需要在一定条件下，让大脑持续活跃起来，再结合别人的一些好的创意和想法，才能产生。

二、创新

有了创意之后，需要把零散的创意灵感进行整理和加工，形成可行的创新方案。创新就是将这些想法进行加工，并用文字进行展示的一个过程。在这个阶段，创业者需要将想法进行加工，尤其是几个人一起，通过一定的创新工具如思维导图、头脑风暴等，不断地从各个角度来提问题、提建议、提每个人的思路，这样会使得想法逐渐趋近现实。绘制思维导图是一个很有效的途径。借助思维导图软件，把所能想到的，或者其他人能想到的，所有与创意有关的想法，一一记录下来。最后再进行几轮归整，把不必要的、实现不了的删除，或者按照先后顺序、不同层次重新进行组合，最后变成一个创新的设计方案。这个创新方案通过“纸上谈兵”，并在文字上进行论证，一个可以行得通的创新创业愿景便可能成为现实。

创新不是纸上谈兵，而是需要落实在行动上。要坚持把发展基点放在创新上，发挥我国社会主义制度能够集中力量办大事的制度优势，大力培育创新优势企业，塑造更多依靠创新驱动、更多发挥先发优势的引领型发展。[①]以色列的创新举世闻名[②]。这个只有 800 多万人口的国家，具有超强的创新能力，很多产品都出自以色列。比如 U 盘，就是以色列人发明创造出来的。它是一个 USB 接口、无须物理驱动器的微型高容量移动存储产品，通过 USB 接口与电脑连接，实现即插即用，具有小巧、轻灵、可靠、易操作、易携带、抗震性等特点。

有时候，一些创意可能不切实际，甚至被认为是空想的事，但是通过文字论证后，结合个人条件和客户需求，就有可能实现。把想法转化为文字，将文字转换为方案的过程，称为“创新”。通过创新这一路径，创意不再是天马行空，而是通过论证后具备了一些可行性条件，能够将理想转变为现实。这就是创新，把方案设计出来。

三、创造

有了经过论证的文字设想，就需要将其制作成样品或者应用，或者也叫小批量的试制。根据设计方案，利用现有条件，做成一个小样品。样品研制成功后，需要用户进行试用、体验，同时提出意见和建议，以便于进一步优化产品。作为创业团队来讲，因为有了成型的样品或者一个小样，将理想变为现实便不再是遥远的梦，这种将理想成功进行验证的过程便是创造。

对于创业者而言，这是一个质的突破。创新创业过程是艰难的、枯燥的，甚至是疯狂的。但样品的成功研制，能够增强创业者勇往前行的激情和成就感。在创新创业过程中，创造是具有突破性的一步，是一个非常重要的创业转折点。因为样品研制成功了，至少已经验证这件事是可行的、靠谱的。德国是创造大国，它的智能制造，或者说德国创造，是全球最厉害的，如智能卡[③]，已经广泛得到应用，每个人可能都有

---

① 习近平的创新观[EB/OL].http://www.sohu.com/a/246227345_117159?g=0?code=af59aac1ff164c6b1b9f47f9eedd52f&_f=index_cpc_1，2018-8-10.

② 以色列的创新优势主要体现在互联网、大数据、网络安全、无人机和医药产业等领域。其创业企业以研发新技术为主，人均创业公司数量和人均风险资本投资均位居全球第一，技术周转率高。众所周知的一些技术，如网络语音电话技术、U 盘技术、无线家庭数字接口技术、激光投影键盘技术、滴灌技术和著名的众包地图导航应用 Waze 等都诞生于以色列，影响了整个世界。很多国际大公司的核心技术研发都放在以色列，其中包括 Intel、IBM、Google、Microsoft 等世界巨头。

③ 在 20 世纪 60 年代初期，大的金融服务机构就已经把所有数据储存到一张由塑料制成的卡片上。但是因为签名和磁条都不能达到非现金交易的安全要求，于是对于高智能卡片的呼声越来越高。于尔根·德特洛夫和海尔默特·格洛特鲁普可谓触觉灵敏：1968 年，他们递交了带有智能电路的卡片的专利申请。1977 年，德特洛夫又发明了微处理器卡片，其性能已经超越了第一次发明。与只能写入和读取数据的储存卡不同的是，人们可以自由地对微处理器卡片进行编程。今天，如果没有了智能卡片，人们的日常生活就无法想象：电话卡、银行卡、信用卡和医疗保险卡——装着所有重要数据的塑料卡片在钱包里拥有了一席之地，配备个人数据的卡片甚至能够挽救生命。作为生物统计学数据的储存媒体，智能卡推动着国际安全标准水平的发展和进步。德国是科技强国。生活中的许多东西都和德国有关，比如保温瓶和牙膏，生病服用的阿司匹林，街头随处可见的牛仔裤，普及的音乐格式 MP3，这些最初都是德国人发明的。

几张这样的智能卡。

四、创业

当样品制作出来并获得认同后，需要进一步将其转化成一种商业逻辑，变成可以运营的一种商业模式，这个过程叫作创业。或者创造一个企业，或者创造一个业态。

在这个阶段，需要解决四个问题。

第一个问题，业务逻辑。产品设计、生产制造、销售模式、售后服务等有一定先后顺序的业务过程，这些都是业务逻辑。但是其先后逻辑关系是先制造再销售，还是先销售再制造等，都需要进行斟酌。传统的业务逻辑如制造业企业基本上都是设计、生产、销售、服务这样一个业务逻辑。互联网时代，业务逻辑可能会颠倒。比如，小米就是先有设计、销售，再进行生产，其业务逻辑完全颠覆了传统制造业的逻辑，业务逻辑发生了变化。

第二个问题，商业模式。有了业务逻辑后，便需要确定商业模式，即企业获取利润的问题，也就是说研究企业怎么盈利的问题。商业模式就是挣谁的钱(WHO)——目标客户，靠什么挣(WHAT)——主营业务，挣多长时间(HOW LONG)——生命周期，挣多少钱(HOW MUCH)——市场空间，挣多大范围的钱(WHERE)——哪一层钱。商业模式需要解决这五个问题。比如小米，由于生产委托给富士康，物流委托给顺丰等，生产领域和运输领域便没有利润。但其在设计、销售环节有自己的优势，是可以有利润的，因此这两个环节便能够成就小米。这就是小米独特的市场策略商业模式创新。

第三个问题，社会分工。社会分工是解决由谁来做什么事的问题，即术业专攻的问题。其优势是让擅长的部门做擅长的事情，大大缩短劳动时间，从而显著地提高生产效率，也能够获得优质高效的劳动产品。这样的企业往往能在市场竞争中获得高利润和高价值。人尽其才、物尽其用最深刻的含义就是由社会分工得出的。又如小米，其自身负责设计产品，其生态系统的产品便必须按照小米的统一设计来生产。设计好后，将设计图纸直接传给富士康。小米的销售业务自然会利用自己的线上(小米官网)线下(小米之家)优势，同时也会在其他网站上，如天猫、淘宝、京东等网店进行销售。物流业务可能委托给顺丰，售后服务则可能委托移动、联通、电信三大运营商。这样，小米自身就和富士康、顺丰、电信运营商等企业进行合理分工，完成了整个小米手机的社会分工。这就是一个比较完整的社会分工。

第四个问题，利益分配。利益可以用来满足产品流通过程中不同参与主体的获益需求。如果说小米手机售价 3000 元，小米自身应该获得多少利益？由于设计具有独创性，利益分配应尽可能多，如 60%。在生产环节，如果让出 12%(360 元)，富士康觉得合适，就可以定下来；如果说不适合，可能需要再提高一些，如 15%(450 元)，需要两家具体协商。在销售环节，除自己销售外，可能还要与天猫、京东等协商。在运输环节，可能简单些，比如顺丰，因为物流有它本身的价值体系，不一定按比例，而可能按件或重量计算利益。最后是售后服务，比如移动、电信、联通等承担，可能也有一种利益分配。

利益分配设计好以后，各得其所，各得其利，大家共赢。这样整个链条就不会因利益分配不妥而断裂，可以保证公司的顺利运转。当然，在运行过程中，可能经常需要进行调整，如物价上涨带来的生产成本提高，富士康要求提高利益比例，这时可能需要再重新调整，使利益分配达到一个新的平衡。这是一个动态的过程。

显然，创新创业过程不是简单的生产、销售等业务。在创新创业之初，就应该考虑到业务逻辑、商业模式、社会分工和利益分配这四个环节，以保证公司的正常运转，才算是进入了真正的创业阶段。美国硅谷的商业模式比较成熟，其创新创业也是全球最领先的发源地，其最大的成功主要解决了这四个方面的问题。

五、创富

企业的天然属性就是赢利，不断创造新的财富。因此，企业的发展归根到底是要找寻能够为其带来利润的人或群体。这样的人有两类。

第一，是消费者。即企业的产品要打动消费者，让客户为所有的费用买单。如小米手机，当产品设计出来以后，消费者愿意买单，然后用消费者的钱投放到生产企业，这样生产成本就完全由消费者负担了，企业可以不用融资。

第二，是投资人。企业的产品能够获得投资人的青睐，进而对企业进行投资。比如滴滴出行，可能很多人并不知道滴滴如何赢利，但是投资人愿意投资。虽然滴滴出行表面看起来只是一个能够给人出行带来方便的 APP 软件平台，但是滴滴其实也是一个虚拟金融银行，不管是司机还是消费者每天都有一定数量的钱留在滴滴钱包里。由于滴滴平台的客户和用户已汇集到一定的规模，这些钱便可以形成一个数量级供平台周转。只要能够获得投资人一轮一轮的投资，企业就能够正常运转，而且运转得很好，还可以快速地扩大，甚至迫使一些竞争对手退出市场。只要获得投资，企业就能够创造财富。不管是获得投资人的，还是将来在股市上获得股民的投资，都能够获益。

当然，融资也是一门专业的学问，有天使投资、风险投资、股票上市等多种融资手段。不管哪一种，都是获得了一种投资。或者说还有第三种情况，如政府。实际上，政府扮演着两种角色，一种就是政府购买服务，此时政府是消费者角色；另一种就是政府股权投资，此时，政府是投资人角色。总之，创富是“五创路径”的最高阶段，也是创业企业追求的目标。

思考题

1. 谈谈你对创新创业驱动力理论的理解。
2. 谈谈你对创新创业要素理论的理解。
3. 如何打造创新创业的生态系统?
4. 试运用创新创业路径理论，对身边的创业项目进行分析。

第三章 创新创业与职业人生

内容提要

本章从职业生涯入手，讨论了职业和职业生涯的含义、特点及分类，进而阐述了职业生涯规划的内涵、分类和重要意义，然后分析了创新创业与职业生涯的关系和创业者群体的心态。

高筑墙，广积粮，缓称王。

——朱升

第一节　职业生涯与职业生涯规划

一、职业和职业生涯概述

(一)职业的含义及特点

1. 职业的含义

职业是社会分工的产物，它决定了人在社会中的角色。职业不仅关系到个人，而且关系到人们生活的方方面面。比如，当羡慕别人拥有一份好职业时，经常会说："很有前途"，可见职业关系着人们的前途。再如，当拥有一份收入高的职业时，可以有更多的钱支配更好的生活资料，也就是说，职业关系到人们的生活质量。

职业的拼写在英文里是"occupation"，不同于一般工作意义上的"job"(工作)，它有着更为广阔的概念外延。"职"的释义是"职务，责任"，"业"就是"行业"。职业有广义和狭义之分。

从广义来讲，职业就是利用自己所学的知识和技能，从事一种可以为社会创造经济价值、精神价值，并从社会中获取物质及精神补偿的活动。从这里可以看出，职业不仅反映了个人从事的职位，也反映了个人从事职业作为一种社会性的活动对社会的价值。通过职业，每个人可以发挥潜能，履行社会角色，实现生活理想，享受工作乐趣，甚至实现自我。

从狭义来讲，职业是指从业人员为获取主要的生活来源而从事的社会性工作类别。这一定义强调了职业作为一种谋生手段来满足个人的基础需求。职业可以提供经济收入，来满足人们的生理生活的多层次需求，如衣、食、住、行等。如果这些需求没有被满足，它就成了主宰个人的力量。

总之，职业是参与社会分工，利用专门的知识和技能，为社会创造物质财富和精神财富，获取合理报酬的一种岗位。同时，作为物质生活来源，职业也是满足人类精神需求的一种工作。职业是对特征相同或相似的一类工作的统称，其分类以国家职业分类大典(资料拓展 3-1)为标准，如律师、医生、农民、教师等都是职业。

【资料拓展 3-1】《中华人民共和国职业分类大典》简介

《中华人民共和国职业分类大典》是我国第一部将职业进行科学分类的权威性文献。它的编码与国家标准《职业分类与代码》的修订同步进行，相互完全兼容。它以从业人员工作性质的同一性作为划分标准，对各个职业的定义、工作活动的内容与形式以及活动的范围进行了具体描述，体现了职业活动本身固有的社会性、目的性、规范性、稳定性和群体性的特征。它科学地、客观地、全面地反映了当前我国职业的构成，具有深远的意义。

我国职业归为 8 个大类，66 个中类，413 个小类，1838 个细类(细类为最小类别，即为职业)。第一大类为国家机关、党群组织、企业、事业单位负责人，第二大类为专业技术人员，第三大类为办事人员和有关人员，第四大类为商业、服务业人员，第五大类为农、林、牧、渔、水利业生产人员，第六大类为生产、运输设备操作人员及有关人员，第七大类为军人，第八大类为不便分类的其他从业人员。

2. 职业的特点

职业作为一种重要的社会现象，既不是从来就有的，也不是永恒不变的。职业是随着生产力的发展与提高，产生社会分工以后才出现的，并随着社会的进步不断发展变化。据统计，每年有成百上千种新型职业产生，同时也有许许多多传统职业被淘汰。

根据职业的发展历史及其对人类社会发展的影响，概括起来职业具有以下特征。

1) 社会性

社会性是指职业是社会分工的产物，是劳动者进行社会生产的活动。近年来，我国经济高速增长，产业结构产生了重大变化。此时，一部分职业会逐步消失，另一部分新的职业会应运而生。根据这些新兴工作的职业特点和统一的职业标准分类，国家会定期命名一些推出的职业。2009 年，国家发布了第十二批 8 个新职业，包括皮革护理员、调味品品评师、机动车驾驶教练员等。

2) 稳定性

稳定性是指劳动者持续、稳定地从事某一项工作，或者从事某项工作保持相对稳定，以获得更好的经验或待遇。职业的稳定性对于单位和个人来说都很重要。对于单位而言，职工队伍的稳定能够保证企业的正常运营。对于个人而言，稳定的职业能够保障收入的连续性，甚至薪酬待遇的增长，从而保障个人或者家庭的开销以及大额消费等。

3) 经济性

经济性是指劳动者在从事某一职业时，根据薪酬标准从中所获得的用以生存和谋生的收入来源。劳动者要生存，必然需要通过劳动获得一定的收入来源。在从事职业的过程中，劳动者为社会付出了自己的脑力或体力劳动，为社会创造了物质财富和精神财富，也会获得用人单位的相应报酬。

4) 产业性

一个国家，一个社会，就大的方面可以分为三类产业。第一产业和第二产业都是物质部门，第三产业虽然并不生产物质财富，但却是社会物质生产和人民生活必不可少的部门。在传统农业社会，农业人口比重最大；在工业社会，工作领域中的职业数量和就业人口显著增加；在科学技术高度发达和经济发展迅速的社会，第三产业职业数量和就业人口显著增加。

5) 行业性

行业是根据生产工作单位所生产的物品或提供服务的人的不同而划分的，按企业、事业单位、机关团体和个体从业人员所从事的生产或其他社会经济活动性质的同一性来分类。可以说，行业表示人们所在的工作单位的性质。

6) 职位性

职位是一定的职权和相应责任的集合体。职权和责任是组成职位的两个基本要素。职权相同，责任一致，就是同一职位。在职业分类中，每一种职业都含有职位的特性。比如大学教师这种职业包含助教、讲师、副教授、教授等职位；再如国家机关公务员含有科级、处级、厅(局)级、省(部)级等职位。

7) 组群性

无论以何种依据来划分，职业都带有组群性特点。如科学研究人员中包含哲学、社会学、经济学、理学、工学、医学等，再如咨询服务事业包括科技咨询工作者、心理咨询工作者、职业咨询工作者等。

8) 流行性

随着社会的发展和进步，职业类型变化迅速，除了弃旧更新外，同一种职业的活动内容和方式也会发生变化，所以职业的划分带有明显的时代性，不同时代有不同的热门职业。我国曾流行过“当兵热”“从政热”，后又发展到“下海热”“外企热”等，都反映出特定时期人们对某种职业的热衷程度。

现代职业对人的素质要求越来越高。并不是任何一项职业都适合所有的人，每一项职业，都要求从业者具备适当的内在和外在条件，例如一定的身体条件、知识与技能、思想品德和心理素质等。人们需要不断增长对新职业的适应能力，并通过一定的程序去获取适宜自己的职业。同时，由于人的个体差异，对各种不同的职业也会有不同的需求和选择。这样就产生了人对职业的选择和职业对人的选择。

以往学生在择业就业时对职业的基本常识了解很少，无法区分众多的社会职业，从而导致就业后理想与现实之间差距太大，使许多学生从业后频频跳槽，有些甚至到最后还丧失了努力工作的动力。因此，毕业生要成功地实现择业就业、创新创业，首先需对职业及其发展趋势有一个基本的了解和把握，树立崇高的职业理想，从而为自己的人生理想而奋斗，也无愧于自己所处的时代。

(二)职业生涯的含义和分类

1. 职业生涯的含义

一个人从出生到死亡的整个人生历程中，存在着不同的生命周期，如社会生命周期、生物生命周期和职业生涯周期。在人的整个生命中，最重要的、有决定作用的是职业生涯周期。职业生涯周期是个人生存和发展的前提条件。从任职前的职业教育培训，到寻求职业，再到就业从业，职业转换，逐步晋升，直到完全脱离职业工作，职业生涯周期占据了人的大部分时间。因此，它对个人、家庭都有着十分重要的意义。

人们一生的职业历程，有着种种不同的可能：有的人从事这种职业，有的人从事那种职业；有的人一生变换多种职业，有的人终身从事一个工作岗位；有的人不断追求、事业成功，有的人穷困潦倒、无所作为。人们的职业生涯之所以有较大差异，既可能是受个人能力、心理、机遇方面的影响，也有可能是受社会环境的影响。

职业生涯，又称事业生涯，是指一个人从初次职业之前的学习培训到最终退出职业活动的整个职业历程。它涵盖了一个人对所从事职业的实际体验，还体现了一个人对所从事职业的心理需求，更是一个人对所从事职业的一种心路历程。具体来说，职业生涯是以个体心理开发、生理开发、智力开发、技术开发、伦理开发等人的潜能开发为基础，以工作内容的确定性和变化、工作业绩的评价、工资待遇、职称职务的变动为标志，以满足需求为目的的工作经历和内心体验的经历。

职业生涯是一个人一生中所有与职业相联系的行为与活动，它是与人们的态度、愿望、价值观等相关的连续性经历，也是一个人一生中职业、职位的变迁及工作理想的实现过程。简单地说，职业生涯就是一个人终生的工作经历。职业生涯是一个动态的过程，它并不包含在职业上成功与否，每个工作着的人都有自己的职业生涯。

作为一种较为复杂的客观存在，需要从几个方面来理解和分析职业生涯的内涵：

职业生涯是一个个体概念，是指个人的行为经历，而不是群体或组织的行为经历。

职业生涯是职业的下位概念，包含一个人在一生中的职业历程。选择一个职业、在既定的职业内进行职位升迁、在不同的职业之间进行转换等。

职业生涯是一个时间概念。在一个人的职业生涯周期，起始于初次工作之前的学习阶段、培训阶段，终止于完全结束或退出职业活动。实际生活中，职业生涯的时间期限在不同的个体之间有很大的差异。

职业生涯是一个发展和动态的概念。在职业生涯过程中，一个人的具体职业内容和职位是在不断发展和变化的。职业生涯更重要的内涵，是职业的变革和发展，包括职业转换、职位晋升等具体内容。

职业生涯是一个复杂的过程。一个人一生中连续从事的职业，不仅包括实际体验和观察到的职业发展过程，还包括个人对职业生涯发展的见解和期望。

2. 职业生涯的分类

职业生涯是一个人的终生职业历程。根据职业生涯的内外因素，职业生涯分为内职业生涯和外职业生涯。

1) 内职业生涯

内职业生涯是指从事一种职业时的知识、观念、经验、能力、心理素质、内心感受等因素的组合及其变化过程。内职业生涯是通过从事职业时的表现、工作结果、言谈举止表现出来的。内职业生涯各项因素的取得，可以通过别人的帮助实现，但主要还是靠自己的努力追求来实现。内职业生涯的各构成因素一旦取得，别人便不能收回或剥夺。

2) 外职业生涯

外职业生涯是指从事一种职业时的工作时间、工作地点、工作单位、工作内容、工作职务(含行政职务和专业技术职务)、工资待遇等因素的组合及其变化过程。外职业生涯通常可以通过名片、工资单体现出来。名片上可以表明工作地点、企业类型、担任职务、职称等内容；工资单里写明了基本工资、岗位津贴、福利待遇、奖金等，这些因素构成了外职业生涯。外职业生涯的构成因素通常是由别人认可和给予的，也容易被别人否认和收回。外职业生涯因素可能往往与自己的付出不符，尤其是在职业生涯初期。

3) 内、外职业生涯之间的关系

虽然职业生涯分为内职业生涯和外职业生涯，但两者之间的关系非常密切。内职业生涯的发展是外职业生涯发展的前提，内职业生涯的发展带动外职业生涯的发展。内职业生涯在人的职业生涯乃至人生成功中具有关键性的作用。因而，在职业生涯的各个阶段，都应重视内职业生涯的发展，把对内职业生涯各因素的追求看得比外职业生涯更重要。外职业生涯的发展可以促进内职业生涯的发展，内职业生涯的发展是以外职业生涯的发展或成果来展示的。有的人一生疲于追求外职业生涯的成功，但内心极为痛苦，因为他们往往不了解，外职业生涯的发展是以内职业生涯的发展为前提条件的。内职业生涯的发展一定会影响外职业生涯，它通过外职业生涯的停滞或失败来体现。

二、职业生涯规划概述

(一)职业生涯规划的内涵

职业生涯规划起源于西方。1908 年，美国波士顿大学教授帕森斯在波士顿成立了事业指导局，迈出了职业指导活动系统化的第一步。帕森斯提出了“选择一项职业”要比“找一份工作”重要的理念，并提出了职业辅导的步骤。因此，1908 年也就成为职业辅导的肇端。

职业生涯规划一直受到西方国家的重视，也是许多大公司人事部门为员工服务的一项重要内容。许多国家的学校教育中，早就有“职业生涯辅导”这一课程。在美国，小孩从幼儿园开始接受生涯教育，高中阶段更是请专家给学生做职业兴趣分析。虽然高中生的职业兴趣并没有定型，但通过职业日、职业实践等活动，可以观察学生们表现出来的兴趣，并进行有效地指导，达到根据学生兴趣确定职业取向的目的。

相比之下，职业生涯规划在我国才刚刚起步，而且主要集中在高等教育阶段，小学和中学的教育还没有意识到这项工作的重要性，这就使高等院校的就业教育承担着很大的压力，因为缺乏相关的基础知识和职业意识，大学生对职业生涯规划普遍不重视，加上高校由于机制的局限、专业人员的缺乏等，使这项工作的开展遇到了许多困难。因此，职业生涯规划在我国教育工作中还是一个薄弱环节，也是一个新的课题。

职业生涯规划，是指个人结合自己的实际情况确立职业目标、选择职业路径，并为实现职业生涯目标而确定的行动方案。职业生涯规划也叫“职业规划”“生涯规划”“人生规划”“职业生涯设计”等。职业生涯规划，也是对职业生涯乃至人生发展进行持续的、系统的、有计划的设计过程。在规划职业生涯时，个体根据自身的兴趣、专业、机遇、资源等条件，将自己定位在一个更能发挥自己长处的位置，选择适合自己施展能力的职业。

作为个人对其人生中所有与职业相关的活动与任务的计划或预期性安排，职业生涯规划涉及两个方面的内容：第一，个人对于人生理想、职业价值、兴趣爱好、个性特征、能力状况等主体方面的认识；第二，个人对其一生中职业发展、职位变迁及工作理想实现过程的设计。一个完整的职业生涯规划由职业定位、目标设定和通道设计三个要素构成。

在对决定或影响个人职业选择的主观和客观因素、主体和环境条件进行分析和衡量的基础上，职业生涯规划能够确定个人的努力目标并选择实现这一目标的职业及其道路。职业生涯规划要求一个人根据自身的兴趣、专长，同时也考虑外在条件的支持与制约，最后将自我定位在一个最能发挥自身优势的职业位置上，并选择最符合自身综合因素的事业去加以追求。从这个意义上说，一个人一生中最初的专业选择和最初的职业定位具有非同寻常的意义。职业定位是决定职业生涯成败的最关键的一步，同时也是职业生涯规划的起点。

(二)职业生涯规划的分类

1. 根据规划的时间维度划分

根据规划的时间维度进行划分，将职业生涯规划分为短期规划、中期规划、长期规划和人生规划 4 种类型。

1) 短期规划

短期规划是指 3 年以内的规划，主要是近期目标，规划近期职业生涯应完成的任务，如职场适应、行业了解、社会需求等。

2) 中期规划

中期规划一般是 3～5 年的职业目标和任务，是比较常见的职业生涯规划。

3) 长期规划

长期规划是指 5～10 年的职业规划，主要是设定较长远的目标，以及为实现目标应采取的具体方案，如职位晋升、职场转换等。

4) 人生规划

人生规划是指整个职业生涯的规划，时间可能长达 40 年左右，用以设定整个人生的职业发展目标和阶梯。

个人职业生涯规划从短期到中期，再到长期，甚至整个人生规划，如同台阶一样需要一步步地登高。职业生涯规划虽然说起来相对简单，但是在漫长的人生中，有的人名留青史，有的人不留痕迹；有的人永垂不朽，有的人遗臭万年；有的人事业辉煌，有的人穷困潦倒……因此，职业生涯作为个人的社会价值、精神价值的重要体现，每个人都应当问问自己的内心，我想做什么，我想成为什么。想通了这个问题，再针对个人的实际情况，有目的、有计划地制订职业生涯规划，这样才无悔于自己的人生。

2. 根据我国目前的就业现实划分

根据我国目前的就业现实进行划分，职业生涯规划可分为依赖型、直觉型、理性型三类。

1) 依赖型职业生涯规划

这种类型的职业生涯规划主要依赖父母、朋友、老师，或遵从书本理论与社会舆论。在我国，大部分学生只知道不断地学习课本上的知识，很少关注与职业有关的事情。加之学校、社会也缺乏相关的教育与资讯，导致很多人都不能正确处理自己的职业生涯规划。如填写大学志愿时，很多学生听从了父母、老师的安排，导致入学后忽然发现不是自己喜欢的方向。甚至有些学生考研、留学等也不知道为了什么，只是因为身边的大部分人都这么做而盲目从众。

2) 直觉型职业生涯规划

这种类型的职业生涯规划主要是凭自己的直觉、一时的喜好随意地做出职业生涯决定。不少人都曾经在某一阶段凭喜好做出过职业决定。譬如因为感情受挫辞职疗伤、沉浸爱河无心工作、工作不顺频繁跳槽、收入不高追随热门……这些情况屡见不鲜。这种职业生涯规划最容易出现的隐患就是职业生涯不连贯，在每一领域的积累不多，很难晋升到中高层。这将给以后的职业生涯带来很多负面影响。当然，清心寡欲、随遇而安、知足常乐，无衣食之忧，不在乎职场成败，也是不错的选择，但这毕竟属于极个别人。对于很多普通人来说，还是需要在职业生涯规划中多用些心思。

3) 理智型职业生涯规划

理智型职业生涯规划，是指经过综合考虑个人与职场等因素，分析利弊得失，从而做出并执行适合自己的职业生涯规划。排除少数运气好的人，大部分职场成功人士在规划自己的职业生涯时，都是非常理智的。他们会及时关注职业信息，充分了解自我，制定合适的目标，并为目标而不断努力。

以上三种职业生涯规划类型各有利弊。依赖型最省时省力，但是将自己的命运托付给他人，终究不一定顺从内心，更可能成为人生憾事；直觉型短期内会很满足，可是长期来看随机性太强，会存在较大风险；理智型考虑周全，但是会花费较多时间与精力。实际上，可能很多人工作后也想过职业生涯规划，却无从下手。父母、朋友的经验似乎让自己无从选择，知识的理论导向也具有一定的逻辑性。面对众多不尽相同的意见，当事人自己可能失去了主张。然而，一个可以确定的事实是，如果你不假思索地遵从别人的建议，结果最终也是自己要承担的，因为只有自己才可以选择自己的职业生涯，也只有自己才能够真正了解自己内心的需求和渴望。因此，别人的意见可以参考，但绝不应是主导性的。大学生需要自己有主见，为自己的职业生涯规划拟定一份方案。

三、职业生涯规划的重要意义

(一)职业生涯规划有助于提升竞争力

当今社会处在变革的时代，到处充满了激烈的竞争。近些年来，我国的就业制度已完成了市场化的用人制度，国家不再为个体安置工作。因此，个体需要从社会中寻找就业机会、寻找适宜自己发展的职业或创业机会，并利用自己的优势获得一定的社会位置。

物竞天择，适者生存。职业活动的竞争非常突出，如果想在激烈的竞争中脱颖而出，必须提前设计好自己的职业生涯规划。在这个过程中，个体需要不断地获取外部知识，包括职业、组织、行业、政策等多方面的信息。只有如此，才能在规划自己的未来时，做好充分的准备，谋求眼前发展和未来目标，提升个人在社会中的竞争力。

(二)职业生涯规划有助于实现全面发展

一份行之有效的职业生涯规划，将能够引导个人正确地认识自身的个性特质、潜在优势、专业方向等各方面的情况，综合优势与劣势进行对比分析，更好地促进个体对自身价值进行正确定位，从而实现自己的职业发展目标和理想。

一个人刚开始工作时，主要是为了满足基本的生活需求，对于高层次的需求则要求较低。职业生涯规划可以帮助人们在基本需求得到满足时，开拓职业培训、知识提升、能力突破、职位晋升、职业转型等的渠道，从而使社会成员更好地提高需求层次，不断实现自身的人生价值。职业生涯规划可以促进人的全面发展，不断提升自我素质，实现自身价值的升华。

(三)职业生涯规划有助于树立坚定的方向

对于职业生涯规划，不同的人有不同的看法。有些人认为社会提供什么工作，自己就干什么工作。有些人认为“我喜欢做什么”，就做什么。实际上，职业生涯规划是在了解自我、参透社会的基础上确定的适合自己的职业方向，为个人走向职业成功提供最有效的途径。“志当存高远”，无论做什么事情，首先要确立方向，才会有清晰的前进路线和充足的动力激情。这是迈向成功的第一步。因此，准备就业或再次就业的个人需要加强对职业生涯规划的了解，找出自己感兴趣的领域和优势所在，为自己的职业发展树立坚定的方向。

(四)职业生涯规划有助于确立奋斗的目标

马斯洛的需求理论指出，人的需要是由低级向高级层次推进的，即生活的需求→安全的需求→友爱和归属的需求→受尊敬的需求→自我实现的需求。所有这些需求必须通过职业活动来实现。也就是说，人们需要通过一份合适的职业来获得不同层次的需求。因此，职业生涯规划在一个人的一生中发挥着重要作用。

哈佛大学有一个非常著名的关于目标规划对人生影响的跟踪调查(调查对象是一群智力、学历、环境等条件都差不多的年轻人)，调查结果(见表 3-1)表明，有目标和没有目标的人，在 25 年后差异巨大。可见，是否有职业生涯规划非常重要，它是引领我们前进的方向和动力。

表 3-1　目标对人生 25 年后影响的调查结果一览表

序号	比例(%)	制定目标的情况	25 年后的发展结果
1	3	清晰且长期的目标，一直朝着同一个方向不懈努力	顶尖成功人士，其中不乏创业者、行业领袖、社会精英等
2	10	清晰的短期目标，不断完成预期目标	大都生活在社会的中上层，成为医生、工程师、律师等专业人士
3	60	目标模糊	能安稳地工作和生活，没有特别突出的成就
4	27	没有目标	社会最底层，常常失业，靠社会救济，并且抱怨社会和他人

资料来源：李竹梅. 大学生职业生涯与发展规划[M]. 北京：现代教育出版社，2016.

第二节　创新创业与职业生涯

一、创新是一种职业素养

创新是人类主观能动性的高级表现，是人类所特有的认识能力和实践能力。创新能够打破常规、突破传统，具有敏锐的洞察力、丰富的想象力等，从而使思维具有一种超前性、变通性。一个人的创新能力既表现在先天遗传基础之上，又需要通过后天的环境和教育不断得到提升，从而获得一种稳定的心理品质和行为特征。创新包含创新精神、创新意识、创新人格等，善于提出问题，具有强烈的好奇心和求知欲，拥有批判和质疑的科学精神，能够为真理、为科学、为人类而不懈努力。

创新是时代的主旋律。党的十八大提出了“实施创新驱动发展战略”，创新驱动成为引领发展的第一动力。党的十九大报告提出了“加快建设创新型国家”，“不断推进理论创新、实践创新、制度创新、文化创新以及其他各方面创新”。这是国家在有中国特色社会新时代立足全局、面向全球、聚焦整体的国家重大发展战略。如果中国 2020 年要进入创新型国家行列，意味着要从当前的水平再前进 10 位，进入世界前 20 位。21 世纪，中国的科技人力资源达到 3850 万人，名列世界第一；研发人员 109 万人，名列世界第二。这是中国进入创新型国家行列的、任何国家无法比拟的最宝贵的资源。

显然，越来越多的人将会积极投入到创新型国家建设的行列。创新不仅需要扎实而渊博的基础知识，而且需要广阔的视野和开拓的能力。创新不仅要求掌握创新知识的方法论，而且要求具备良好的创造技能。这种创新体现在职业中，具体包括工作能力、动手能力、表现能力以及物化能力等。因此，创新将成为职业生涯中不可或缺的职业素养。

二、创业是一种生产方式

我国已经进入“大众创业、万众创新”(简称“双创”)的黄金期，在国家“三去一降一补”的政策红利推动下，双创成为新旧动能转换的重要加速器，也是培育新经济的重要孵化器，还是稳增长、调结构、促就业的重要助推器。创业经济本质上是创新驱动的经济发展方式，是创新驱动发展战略的具体实现，是新经济的一种形式，是一种新的经济组织形式。当前，国内涌现出了众多的科技园区、产业园区、创业园区、创业孵化器、创业加速器、创新工场、创客空间、众创空间等创新创业领地，形成了创业者、技术、创业投资等要素的聚集。创业者通过资源整合和运作，运用互联网技术降低创业活动的边际成本，创造出新的经济价值和社会价值，这就是创业经济的逻辑。从这个意义上讲，创业是一种新型的生产组织方式。

围绕创业经济、创业企业和创业者，创业咨询、创业孵化、创业培训、创业投资、知识产权及相关法律咨询服务、融资租赁服务、科技中介服务、创业公寓、创业者社区、创业办公服务等新的创业服务业态逐渐兴起，其中知识产权及相关法律咨询服务、融资租赁服务、科技中介服务等属于生产型服务业范畴，创业咖啡街/馆、创业公寓、创业者社区、创业办公服务等属于生活型服务业范畴。创业服务业正兴起为一个新的业态。

这种业态已形成一种集群式的生产方式，如美国的硅谷、以色列的特拉维夫、印度的班加罗尔等地。在我国，北京、上海、深圳、成都等也纷纷跃升为创新创业高地。伴随着创业者群体规模的逐渐扩大，对创业服务的需求快速扩张，创新创业的服务业日渐发展壮大，正在成长为一个新的产业形态。创业活动和创业经济对当地经济发展的贡献率正在急速上升，已经成为一种新型的生产方式。

三、创业是一种生活方式

不少人喜欢用华丽的词汇描述创业，如“伟大的事业”“伟大的梦想”，其实创业并没有如此高大上，也不是高深莫测，只是选择一种生活方式。20 世纪 90 年代，创业者群体是小众群体，一般指社会精英、海归和企业家等，其规模也相对较小。进入 21 世纪，尤其是党的十八大以来，随着国家对创业扶持政策力度的加大，随着以“互联网+”为特征的新经济时代和以“大众化”为特征的创业黄金时期的到来，创业者群体呈现出扩大化的趋势。

草根创业、社会人员创业和应届毕业生创业的比例有所上升，创业主体基本上完成了从“小众”向“大众”的过渡。创业者群体规模日渐扩充，“大众创业、万众创新”的局面正在加速形成。创业，不仅是开创一项新事业的行动，还是一种理念，是人们的一种行为方式。创新创业是一项人生价值观，创业的态度和行为会影响一个人的专业和职业生涯，并影响其在各个领域的行为方式。选择创业，就是选择一种生活方式。成功了不满足，失败了也不畏惧。对于一些人来说，创业本身就是他们的一种人生追求，创业已经成为隐藏在他们内心深处的基因。

创业是一种生活状态。做好自己喜欢的事，随时迎接新的挑战，时而也忍受孤独与寂寞，品味失败的苦涩，体验成功的喜悦等。他们享受整个创业的过程，享受在路上的感觉，即使创业是艰苦的、枯燥的，甚至令人沮丧的工作。彼得·德鲁克说过，“企业家就是那些愿意过不舒服的日子，或者说不愿意过舒服日子的人”。“为自己工作的观念”将深深扎根于社会文化中，创业显示出强劲势头。人人都有创业的潜能，人人都有可能获得成功的机会。显然，创业正在成为一种很多人追求或选择的生活方式。

四、创业是一种职业生涯

(一)创业作为一种职业

有些人天生就是创业者，他们会选择将创业作为自己的生活方式。有些人经过自我评估，认为自己适合创业，就给自己设计了以创业为生的职业生涯。成功也好，失败也罢，他们都持续地从事创业活动。这些人将创业作为自己的追求，因此会将其视为自己的职业生涯规划。《2016 年中国大学生就业报告》数据显示，大学生毕业就创业比例连续 5 年上升，从 2011 届的 1.6%上升到 2015 届的 3.0%。但是在浩浩荡荡的创业大军中，成功率极低，《报告》显示，毕业半年后自主创业的应届本科毕业生，3 年后超过半数的人退出创业。①

(二)先创业，再就业

在进行职业生涯规划时，有些人可能认为自己适合创业，但在从事创业活动的过程中发现自己可能不适合创业，最终选择中断了创业活动，转而谋求稳定的就业岗

① 大学生创业失败率 95%，他们缺的是什么？[EB/OL]. http://www.sohu.com/a/122314599_439055，2016-12-22.

位。因此，这些人的职业生涯规划是先闯出自己的一片天来，如果不行，再选择谋求职业进行就业。一般情况下，这种类型的人比较活跃、好动，有很多想法或点子，也有一定的经济实力，往往希望将自己的想法变成现实。

(三)先就业，再创业

在进行职业生涯规划时，有些人认为自己不适合创业，但从事一段时间工作后，也可能发现自己并不喜欢职业性的岗位工作。于是，他们选择放弃稳定的工作岗位而选择创业。一般情况下，这些人可能已经在工作岗位上发现了创业的机会，或者发现自己有一些创业的点子，转而从事创业活动。目前，这种类型的职业生涯规划相对比较多，由于有先前择业就职的经验积累，在创业过程中更容易获得成功。

(四)在就业与创业之间转换

对于职业生涯规划，还有一些人可能无所适从，或是服从父母安排，或是跟随自我感觉，他们会在创业和择业就职之间进行一次或多次转换。最终，他们或是找到了合适的工作机会，或是创业获得了成功，从而稳定自己的职业生涯。这种职业生涯规划，一方面可能使人奋起拼搏，走得更远；另一方面也有可能使人碌碌无为，走向堕落。因此，在创业与择业就职之间尽量不要进行多次转换。即使有可能多次转换，也要有一个既定的方向。通过不断提升的过程，实现自己的职业规划目标。

第三节　创新创业与职场心态

一、树立正确的创业动机

在职业生涯规划中，创业是人们职业发展、实现自身价值、创造社会价值的一种载体和路径。创业是职业生涯规划的一种选择，是人生历程的一部分。目前，虽然国家鼓励创新创业，但仍然只是少数人的一种选择。因此，在创新创业过程中，需要结合自身的实际情况，对创业进行客观的分析和评价。

不少人尤其是刚毕业的大学生，对于创新创业的目的并没有正确的认识。常见的错误的创新创业动机有：①失业或就业困难；②讨厌老板或公司；③讨厌被人使唤，想做老板过瘾；④看到比自己差的人都创业致富了；⑤希望可以自己支配时间；⑥想快速致富；⑦偶像崇拜；⑧认为自己有超好的点子，靠这个就够了。

许多创业者之所以不成功，是因为没有正确的创新创业动机。要想成功创新创业，必须具备正确的创新创业动机(资料拓展 3-2)。正确的创新创业动机包括：①拥有强烈的内在热忱打造一个有价值的企业；②渴望财富但是理解需要时间、耐心；③渴望和一个志同道合的团队一起改变世界，并不畏惧巨大风险；④想让一个点子成真，或想在一个特别好的领域或行业做点什么，但是深度理解产业更重要。

【资料拓展 3-2】追求意义的创业者 失败概率接近于零

创业者缺乏很多东西，其中最重要的一种东西就是对意义的追求。有了这个，你就有了为这个社会创造价值的机会；在追求意义、实现意义的过程中，你就能不断学习，超越自己。只要活下去，你就每天都离这个意义更近一步。这样的创业者，失败的概率接近于零。

资料来源：范真. 海归GREEK的创业日记——创业是条不归路[M]. 杭州：浙江大学出版社，2013.

从全球范围来看，创业的失败率都非常高，中国创业的失败率更高。研究表明，国外创业者的创业动机多数是“创意在先”，或者说“感觉到市场上存在某种需求”，他们想通过创办企业来达到这一目的；而很多国内的创业者相对来说有些“动机不纯”，最常见的三个创新创业理由是“想当老板”“想赚钱”和“还没想好干什么，先成立公司再说”。创业能否成功，在于能否为客户创造价值。与客户价值无关的创业动机，是一定存在问题的。

Facebook 创始人扎克伯格曾说，选择创业最好的理由就是，你不能忍受自己不去做这件事(The best reason is you can’t not do it)。正确的创新创业就是选择一个问题去解决，这个世界需要你去做，你是解决这个问题的最佳人选。只有对一个创意充满了热情，无论发生什么都有把它变成产品的欲望，只有创立公司才能找到实现它的途径，才能了却心愿与心结。这样的创业动机，才会有归属感、才有激情去面对困难，而且无论如何都会想办法完成，才可能坚持 5 年、10 年，乃至 15 年，铸造出一个伟大的企业。

马斯洛需求层次理论把需求分成生理需求、安全需求、社交需求、尊重需求和自我实现需求五类，依次由较低层次到较高层次排列。根据这个理论，追求财务自由和家庭保障都是出于对安全的需求，是较低层次的需求；追求社会认可是出于被尊重的需求，是中等层次的需求；追求创造社会价值是自我实现的需求，是较高层次的需求。创新创业是一个双赢的结果，既能通过创新创业成功实现个人的人生价值，又能为社会创造财富，书写历史。

二、摆正良好的创业心态

创新创业，不仅要培育成功的创业企业，还要培育更多有胆识、有经验的创业者，这是双创的应有之意。创业者的心态很重要，在被问到“什么是创业成功的决定性因素”时，创业者的心态几乎是所有投资机构给出的答案。在当下，部分初创企业发起者心态浮躁，有的盲目乐观，动辄以“下一个比尔·盖茨”自居；有的盲目创业，没有成熟的商业模式；有的盲目跟风，没有慎重选择创业项目。这都是创新创业准备不足、心智模式不成熟的表现。成熟的创业者往往会远离浮躁和喧嚣、潜心了解市场需求和用户体验，在产品创新、发展方向与市场竞争之间做出谨慎的平衡。

创新创业是一场没有终点的持久战，谁的心态更好，谁才能走得更远。创业者需要有持之以恒的耐心、不断“取经”的决心、敢于面对失败的勇气和平衡工作与生活的智慧。多位中关村的海归创业者曾探讨这样一个问题：“到底是创业者本身具备的这些心态驱动着他们去创业？还是创业者在创业的过程中形成了这些心态？”实际上，创业者的心态是由其先天的心理素质与后天的创业磨炼共同塑造的。也就是说，创新创业的过程是创业者心态重塑的过程，也是创业者心智模式走向成熟的过程。

一般认为，相对于非创业人群，创业者拥有的是创业心态而不是职业心态：独立的思维品格以及想象的创造心态驱使他们具有打破陈规的冲动，他们有着更加积极的生活和工作态度。创业者的心智模式更加成熟，能更加沉着冷静地面对挫折、困境和失败，更相信也敢于坚持自己的信念、直觉和判断。他们需要具备超越常人的耐心、毅力和决断力，需要具备屏蔽喧嚣和焦虑、戒除心态浮躁和自我膨胀的能力。他们既能保持创新创业所需的激情、斗志和富有感染力，又能在机会面前保持克制，不失去理智。他们更善于捕捉并抓住信息、商机和时机，擅长放大自己的优势、整合各方面资源、推动既定目标的实现。他们愿意去发现问题、探寻问题的本质、去伪存真、找到真正的用户痛点并调动全部的热情和资源去寻求突破点、应对问题的方法和彻底的解决方案。

三、养成激昂的工作状态

如今的创业团队，一周工作六天，每天从早九点到晚九点，几乎成为“标配”；一周七天、每天十二小时可能也是常态。创业者通常以一种“把事情做到极致”的状态去面对工作，而非“去完成一项任务”或“给别人一个交代”。创业者通常对自己所进行的工作有一种兴奋感，甚至是一想到就兴奋，兴奋到睡不着觉；创业者没有星期一综合征，没有在面对新工作周期时的焦虑感。创业者对工作充满了期待，非但没有“星期一综合征”，甚至会在工作人员都休息的周末感到无聊。用“努力到无能为力，拼搏到感动自己”这句话来描述创业者群体应该是再合适不过了。

在中关村创业大街，一大早就有各路创业者涌入，点上一杯咖啡，占上一个位置，就开始了新一天的工作。中间或有团队成员之间的沟通，或有孵化器管理人员的交流，或有创业路演及投资对接活动，或有合作伙伴的谈判。这些活动一直会持续到夜幕降临、灯光调暗，直到大部分人去赶末班地铁，直到有的创业者开始走动去洗漱……创业者每天早上醒来的第一件事、睡前想的最后一件事、在睡梦中联想到的可能都是他正在创立的这份事业。大多数创业者都经历过无数个从梦中惊醒，抓起笔记录下灵感和闪念，再继续睡觉甚至直接开始进入工作状态的夜晚。

对创业者来说，每天超长的工作时间可能是必要的，但工作时间长短并不是重要的问题。创业者是自我驱动的，每天保持着昂扬的斗志和激情，每天想方设法地向奋斗目标迈进一点点，这是创业者群体的工作状态。当然，虽然创业的激情非常重要，但还是需要创业者能够在创新创业过程中，调整好自己的作息时间，过多地透支健康身体是一种极大的伤害，也会削弱创业的价值和意义。

四、回归自然的生活状态

提到创新创业，很多人会想到资金、资源、项目、团队等。有人说，创业者的时间表上几乎没有生活时间。正常的职业中，工作时间和生活时间是分开的。然而，一旦开始创业，生活与工作就“合二为一”，或者说没有明显的界线了。

创业是一场持久战，而且不是一个人的事情，一旦选择创业，创业者个人及其周边的全部资源都将卷入，包括家人、股东、员工以及上下游伙伴和客户等。选择创业意味着将放弃朝九晚五的生活并失去稳定的工作收入、放弃低效慵懒的工作状态、不敢随意懈怠并且没有退路。选择创业，也意味着要高强度地投入创业项目、要面临创业失败的压力、要做一些自己不喜欢做的事情、要给所有的参与者有所交代等。也就是说，一旦开始创业，不仅创业者的生活将会发生极大的变化，而且会深深地影响创业者最亲近的人的生活。

其实，创业并不只是夜以继日地工作，工作应该只是生活的一部分。创业者应该有充分的自由去掌控个人的时间。生活中一旦只有工作，由此形成的巨大压力也将改变人的心态和状态，在这种状态下创业者很难取得成功。因此，切忌让创业绑架了你的生活。

YOU+国际青年创业社区、V 领地青年创客社区、小米公寓等创业社区的出现，从某种程度上说，重新定义了创业与生活的关系，是更加尊重人性、更加尊重创业规律的一种创业形态。创业社区的出现，让创业与生活不再是对立或完全割裂的两种状态，而是让创业回归生活、让两者自然地融合。只有尊重人性、尊重创业规律，创业团队才能走得更远、走向成功。

创业社区的出现，让创业团队不再是“闭关修炼”或“孤军作战”，而是与其他创业团队共同形成了开放、沟通的创新创业生态单元。创业社区的出现，让创业者的时间表中不单单只有创业项目和工作安排，还有正常生活中本不能缺失的休闲、健身、社交等元素。创业社区的出现，让创业和创业者走下“神坛”、回归自然人，让青年创业者拥有更健康的身体和心态、拥有更自由的人生。这恰恰印证了那句话，“如果创业者的生活中只有工作，那就离失败不远了”。如 YOU+国际青年创业社区是一个面向现代都市“新、奇、趣”青年的居住、社交和创业平台，旨在打造一块集青年创业者、普通工作者于一体的大型互动乌托邦形态的小社会。在 YOU+环境下，通过创业团队的自我生长，通过普通工作者的协同帮助，使创业者的生活状态实现最优的社会效应。

杰克·韦尔奇曾这样描述创业生活：“做一个企业家似乎非常有趣，看起来是很英勇的事情。你在没有规则的地方制定规则，也可以在有规则的地方改写规则。你可以把车库当作办公室，把球桌当会议桌。你像动物一样工作了几年，后来某一天，你的公司上市了，在证券交易所敲钟的人正是你。再过几年，你的公司被收购，你就可以到世界各地旅行了。再往后，你获得一个专业运动品牌的特许经营权，一切又可以从头再来。”

创业者奋斗的目标之一是自由的生活状态，不仅包括实现财务自由，而且可以自由决定要不要工作或者什么时间开始工作，可以自由决定去什么地方等。所有这些，才是创业者群体理想的生活状态。

【资料拓展 3-3】创业测试：现在你具备创业的资质吗？

创业充满了诱惑，但并非每个人都适合走这条路。假如你正想自己“单飞”，不妨进行一个小测试。这是美国创业协会设计的一份测试题目，可能会提供一个建议。

以下每道题都有 4 个选项：A.经常；B.有时；C.很少；D.从不。

1. 在急需决策时，你是否在想“让我再考虑一下吧”？
2. 你是否为自己的优柔寡断找借口说：“得慎重，怎能轻易下结论呢?”
3. 你是否为避免冒犯某个有实力的客户而有意回避一些关键性的问题，甚至有意进行迎合客户呢?
4. 你是否无论遇到什么紧急任务都先处理日常的琐碎事务呢?
5. 你是否非得在巨大压力下才肯承担重任?
6. 你是否无力抵御妨碍你完成重要任务的干扰和危机?
7. 你在决策重要的行动和计划时，常忽视其后果吗?
8. 当你需要做出很可能不得人心的决策时，是否找借口逃避而不敢面对?
9. 你是否因为不愿承担艰难的任务而寻找各种借口?
10. 你是否总是在晚上才发现有要紧的事没办?
11. 你是否常来不及躲避或预防困难情形的发生?
12. 你总是拐弯抹角地宣布可能得罪他人的决定吗?
13. 你喜欢让别人替你做你不愿做而又不得不做的事吗?

计分规则：选“A”得 4 分，选“B”得 3 分，选“C”得 2 分，选“D”得 1 分。

50 分以上，说明你的个人素质与创业者相去甚远；

40～49 分，说明你不算勤勉，应彻底改变拖沓、低效率的缺点，否则创业只是一句空话；

30～39 分，说明你在大多数情况下充满自信，但有时犹豫不决，不过没关系，这也是稳重的深思熟虑的表现；

15～29 分，说明你是一个高效率的决策者和管理者，有望成为成功的创业者。

(资料来源：中国大学生创业网，http://www.chinadxscy.com/news/html/20120415142120.html.)

思考题

1. 什么是职业？谈谈你对职业的理解。
2. 简述职业生涯规划的重要意义。
3. 结合实际情况，试分析创新创业在自己的职业生涯规划中所处的地位。

第四章
创新创业风险管理

内容提要

本章将从风险管理的角度讨论创新创业的不确定性。首先，需要认识风险、风险管理的基础知识；其次，需要熟悉创业中的风险特点、影响因素以及常见的创业风险等；最后，需要把握创新创业的风险管理策略。

不要控制失败的风险，而应控制失败的成本。

——Robert A. Cooper(罗伯特 · A. 库珀)

第一节　风险管理概述

一、风险的含义

“风险”一词的最早由来，最为普遍的一种说法为海风给渔民带来的无法确定的危险。因为在渔民看来，“风”就意味着危险，风的到来代表着财产的损失和人员的伤亡，从此有了“风险”一词。之后的“风险”一词大多数是和保险一起出现的，仍是以“危险”为主要含义。

美国学者海恩斯(Haynes)是最早提出风险概念的学者，他对风险进行了分类并对风险的本质进行了分析。他对风险的定义是损失发生的可能性，为风险管理和保险相结合奠定了理论基础。美国学者威利特(Willet)把风险理论与保险联系起来研究，把风险与偶然性和不确定性联系起来，提出风险是客观存在的，具有不确定性，从保险业的角度探讨风险与损失之间的内在联系。佩费尔(Peffer)认为风险的不确定性是主观的，而概率是客观的，主张将风险与风险因素结合起来概括，澄清了风险不确定说的暧昧关系。威廉斯(Williams)和海因斯(Heins)认为风险是预期结果与实际结果的差异，差异越大，则风险越大，他们从这个视角对风险发生的不确定性进行了定义，认为不确定性也可测。

随着经济主体活动的复杂性，风险已逐渐扩展到各个领域，在政治、经济、社会、企业、体育等各个领域都被赋予了深层次、更具体的含义。不论是理论研究者还是实践者，由于所处的角度与侧重点不同，对“风险”的理解也存在不同的诠释。通俗地讲，风险就是发生不幸事件的概率。换句话说，风险是指一个事件产生超出预判的后果的可能性，是某一特定危险情况发生的可能性和后果的组合。从广义上讲，只要某一事件的发生存在着两种或两种以上的可能性，那么认为该事件存在着风险。

二、风险管理的含义

风险存在于现实生活的各个方面，人类一切活动或多或少都受到它的影响，风险管理因此成为一个重要的研究领域。风险管理的相关研究初见于 20 世纪 50 年代，1980 年前后我国开始应用相关研究成果。对“风险管理”较为全面而又确切的界定，最早来源于 Williams(1963)和 Heins(1964)，他们认为风险管理是通过对风险的识别、衡量和控制而以最小的成本使风险所致损失达到最低限度的管理方法。[①]James C. Cristy(2002)的观点得到了更加广泛的认可，他认为“风险管理是企业或组织为控制偶然损失的风险，以保全获利能力和资产所做的一切努力”。

① 阿力米热古丽·阿力木. 新疆民 IT 企业风险管理研究[D]. 新疆大学硕士学位论文，2015.

20 世纪 80 年代，风险管理理念进入中国。国内学界集中关注风险管理及应用研究，相关成果层出不穷，日益深入社会经济、生产生活的各个领域，在金融、贸易、风投、公共安全、公共健康等方面已经紧跟国际领先水平。[①]风险是客观存在的，具有一定的不确定性，但是风险也是可控可测的。一般认为，风险管理经历了传统风险管理、现代风险管理、全面风险管理三个阶段。通过风险识别、风险估测、风险评价，并在此基础上选择与优化组合各种风险管理技术，对风险实施有效控制和妥善处理风险所致损失的后果，从而以最小的成本收获最大的安全保障。良好的风险管理有助于降低决策错误的概率、避免损失的可能、相对提高企业本身的附加价值。

对于现代企业来说，风险管理就是通过风险的识别、预测和衡量，选择有效的手段，以尽可能降低成本，有计划地处理风险，以获得企业安全生产的经济保障。这就要求企业在生产经营过程中，对可能发生的风险进行识别，预测各种风险发生后对资源及生产经营造成的消极影响，采取优化资源配置等措施，控制消极影响，尽可能降低或减少对企业发展的冲击，使企业生产经营能够尽快回归到正常的轨道上，保证企业发展目标的实现。综上所述，风险管理是由企业、组织或者个人为降低或消除可能产生的不确定性而对其进行识别、预测和规避等的决策过程。

第二节　创业风险概述

创新创业环境的不确定性，创业机会与创业企业的复杂性，创业者、创业团队与创业投资者的能力与实力的局限性，使创业过程充满了风险。蒂蒙斯(Timmons)和德温尼(Devinney)将创业风险视为创业决策环境中的一个重要因素，其中包括处理进入新企业或新市场的决策环境以及新产品的引入。在创业过程中，风险是不可避免的。市场开放、法规解禁、产品迭代、技术和商业模式创新、知识产权保护等，对创业者和初创企业，均可能增加预期结果的波动程度，产生连带经营等风险。

所谓创业风险，是指由于创业机会与创业企业的复杂性、创业者与创业团队能力与实力的有限性、创业环境的不确定性导致创业活动偏离预期目标的可能性。创业风险可能会给创业者的现有资产、商业模式、潜在利润等带来不同程度的损失。

风险总是存在的，风险管理是创新创业过程中不可忽视的内容。创业者选择创业时，必须树立风险意识，创业者要认识到创业是一个充满挑战和风险的过程，特别是大学生创业者群体，普遍存在创业知识不足、社会经验欠缺、资金实力不强、心态不够成熟等特征，对创业风险和管理风险识别能力不够，抗风险能力较弱。创业风险来自与创业活动有关因素的不确定性，这种不确定性贯穿于创业活动的全过程和创业企业的整个生命周期。创业就像在高空中开带故障的飞机，一边开，一边修，还不能放慢速度，其中的风险可想而知。

---

① 何春艳，刘伟. 风险管理研究综述[J]. 经济师，2012，3(18).

在创业过程中，创业者要投入大量的人力、物力和财力，要引入和采用各种新的生产要素与市场资源，要建立或者对现有的组织结构、管理体制、业务流程、工作方法进行变革。这一过程中必然会遇到各种意想不到的情况和各种困难，发展结果偏离创业预期目标是常见的情况。如果不能建立有效的风险管理机制，不仅不能实现创业目标，各种创业资源的投入都有可能成为沉没成本，给各利益相关主体造成不利的影响和损失，即使再大的创业公司也会面临不可收拾的局面。

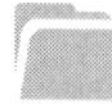

一、创业风险的特点

(一)客观性

风险是客观存在的，不因个人的意志而转移。虽然可以采用防范措施防止或降低风险发生所导致的损失，但是不可能完全消除风险。创业风险广泛存在于创业活动的各个阶段和各个方面，如创业机会的选择错误、产品未按预期研发成功、团队核心成员离职等。创业者或创业团队前期的估测、准备和防范，都不能完全消除这些风险发生的可能性，只能在一定程度上降低或减少风险造成的损失。

(二)偶然性

对于个别事件来看，风险导致事故的发生又有不确定性。创业风险与时间、空间、损失程度等密切相关，但这些因素本身是不确定的。风险事件何时何地如何发生带来多大损失，有很大的偶然性，对于创业者个人或创业企业自身来说，事先难以确定。比如一个初创型企业的核心技术团队成员因家庭或个人原因离职，初创企业及其人力资源管理部门，都无法事先预知这个核心成员会在什么时间以什么理由离职，能做到的只是制定应对预案和补救措施。

(三)可测性

单个风险的发生虽然是偶然的，但是大量同质个体某一时期某种风险的发生又有其规律性。就大量风险单位而言，风险发生可以用概率加以测度。还以高管离职风险为例，虽然无法预测高管离职的时间和原因，但是对于这个风险会有一些可预测因素，比如薪资待遇、个人职业发展瓶颈期等，这样创业企业及其职能部门就可以针对高管离职这一风险提前做出预测。

二、影响创业的风险因素

风险存在于创业过程的各个阶段，了解在企业发展的各个方面发生的成因及概率，从而能够更好地做出应对。创业是一个从种子长成参天大树的过程，但是能否安全健康地长成大树，并真正开花结果，是很多因素综合作用的结果。对创业来说，这三个影响因素可以综合地概括为人、财、事。

(一)人

人是项目的执行团队。一个好的创业项目能否产生最大的价值，能否从想法变成独角兽，关键是看团队的运营能力，所以很多投资人的投资策略都是：宁可投一流的团队、二流的项目，也不投一流的项目、二流的团队，毕竟事在人为。人和事最大的不同在于人具有主观能动性，即人有思想、有情感，而这些思想和情感很容易受到外部环境变化的影响，所以“人”才是创业过程中最大的变量，同时也是最大的风险。

(1) 看团队内成员的背景和经验。团队成员是否有相关行业的从业经验以及是否执行过相关的项目，是创业过程中重要的起点。俗话说，隔行如隔山，一个人在本专业拥有再强的能力和经验，在一个全新的行业也完全用不上，这样即使再华丽的团队也会是新项目发展中一个重大的风险点。另外，初创阶段，团队成员内部分工和搭配是否合理，也是影响项目后续发展的重要因素之一，如果在某一职能上有明显的缺失或重大缺陷，很可能成为制约初创企业可持续发展的短板。

(2) 看团队的资源，这是不同于经验和能力的另外一个影响因素。毕竟一个从零开始的项目，如果单靠传统的运营方式，很有可能因为发展缓慢而错失很多市场机会，所以如果团队成员没有创业项目快速发展需要的资源，或这些资源不足以支撑创业项目的发展目标，或这些个人资源未能及时地进入创业项目，则也可能构成创业项目推进的重大潜在风险。

(3) 看团队个人的情感因素，这是由人的主观能动性决定的。由于人具有情感，所以在外界环境发生变化时，对人产生的影响是不同的，每个人的反应也是不同的，比如当项目的发展方向出现分歧时，创始人和联合创始人以及合伙人之间必须进行有效的沟通和协调，如果沟通不好，很有可能出现项目搁置或暂停而导致失去市场机会。比如，如果团队股权设置不合理，当有资本进入时，有可能出现创始团队分裂，因为面对金钱和利益的诱惑，谁都不能保证每个人会保持初心，甚至有的合伙人会因为项目发展不景气而选择离开等。

(4) 看团队的管理运营能力。是否具有企业的管理能力及项目的运营能力，也是创业过程中面临的重要风险。即使团队成员都有耀眼的工作背景和资历，但是新的项目面临的是新的市场机会，新的受众群体，新的用户需求，新的竞争对手，甚至是新的产品和技术，在项目没有名气、资金不足、资源不够等各种情况的制约下，如何快速开拓市场，如何增加用户黏性，如何快速实现产品迭代升级，这些都是创业项目发展必须妥善解决的问题，否则就会面临系统性风险。尤其是创始人及初创团队，可能曾经在大型企业担任过主要领导或领导过部门工作，一旦启动创业项目，他们要管理的就是一个公司，是一个和自己的切身利益相关的组织，可能会面临很多以前不曾面对过的问题，这对初创团队的经营管理能力将是极大的考验。

(二)财

财是企业的命脉，有了好的项目，好的执行团队，没有资金的支持，项目一样没有发展动力，即使你说我的团队成员暂时都不需要开工资，甚至办公室都不用租，但是开发产品总是需要费用的，开拓市场也是需要费用的，而你不知道这段没有收入的时间会持续多久，所以资金是企业发展的命脉。在这里，可以将“财”分成两部分，一是创业企业发展的命脉——现金流，另一个是创业企业发展的助推器——资本。对于高校毕业生来说，面临资金短缺的风险可能更大。《2016 年中国大学生就业报告》指出，通过对毕业半年后创业人群的风险因素研究，2011 届到 2015 届连续 5 年的大学生创业者都认为“缺少资金”“缺乏企业管理验”“市场推广困难”是可能导致创业失败的三大风险，其中“缺少资金”稳居三大风险中的第一位。[①]

现金流是企业的血液，是维持企业发展最重要的因素，对初创企业来讲，现金流具备更加重要的战略意义。没有钱，一切都只是想法而已，所以要时刻关心企业的现金流，尤其是在企业的产品还不能产生收入的前期，也就是所谓的“烧钱”阶段，创业者和创业团队最重要的任务就是一定要想尽办法让自己的企业和项目活下去，即所谓的“剩者为王”。初创阶段资金短缺是企业发展过程中最容易出现也是最常见的风险，现金流中断是创业项目最常见的死法之一，大学生创业者尤其要注意。一般来讲，创业资金必须足够应付前 6 至 18 个月的营运开支，否则很难持续经营下去。

资本是企业发展的助推器。资本和企业是既合作又对立的矛盾关系，在资本进入前期，双方虽然对对方都有意向，都想尽快促成合作，但是又在合作条件上努力为各自争取最大的话语权，所以谈判过程是最大的风险点，因为谈判内容都是以后企业发展过程中的支配权、壮大后利益分配权以及出现损害甚至破产时剩余利益的分配权，由于创业者没有投资人对条款清晰，所以谈判过程尤其需要注意。初创企业在资本进入后，要小心的是资本对企业管理权的控制。最后要注意的是资本本身的升值空间。换句话说，企业找投资最重要的不是钱本身，因为钱有很多来源，社会上并不缺钱，拿了错误的钱，可能会给企业后续发展带来隐患和风险。初创型企业最缺少的，是能够给企业带来其发展所需资金以外的、有价值的资源，这才是初创型企业寻找外部资金最需要考虑的因素。

(三)事

事，在这里指的是项目本身，即创业选择的项目。如果没有创业项目，那么企业创业就没有意义。因此，在创业过程中，无论是先有人还是先有项目，项目所占的比重是最高的，所有后续过程都是围绕项目展开的。没有项目，再好的团队也无法发挥作用。从项目本身分解来看，主要由项目的内因与外因构成。内因即项目本身的构成

---

① 大学生创业失败率 95%，他们缺的是什么？[EB/OL].http://www.sohu.com/a/122314599_439055，2016-12-22.

因素，不受外界的控制和影响。内因包括两个方面：第一，项目的产品或服务，这是项目的基础。无论是硬件产品还是软件服务，这是项目商业模式设计的基础，也是企业盈利的基础，只有将产品或服务提供给用户，用户才能付费，企业才能获利，这是企业发展的根本。产品或服务的技术含量、迭代、销售渠道等都可能是企业面临风险的因素。第二，项目的商业模式，这是企业的经营方式。即同样的产品或服务，采用什么方式从用户身上获得回报，是直接销售还是免费赠送后通过其他方式获利。同样是生产自行车的企业，产品都是自行车，但是不同的商业模式设计会导致企业完全不同的发展轨迹，有的企业直接卖自行车，有的企业将自行车开发成了“共享经济”，两种方式导致企业的价值有天壤之别。不同的商业模式设计对于项目能否抓住市场机会、快速获得用户、快速实现盈利及产生更大的价值都会产生深远的影响。

在项目发展过程中，有很多外部的影响因素，这些因素对项目本身的发展时刻产生着重大影响。外因主要包括三个方面：第一，行业选择，即创业机会选择。行业选择是创业的第一步，进入了错误的行业，再好的项目、再好的团队也只能是错失很多机会。第二，市场环境。项目发展一定是处在复杂的市场环境中的，包括用户新需求的产生、新技术新产品新模式的出现、竞争对手的出现、资本的介入等，所有这些市场环境的变化都可能给项目的发展带来风险。第三，政策。有些项目所处的行业发展与国家相关政策紧密联系，即使目前还没有明确的政策监管，但是当行业发展到一定程度或出现可能损害其他行业或一些人利益的时候，国家很可能出台相关的政策管控，这对初创企业发展的影响有时甚至是致命的。因此，在进行创新创业时，一定要选择与一个国家的产业、市场、政策相适应的市场需求，既能满足用户需要，又能顺应国家大势，最重要的是能够保证创业企业的可持续发展。

三、常见的创业风险

(一)资本风险

初创企业接触的投资机构主要是天使资本和创业投资。天使投资是自由投资者或非正式风险投资机构对原创项目构思或小型初创企业进行的一次性前期投资。天使投资是风险投资的一种，是一种非组织化的创业投资形式。比如当年雷军给 YY 创始人李学凌 100 万美元作为天使投资，才有了今天的欢聚时代和虎牙直播。

创业投资也叫作风险投资(Venture Capital)，特指以基金的方式对新兴的、迅速发展的，具有巨大市场潜力的企业进行股权投资的一种投资方式。但这种叫法并不贴切，它不能表达出 Venture Capital 的真正内涵。“Venture”表示“主动进行的可能需要承担风险的行为及其取得的结果”，尤指“冒险行为”“创新行为”“创业企业”等，以区别于天使投资的个人行为。在中国，主投 A 轮以后的投资机构通常被称为风险投资，或者老牌的外资风险投资商。

初创企业如果想实现快速扩张或取得快速发展，借助资本力量是常见的选择。但资本不是慈善机构，他们也是以营利为目的，而且一般会主张比传统信贷金融企业更高的回报率，因此他们不会轻易地、白白地把钱投资给初创企业或创业项目。如果创业者或创业项目获得了风险投资，要谨慎区分投资机构是财务投资还是产业投资，要慎重衡量创业团队能否达到“对赌”的目标，要小心面对风险投资的那些“坑”。创业者和初创企业必须理智地看待资本，更需要谨慎接受风险投资的进入。资本是企业优缺点的放大器，在企业真正开始融资之前，不妨先仔细了解一些资本带给企业的利弊，明白了这些，再考虑企业自身是否真的需要融资。

(二)人才风险

人才流失风险主要是指由于专业技术人员流动所造成的损失。现代企业越来越重视团队的力量。创业企业在诞生或成长过程中最主要的力量来源一般是创业团队，一个优秀的创业团队能使创业企业迅速地发展起来。与此同时，风险也就蕴含在其中，团队的力量越大，产生的风险也就可能越大。这就是事物的两面性。一旦创业团队的核心成员在某些问题上产生分歧、不能达到统一时，极有可能会对企业造成强烈的冲击。

事实上，做好团队协作并非易事。特别是与股权、利益相关联时，很多发起初创时很好的伙伴都会闹得不欢而散。因此，需要提前将可能产生的股权、利益等问题进行磋商，达成一致意见。

另外，研发、生产或经营性企业需要面向市场，大量的高素质专业人才或业务员队伍是这类企业成长的重要基础。防止专业人才及业务骨干流失应当是创业者时刻注意的问题，在那些依靠核心技术或专利创业的企业中，拥有或掌握这一关键技术业务骨干的流失是创业失败的最主要风险源。

(三)政策风险

在“大众创业、万众创新”的大背景下，国家鼓励大学生休学进行创业，各学校对在校学生创业也有一些扶持政策。一方面，学生创业者可以充分利用这些支持措施，比如可以免费入驻大学生创业园，申请一定的支持资金。这是政策对于大学生创业有利的一面。另一方面，由于学生的社会经验不足，也需要注意可能面临的一些政策风险，比如国家在产业政策方面的调整，互联网经营许可，涉及金融管理、环境保护方面的法规等。如果创业项目涉及这些领域就需要认真研究这方面的政策，以免因为政策限制带来业务经营风险。

(四)技术风险

技术风险主要是指由技术方面的因素及其变化的不确定性而导致创业失败的可能性。当今世界科学技术飞速发展，新技术层出不穷。技术风险通常会被创业者所忽略，很多创业者总是以为自己的技术领先于他人，从来都不认为技术会成为创业发展的障碍。事实上，技术是否真的处于行业领先水平，是否能经得起市场的考验，这一切需要在实际运营过程中才能得到验证。在创新创业过程中，出现很多优越的技术，要么成本过高，要么难以与市场需求结合，要么很快被市场对手超越。当前，随着"互联网+"战略的深入实施，购物、餐饮、快递、出行等传统领域和行业已经被一一颠覆。因此，技术风险不容忽视，需要时时把握技术的前沿领域。

(五)市场风险

市场风险是指由市场情况的不确定性导致创业者或创业企业损失的可能性。创业过程伴随着各类风险，这些风险有的来自内因，比如自身产品或技术竞争力、创始团队在企业发展中的管理能力以及团队创始人之间可能出现的人才流失风险等。这类风险，既然来自企业内部，通过识别及预判，基本都可以提前找到应对策略。另外一类风险来自外部，即外部市场环境的变化、用户需求的变化、竞争对手的发展等，都是外部市场风险。

有人说找到"蓝海"是抵御风险的良策，寻找蓝海是创业的良好开端，但并不是每一个创业者都能找到市场蓝海，更何况蓝海也只是暂时的。所以，竞争是必然的。如何面对竞争是每个企业都要随时考虑的事，对新创企业更是如此。如果创业者选择的行业是一个竞争非常激烈的领域，那么在创业之初极有可能受到同行的强烈排挤。一些大企业在产业布局时，经常采用并购小企业的做法或低价销售的手段，这往往会给初创企业带来致命打击甚至挤垮创业企业。对于大企业来说，由于规模效益或实力雄厚，短时间降价并不会对它造成致命的伤害，而对初创企业则可能意味着彻底毁灭的危险。因此，要充分挖掘市场信息，要对行业发展和行业状况进行深度分析，要着重考虑市场环境的动荡和市场竞争加剧带来的风险，不断提高自身核心竞争力，不断提高优化用户体验，不断增加用户黏性，谋取长远、持续的优势，增强企业抵御市场风险的能力。

(六)伦理风险

伦理风险是指人与人、人与社会、人与自然、人与自身等各方面可能产生的各种有违道德准则的不确定性。常见的伦理问题包括以下几个方面。

第一，违法性创业。在选择创业领域的过程中，避免选择国家法律、法规不支持、不鼓励的领域，如涉黄、涉毒、污染等领域。实践中，不少创业者难以抵挡低成本、高收益的诱惑，选择铤而走险，最终的结果往往是身败名裂，如快播、一些直播平台和一些传销网络等。如果选择在这些领域创业，即便是获得了短期利益，终将也会得到法律法规的制裁。

第二，欺骗性创业。有些创业者，创业动机不纯，追求的就是骗取投资人或投资机构的资金，通过虚构市场占有率、用户规模、盈利水平甚至抬高估值等手段，获取天使投资或风险投资后，用于挥霍和个人消费，这种类型的创业者也占有一定的比例。

第三，诈骗性创业。一些创业项目、创业平台设计的盈利模式就是用较高的回报诱导消费者投资、消费、贷款等，但最终目的都是从用户身上榨取金钱，常见的有校园贷、各类 P2P 网贷平台和传销平台等。

第四，侵占性创业。窃取或侵占他人或相关机构的商业模式、专利技术、客户资源等进行创业。此类涉及知识产权保护领域的案例不胜枚举，典型的如网秦、思路网等，这些都是创业者和初创型企业在做出创业选择时必须注意的问题。此外，创业伦理风险还涉及创业者家庭伦理风险、创业失败伦理风险等，不再展开讨论。

第三节　创新创业中的风险管理策略

一、风险规避

风险规避是指主动放弃或者拒绝实施某些可能引起风险损失的方案，也是处置风险最常见、最彻底的一种方法。在风险事件发生之前，它能够完全消除由该风险可能造成的损失。但风险规避也有局限性，只有当某一特定风险导致的损失频率和损失幅度都相当高，并且采用其他风险管理方法的成本大于收益时才可以使用，否则就会因为风险规避而否定项目的实施，从而也会失去项目盈利的可能性。因此，应建立风险事故数据库，并将其作为进行风险预警的有效工具。通过对发生在企业外部和内部的风险事故进行分析，测试企业自身的风险管理程序，能够起到激励和警惕管理层的作用，促使其加强风险管理措施的实施并阻止企业内的风险发生。建立风险事故数据库，也可以根据导致损失的频率和幅度确定风险的防范措施，以便更有针对性地进行风险规避。

二、风险控制

风险控制是指有意识地采取行动，设法降低损失概率和损失幅度的方法。这种风险管理策略主要适用于既不想放弃也不想转嫁的风险。风险控制包括预防损失控制和减少损失控制。在风险控制方面，可以采取建立全面有效的内控机制，如顶层设计、业务流程、商业模式等多个方面，以保障风险管理机制得到有效的执行。

三、风险转移

风险转移是将面临的损失风险转移给其他主体的行为，这类风险的损失频率与幅度大于采取风险控制措施时，主要可以采取保险和非保险两种方式。采取风险保险的方式主要是将风险转嫁给保险公司。采取这一方式时，应分析投保方案，选择好险种并充分调查保险公司，综合考虑保险公司的规模、信誉、保费率等因素；如果采用非保险方式转移风险时，一般多是借用合同或协议将损失的法律责任及财务后果转由他人承担，可以采取措施签订免除责任协议，利用合同中的转移责任条款等将损失转移或分散给其他主体。除此之外，还可以采取出售企业风险资产的方法，将与相应资产有关的风险转嫁给该项资产购买方。

四、自担风险

自担风险，也称为风险保留与承担，是指企业依靠自己的资金实力弥补已出现的风险损失的一种方法。这是处置残余风险的一种方式，通常适用于无法避免的风险。自担风险的情况下，处理风险的成本高于承担风险所付出的代价，并且企业可以安全地承担风险损失。一般来说，企业可以设立应急基金，根据本身的财务能力，按照一定的比例预先提取，也可以采取一次性转移一笔资金或者定期缴款、长期积累的方式，用以补偿风险事件可能导致的损失。一般来讲，这种办法用于应对那些可能引起较大损失，但损失无法直接摊入经营成本的风险。

思考题

1. 何谓风险管理？谈谈你对风险管理的看法。
2. 常见的创业风险有哪些？请举例说明。
3. 针对当前流行的微店创业，试分析其可能存在的创业风险管理策略。

下篇

实践篇

一份创业计划就是一项艺术性的工作。它是表达企业和赋予企业人性化的证明。每个计划如同一片雪花，片片不同，但每片都是一件独立的艺术品，每片都是企业家个性的反映。

——约瑟夫·R. 曼库索(Josehp R. Mancuso)
美国国际CEO俱乐部总裁、企业家管理中心主席

第五章

创意：找寻创业机会

内容提要

本章将对创新创业路径理论中的创意路径进行论述。首先，对市场需求的含义、分类及其特征进行分析，寻找未被满足的市场需求，以便挖掘创业机会。其次，利用一定的原则和工具进行机会筛选，如 SWOT 分析、PEST 分析等，以便更好地实现创新创业的机会对接。

发现好的市场机会不亚于发现一座金矿。

——约翰 · 都尔(John Doerr)
哈佛大学商学院教授

第一节　市场需求概述

一、市场需求的含义

在经济学中，需求被定义为有支付能力的需要。当前，商业模式不断被重构，只要存在对某种商品或服务的需要，这种需求就有可能通过市场不同的支付方式来满足。市场需求的微观基础是个体消费需求。个体消费需求是个体对自身生理或心理上感到某种缺乏而力求获得满足的一种心理状态。个体消费需求的总和及其衍生需求，构成了市场需求。没有微观个体消费需求，就没有整体上的市场需求。

市场需求是整个社会对产品或服务的总体需求，最终来源于个体的需求，并在此基础上愿意进行消费或支付。由此看来，市场需求是指一定的顾客在一定的地区、一定的时间、一定的市场营销环境和一定的市场营销计划下对某种商品或服务愿意而且能够购买的数量。

一直以来，在营销领域，痛点、痒点、卖点(兴奋点)这三个关键词可谓经久不衰。痛点是用户在正常的生活中所遇到的问题、纠结或抱怨等。如果这个事情不解决，用户就会浑身不自在，十分痛苦。痒点是消费者心中“想要的”，让其看到或听说这样的产品，心里就痒痒的，就特别有兴趣，特别向往。因此，痒点在情感和心理上给人一种更好的满足，达成了用户的一种欲望。

狭义上的卖点，是指产品或服务的特色。这个特色在消费者的显性意识里不一定能发现，只有等商家一说出来，消费者突然对产品特色有怦然心动之感，此时，产品所塑造的卖点就成功了。真正有杀伤力的卖点，能在瞬间打动人。

其实，这三个词不仅仅是一些营销的诱因，更是一些商业和产品的根本策动点，也是一切创业机会的关键点。

卖点是站在供给方角度说的，痛点、痒点是站在需求方角度说的。痛点和痒点是市场需求的描述，卖点是对需求的满足。一切商业、创业活动都是围绕着发现市场需求、满足需求展开的，即围绕着客户需求展开的。

二、市场需求的特征

商业或创业中的市场需求主要有以下几个特性。

(一)市场需求的稳定性

市场需求的稳定性是指基于人本身基本需要的稳定性而导致的对满足自身需要产品或服务的稳定性。

(二)市场需求的差异性

随不同人群不同的价值观念、经济状况、经验与既有社会需求的不同满足状况而不同。

(三)市场需求的非均衡性

人们总是在不同的需求与满足之间寻求一种均衡，以最大化自身总体的福利。但是由于经济社会不断地变化与发展，以及满足市场需求的技术经济手段不断更新，人们在某一个或一些方面的缺失感表现得特别强烈，从而形成对当下一种或一些占主导地位的市场需求。

(四)市场需求的发展性

随着科学技术的提高和物质财富的丰富，人们的需求层次也在不断变化。此时，市场需求会对产品或服务的质量、个性化甚至精神性需求提出更高的要求。因此，市场需求要不断进行发展创新以满足人们的各种需求。

第二节　市场需求与创业机会

一、创业机会是未被满足的市场需求

(一)寻找未被满足的市场需求

市场需求是创业之初的重中之重，有市场需求，才有创业机会。在创新创业过程中，经常会提到市场需求、社会需求、刚需、痛点、风口等需求描述。这些需求有一个共性就是动态性；这些需求可能会突然出现，也可能会突然消失，它们会随着市场、社会环境、时间发展的改变而发生，如小小神童洗衣机的市场商机(资料拓展 5-1)。

【资料拓展 5-1】小小神童洗衣机的市场商机

一般来讲，每年 6～8 月是洗衣机销售的淡季。每到这段时间，很多厂家就把促销员从商场里撤回去了。张瑞敏纳闷：难道天气越热，出汗越多，人们越不洗衣服吗？调查发现，不是人们不洗衣服，而是夏天 5 公斤的洗衣机不实用，既浪费水又浪费电。于是，海尔科研团队很快设计出一种洗衣量只有 1.5 公斤的洗衣机——小小神童。小小神童投产后先在上海试销，张瑞敏认为，上海人消费水平高，又爱挑剔。结果，上海人马上认可了这种最小的洗衣机。该产品在上海热销之后，很快又风靡全国。在不到两年的时间里，海尔的小小神童洗衣机在全国卖了 100 多万台，并出口到韩国。张瑞敏告诫员工说：“只有淡季的思想，没有淡季的市场。”

2014 年 11 月，习近平同志到福建考察调研时提出了“三个全面”。同年 12 月，习近平在江苏调研时又将“三个全面”上升到了“四个全面”，要“协调推进全面建成小康社会、全面深化改革、全面推进依法治国、全面从严治党”。“四个全面”第一次一并提出，从国家层面推进社会转型升级，使整个社会发生了巨大的变迁，随之也带来了市场消费需求的升级。消费需求的升级有五大特点，即从数量向品质升级、从温饱向健康升级、从物质向精神升级、从消耗向生态升级、从生计向生活升级。

未被满足的市场要求可表现为动态性和静态性。在市场消费需求的升级过程中，具体的消费需求会随着国家政策的调整、社会的变革以及社会实际发展的阶段等多种因素发生变化，是市场需求的动态性。逐本溯源，一切需求的本质都是人的欲望，人的自身需求在社会学范畴、心理学范畴的反复试验，不断研究的过程中，被总结被归类为具有一定的可量化、可观测的静态特征，是市场需求的静态性。

创业者只有找到未被满足的社会需求，并组织资源开发和生产出能够满足这种需求的产品或服务，顺利地交付到顾客手中并在这个过程中获得提供产品或服务的补偿，才算是成功的创业过程。如何寻找到这种未被满足的市场需求，是创业者需要解决的第一个问题。

未被满足的市场需求客观存在于人们日常的生产、生活或学习过程中。对其发掘与寻找往往来源于几个方面：需求也许是现实存在的，也许是企业设计出来的。设计或者找寻市场需求，可以从市场需求的特点出发。

(二)灵感的产生是创意激发的不竭源泉

在西方，“灵感”一词最早来源于古希腊，是指“神灵之气”，它的原始意义与古希腊社会盛行的巫术有着密切的联系。“灵感”一词的英语是 inspiration，有“灵气的吸入”之意，指宗教意义上的“神灵的启示”。灵感的产生对所有人来说，既不是可望不可即的，也不是很容易就能产生的。灵感是人脑对客观世界非线性规律的一种反映形式。新的灵感理论强调灵感的发生有一个过程，虽不在显性意识，但却在显性意识指导下，酝酿于潜意识，当酝酿成熟，偶遇相关诱因，便突现于显性意识，成为灵感。因此，灵感的产生有其自身的规律。创业者必须遵从灵感产生的规律，积极实践，才可能在创业准备与实施过程中产生好的灵感与创意。

创意思维是人脑对客观事物本质属性和内在联系的概括和间接反映，以新颖独特的思维活动揭示客观事物的本质及其内在联系，并指引人去获得对问题的新解释，从而产生前所未有的思维成果，也称创造性思维。创意思维与创造性活动相关联，是多种思维活动的统一。通过创意思维，你会发现困难中孕育着潜能，阻碍中隐藏着机遇，每一次的挑战都提供了突破创新的机会。通过一定的方法，创造一定的环境，创意可以被有效激发，创意思维能力可以被训练和提高。

创意引擎模型是斯坦福大学教授蒂娜·齐莉格(2013)构建的。该模型提出了创意激发的 6 种要素(见图 5-1)：知识(knowledge)、想象力(imagination)、态度(attitude)、环境(environment)、资源(resources)、文化(culture)。

图 5-1 创意引擎模型

在该模型中，知识、想象力和态度属于内层因素。知识储备是发挥想象力的基础。对特定领域了解得越多，发挥想象时就越有据可依，越有可能产生非凡的创意。想象力是将已有知识转化为新想法的催化剂。没有了想象力，知识只能是一潭死水，无法衍生出新东西。态度是点燃创意引擎的火种。如果没有必能实现创新的信念，创意引擎就无法被点燃。显然，只要投入足够的时间和精力去深度钻研一个可以创新的点，就可以成为一个实现创新的人。因此，只有从内因中获得经验性的学习，才能够获得创意的青睐。

资源、环境与文化属于外层因素。资源指所在团体内一切可利用的东西。在高校中，包含着很多资源平台，如专业课教师、创业导师、创客空间等。环境是一个人所处的周围场域。一个人的创意挖掘，与其所处的环境息息相关。文化是一个国家或一个区域特定的物质文化、精神文化和制度文化的综合，如当前大力弘扬的“大众创业、万众创新”就是一种文化。外因与内因之间的相互碰撞，是创意激发的不竭源泉。

二、客户需求分类

(一)刚性需求与柔性需求

刚性需求是指在人们的生命、生产和生活中不能缺少的需求。比如，人类对空气、水、药物的需求，人们对衣、食、住、行的需求。企业对营业执照、许可证、资质、人才、资金等的需求。一旦满足了这些刚性需求，相当于雪中送炭。

满足柔性需求是锦上添花。比如，人们对保健品的需求，企业对管理培训的需求。

如何去寻找或者设计刚性需求呢？创业企业最好能够找到客户的刚性需求，找到客户的刚性需求就是找到了客户“不得不”买的产品或服务。刚性需求一般是沿着生命、生活、生产等必需品需求寻找，比如药品是生命的必需品。寻找刚性需求有两条线索。

线索一：自然界制造的一些刚性需求。在人们的记忆里，口罩是医生在给病人看病的时候才戴的专用物品，但是特殊时期不用就会威胁到生命，瞬间全国供不应求，甚至脱销。比如 2003 年“非典”时期，把平时没有刚性需求的口罩变成人们的刚性需求。又如每年当雾霾来临时，几乎很多人都需要戴口罩，仅此一项美国 3M 公司在中国就可以获取 300 亿元的收入。这说明客户对产品的需求会因为自然界条件的变化而改变。

线索二：政府给企业制造了刚性需求。2008 年，科技部、国家工商总局和财政部共同把原来认定的高新技术企业进行重新认定。国家高新技术企业和普通企业的差别在于企业所得税差 10%。年利润为 1000 万元的公司，意味着比普通企业要多交 100 万元的企业所得税。所以，符合国家高新技术企业标准的企业都特别着急，新认定体系要比原体系严苛了百倍。因此，当时有一批做国家高新技术企业认定辅导的机构，瞬间就有了市场机会。

另外，还有一种刚性需求是可以设计出来的。人们本来没有需求，但被人为设计出来了刚性需求。比如，汽车曾经是高端产品，随着社会发展大众化了，现在变成刚性需求了，尤其在北京、上海这些超大城市，人们对汽车的需求非常刚性，成为生活中不可缺少的物质需求。

近些年，我国城市化的进程正处于中期加速阶段①，城市城乡结合成为城市建设的重点规划。在城市快速发展的过程中，居民工作地和居住地之间的距离被拉长，交通工具的需求急剧增加，特别是因为拆迁，城市居民的居住地迁到了城外，购买私家车就成了刚需。有了宽敞的房子和高额的补贴，也为这种刚需提供了一定的经济条件。原来居住地和工作地之间距离在 5 公里以内，人们走路或骑自行车上下班都可以。但是现在，城市变迁已使这一距离延伸到 20 公里以上。此时，步行和骑自行车上下班已经不可能，所以对私家车的需求急剧增加。目前，北京、上海、济南等大城市，交通拥堵已经成为常态。

又如，目前人们对微信的需求刚性极强。微信成为工作、社交、休闲等的必备工具。一天不看微信，就会感觉跟世界失联，当然，也可能会错过很多事情没法处理。现在，人们已经习惯于每做一件事就拉一个群，大家在群里谈事情，交流比较方便。所以，每个人都有很多工作群。实际上，2011 年以前，人们并没有这个需求。但是，微信设计出来以后，逐渐变成了人们的一个刚性需求。

沿着生命的必需、生活的必需、生产的必需等经度，沿着政府的规定、行业的标准和法律法规等纬度，去寻找或设计身边的刚性需求，是创业者寻找未被满足的市场需求的策略。

(二)显性需求和隐性需求

根据能否清晰获得需求的情况，将客户需求分显性需求和隐性需求。显性需求就

---

① 城市化是指农业人口不断转变为非农业人口的过程。判定一个国家或地区城市化的重要指标是城市化率。一般采用人口统计学指标，即城镇人口占总人口(包括农业与非农业)的比重。当城市化率在 20%～30%时，是初期起步阶段；当城市化率在 30%～70%时，是中期加速阶段；当城市化率在 70%以上时，是成熟稳定时期。2012 年，中国的城市化率已超过 50%，目前我国正处于城市化的加速发展阶段。

是客户可以明确表述出来，或者企业可以通过数据分析得出来的客户需求。隐性需求是描述不清楚或者说不出口，但是内心很强烈的需求。

大部分人没办法描述清楚客户的需求，甚至连客户自己可能也描述不清楚。乔布斯曾经说过：“客户不会告诉你，他们需要什么，因为他也不知道需要什么，只有把你的东西摆在他们面前的时候，他才能判断这是不是他要的。”如果把产品摆在客户面前，客户体验后觉得不是他想要的，那就没找到客户的需求；如果确实是客户想要的，而这种需求又不能用参数描述出来，就是隐性需求。

同时，“面子”也是客户的隐性需求。人们都要面子，但是谁也不会说出来。比如，买车时客户不会说因为面子而买车，从功能上看豪车与普通车并无多大差别，都是代步工具。但是为什么有人要买豪车呢？因为，豪车代表着社会地位，他们买的是面子、是身份、是地位，这种感觉需要豪车与之相匹配。所以设计的产品或服务必须满足客户的这种隐性需求，才能够真正地抓住客户。基于互联网思维的企业，特别强调挖掘客户的隐性需求。

互联网企业是怎么挖掘客户的隐性需求的呢？互联网企业通过研究人们的心智模式，成功地满足了人们的隐性需求。“抢红包”几乎人人都参与过，移动互联网靠“抢红包”完成了浩大的基础建设(资料拓展 5-2)。这几家移动互联网公司要开展网上业务，必须要有支付功能，而消费者绑定了银行卡，他们才可以开展后面的这些业务，才可以网上支付，才可以微信支付，才可以开移动的微商。

【资料拓展 5-2】抢红包

2015 年春节，微信推出“抢红包”业务，春节 7 天长假，人们几乎天天沉浸在抢红包的快乐中。2016 年春节，中央电视台的春节晚会直接组织全国人民，乃至全球华人抢红包，但是，就在人们享受抢红包的快乐和愉悦之时，几大移动互联网公司干了什么事？他们完成了一个巨大的基础建设，7 天时间绑定了 2 亿张银行卡。因为抢红包后要把红包里的钱提现，就必须绑定一张银行卡，听起来合情合理，如果不绑定银行卡，钱提哪里？貌似一种游戏，一种为客户着想的设计，其实这是他们的一项重大基础建设。

“哄抢”是一件很好玩儿的事，抢了以后会有一种什么感觉？挺愉悦的，抢不到也不会很失落。抢红包抢了多少无关紧要，抢 1 分钱和抢 10 元钱，快乐程度差别不大。但它满足了人类内心深处的一种隐性需求。

显然，研究如何寻找和挖掘客户的隐性需求，并且将客户的需求拉低，便找到了客户的痛点和根源，也找到了创业机会。所以，人类的很多低层需求驱使着高层需求，创业者要去寻找这种低层次需求，同时巧妙地用满足低层需求业务来驱动满足高层需求业务，从而获得具有创新性的创业机会。超级课程表就很好地找到了这个创业机会(资料拓展 5-3)。

【资料拓展 5-3】超级课程表

一个叫于佳文的“90 后”创业者，做了一个“超级课程表”。从表面上看，它的功能是给大学排课表，把大学教授的课都排在“超级课程表”里。这种超级课程表，可以让不同学校的学生，通过课程表找优秀老师的课程，促进大学生好好学习，能够听更多老师的课，吸收更先进的教学理念等，这是显性需求。

但是，这里面有深层次的隐性需求。创业者曾在中央电视台做节目的时候亲口说“超级课程表”就是个交友软件，是解决大学生交朋友的问题的。如果他最开始就说是一个交友软件，估计学校里不让推广，学生也不会去用。显然，超级课程表寻找到了未被满足的市场隐性需求，它通过低层的交友需求来驱动了高层的听课需求，顺利地实现了创新创业。

第三节　创业机会的筛选与确认

改革开放 40 年来，我国在各个领域取得了巨大的成就。同时，社会发展也提供了许多弥足珍贵的启示。历史经验表明，只有抓住发展机遇、只有把握时代之势的先行者，才能走在时代的前列。虽有智慧，不如乘势。要及时把握发展规律、认清社会大势、顺应时代潮流，在历史前进的逻辑中发展、在时代发展的脉搏中前进。

一、创业机会判断原则

创新创业之前，创业者对方向的判断与准备是必不可少的，一般可以遵循以下三个原则。

(一)择世所需

所谓择世所需，是指要看清事物发展的规律，把握事物未来的趋势而选择所需的创业机会。择世所需的重点在于择需，是基于现状与未来选择存在的和即将到来的需求。当然，这个需求是指已经形成一定规模，并将继续扩大的市场需求，那些还未被验证的需求并不是这里提到的需；通俗地理解就是顺势而为。如电商与线下实体商铺之争，反映了人们能否看清社会发展和市场需求的现实而做出的判断。有的人能够看清现状，并随之择世抓住创业机会而获得了成功，如拼多多。虽然在发展初期会存在一些问题，但可以通过改革不断优化服务质量。

(二)择己所好

很多人做出的产品并不是先有需求，而是全凭自己的爱好，凭自己对未来未发生需求所做出的判断。1903 年 12 月 17 日，莱特兄弟驾驶自行研制的固定翼飞机，实现了人类史上首次飞行。随着飞机制造技术的不断完善，飞行已经不仅仅是个人的爱好，已经演变为基于人类出行需求之上的又一种选择。这种创业机会并不是多么伟大的远见，而只是个体的兴趣。但是，当个体的兴趣在社会的发展中成为主流需求时，便可能开启一个新的领域。所以，当自己对一件事物感兴趣的时候，可以凭心而为，或许也会创造出伟大的产品。

(三)择己所能

内部资源在创业机会中占有重要的地位。很多创业机会都是基于现有的资源，需要先把资源进行整合而后慢慢形成产品，即量力而为。俗语说得好："没有金刚钻，别揽瓷器活。""工欲善其事，必先利其器"也是这个道理。

顺势、凭心、量力为选择需求的三个基本原则。此三者，得其一者，可预其事；得其二者，可即刻为之；三者皆得者，则其事可成。

二、创业机会筛选工具

为确保创意可以落地执行，不仅要仰望星空，还要脚踏实地。在需求筛选过程中也形成了一些标准化的分析方法与工具，具体如下。

(一)SWOT 分析

无论是在编写 BP(商业计划)时，还是在产品管理中，经常会用到的一个工具就是 SWOT 矩阵。SWOT 矩阵是很多创业者在与投资人打交道时，提到最多的一种创新创业筛选工具。SWOT 分析法(也称 TOWS 分析法、道斯矩阵)即态势分析法，由四个英文单词的首字母组成，分别是优势(Strengths)、劣势(Weaknesses)、机会(Opportunities)、威胁(Threats)(见图 5-2)。这种方法是由美国旧金山大学的管理学教授海因茨·韦里克(Heinz Weihrich)于 20 世纪 80 年代初提出的，随后得到了广泛应用。

(1) 优势(内部，积极因素)通常是用来评估自身的积极属性，包括有形的和无形的。可以是人本身具有的，也可以是业务本身的，但必须是可以直接控制的。例如，人的方面包括专业知识、社会背景、特有资源、证书、教育、技能等，业务方面包括特有渠道、独特模式、竞争壁垒等。

(2) 劣势(内部，负面因素)与优势形式相似，内容恰好相反。例如，个人方面缺乏某些能力、存在某些隐患等，在业务上如缺乏清晰定位、技术被淘汰、业务存在法律风险等。

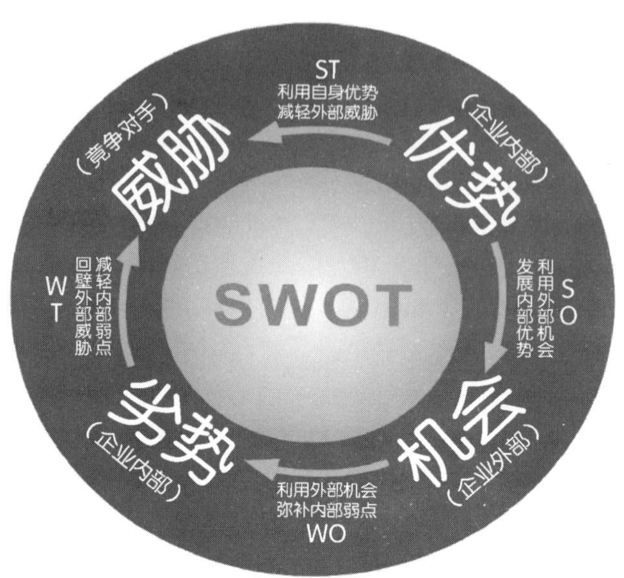

图 5-2　SWOT 分析

(3) 机会(外部，积极因素)多指外部环境发生变化出现利好，例如，市场增长需求量迅速增大、上游产业升级、货源成本下降等。

(4) 威胁(外部，负面因素)主要是指创业者本身无法控制的又会对业务造成威胁的外部因素，例如，出现新的竞争对手、市场利润率下滑、断货缺货、新技术冲击、行业黑天鹅事件等。

将结果填入 SWOT 矩阵后，可以根据因素影响的大小对序项进行排列。创业者根据判断运用系统分析的方法，得出相应的结论。即项目属于机会多还是威胁多，优势大还是劣势大，将判断结果落入 SO、ST、WO、WT 四个象限所构成的平面直角坐标系中(见图 5-3)。

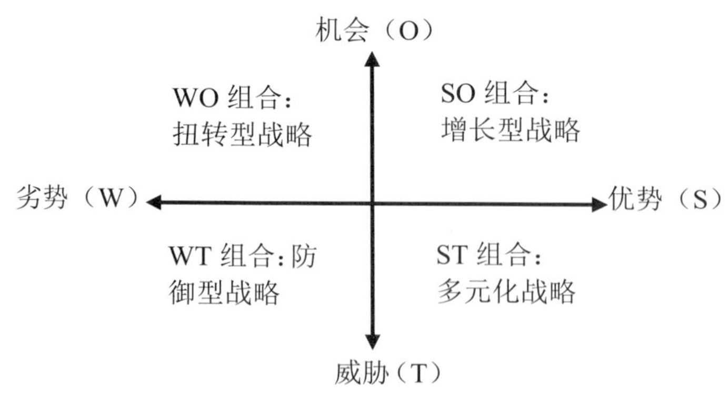

图 5-3　SWOT 矩阵

(1) 优势+机会(SO)——利用优势抓住机遇快速启动创业项目。

(2) 优势+威胁(ST)——创业者应该着眼优势继续观察，寻找更加有力的机会点。

(3) 劣势+机会(WO)——多数创业者可能遇到的都是此种情况，可以缩短验证步伐，不断迭代优化，即以小步快跑的方式优化前行。

(4) 劣势+威胁(WT)——如果分析结果落在了 WT 象限，建议最好的决策就是果断放弃，重新寻找方向。当然，此种情况并不是完全没有希望，可以重新进行研判，再做出最终决定。

虽然 SWOT 是一个常用工具，但由于存在太多的不确定因素，也可能会导致其结果严重失真。由于创业者观察的角度不同、获得数据信息不完整、个人能力差异等因素会造成很大偏差。同样的因素 X，在 A 创业者看来可能是劣势，但在 B 创业者看来可能变成了优势。一般情况下，SWOT 分析多在已开展业务并收集了大量数据的情况下进行，依靠的是真实的市场反馈数据。然而，对很多创新创业者而言，初创阶段的反馈数据几乎是零，偶尔几个试用、调研数据，很难具有普遍性，个案数据也不能当作典型案例。所以创业者无论把 SWOT 方法分析得多么详细，其结果的可信性往往都会有一定的折损。

(二)PEST 分析

在 SWOT 分析之前，还有一个更为经典也更为有效的分析工具——PEST 分析。1967 年，哈佛大学教授弗朗西斯·阿吉拉尔(Francis Joseph Aguilar)在《扫描商业环境》(*Scanning the Business Environment*)一书中提出了扫描工具——ETPS 分析，后来对首字母排列顺序进行了调整变为 PEST。各字母分别是：政治(Political)、经济(Economic)、社会(Social)、科技(Technological)。当然，PEST 还可以有很多变形(资料拓展 5-4)。

【资料拓展 5-4】PEST 框架变形

基于 PEST 框架还有不同的变体，由于篇幅所限，本书只做简单介绍不做详细说明，感兴趣的读者可以查找相关资料。

PESTEL 或 PESTLE，增加了法律因素与环境因素。

SLEPT，增加了法律因素。

STEEPLE 和 STEEPLED，增加了伦理道德因素、环境因素以及人口因素。

DESTEP，增加了人口因素和生态因素。

SPELIT，增加了法律因素和跨文化差异因素。

STEER，考虑了社会文化因素、科技因素、经济因素、生态因素和调控因素，但没有具体包括政治因素。

P——政治(Political)、E——经济(Economic)、S——社会(Social)、T——科技(Technological)、D——人口(Demographic)、E——环境(Environmental)、L——法律(Legal)、E——道德(Ethical)、I——文化差异(Intercultural)

P——政治因素，主要基于政府对市场的干预。例如，政府倡导的方向、扶持鼓励政策、税收政策、行业限制等。

E——经济因素，包括经济增长、利率、汇率、通货膨胀率等。例如，经济环境处于紧缩、下行的因素，会直接影响企业的经营决策。宏观利率的调整会直接影响企业的利润率、价格、成本等。

S——社会因素，包括文化因素和健康意识、人口增长率、年龄分布、职业态度等。例如，社会老龄化、人口负增长意味着人口红利的流失，会增加企业用工成本等。

T——技术因素，主要是指宏观技术变革更新。例如，20 世纪 50 年代中后期集成电路技术催生了仙童、AMD、英特尔的芯片公司；90 年代初的互联网技术催生了当今的整个网络世界；时下的大数据、人工智能技术等，也是一次新的技术变革。

改革开放 40 年，中国发生了巨大变化，取得了经济发展的多项成就，其中长期的高速经济增长格外引人注目。这一切都是源于中国模式[①]。在 2008 年全球金融危机爆发之后，很多国家都遭受到了金融风暴的冲击，唯独中国等少数几个国家在世界性的衰退中不仅“风景这边独好”，而且成为带动世界经济的火车头。

对于创业者而言，宏观 PEST 工具是非常有效的管理工具，时值当下“大众创业、万众创新”“供给侧改革”的浪潮，推动中国全面深化改革大势的滚滚而来，也让很多创业者从中看到了机会与方向。例如，公共服务供给严重短缺，高技术服务供给力薄弱，文化体育供给缺乏机制，养老、教育、医疗需求旺盛，这都给创业者提供了一个创新创业的舞台。

PEST 分析通常与 SWOT 分析相关，但这两种工具具有不同的重点领域。PEST 分析针对影响决策的宏观因素，如市场或潜在新业务，适合初创型创业者。而 SWOT 分析基于业务本身，是产品线或产品级别工具，适合有一定行业经验的创业者、业内人士。

(三)MRD 市场需求文档

通过以上分析之后，对于确定的市场需求，通常会形成一份市场需求文档(Market Requirement Document，MRD)。市场需求文档旨在清楚地描述需要解决的问题，并说

① “中国模式”，特指中国经济模式，是以公有制为主体，多种所有制共存的经济模式为基础，实行国家调节为主导、市场调节为基础的双重调节模式。中国模式最主要的成功经验就是坚持独立自主、走符合本国国情的可持续发展道路，取得了举世瞩目的成就。

明业务理由。在创业过程中，MRD 的目的就是要阐明创业机会，而不是解决方案。许多创业者甚至在公司开展新业务的时候，并没有详细地撰写 MRD 或根本没有 MRD。这也是一种普遍状况，但“做什么”和“为什么做”这两个问题关系到创新创业的可持续性。只要能够想明白这两个问题，MRD 的本质问题就算已经解决了，形式上的文档也就不再那么重要。对于缺乏经验者，MRD 却是一个很好的工具，能够帮助创业者理清上述问题，确保下一环节中的产品定位与真实需求不会产生过大的偏离。同时，MRD 也回答了 BP(商业计划)中的“正确时机”问题。

因此，创业机会的筛选是一个极其重要的工作。准确地筛选创业机会，能够防止创业者错失良机或者误入歧途。BP(商业计划)中，正确的时机就是通过 MRD 来论证的。一般来说，MRD 围绕这个“正确时机”的问题，需要回答九个基本问题。

(1) 这将解决什么问题？(价值主张)

(2) 为谁解决这个问题？(目标市场)

(3) 机会多大？(市场规模)

(4) 有什么替代品？(竞争格局)

(5) 为什么最适合这样做？(优势)

(6) 为什么现在？(市场窗口)

(7) 如何将此产品推向市场？(进入市场策略)

(8) 如何衡量成功赚钱？(指标/收入战略)

(9) 什么因素对成功至关重要？(解决方案要求)

(四)筛选工具的使用方法与步骤

如何使用 PEST 分析或 SWOT 分析，具体的方法与步骤并不复杂。

第一步，划定讨论的范围与边界，明确核心问题(即需求)。

第二步，用表格或图形方式列出各项内容。

第三步，根据所列内容进行数据采集并列出应对措施。

第四步，根据各因素与应对措施，列出最后的结果。

第五步，根据结果制定市场需求文档(MRD)。

(五)实战案例

历史从来都不会简单地重复，但每次却总是惊人的相似。无论是网约车还是共享单车，有一个最大的共同点就是不断筛选创业机会，明确核心问题。看看福特的案例(资料拓展 5-5)，分析事情究竟是如何发生的。

【资料拓展 5-5】亨利·福特与汽车

我的“汽油马车”是底特律的第一辆汽车，也是很长时间以来唯一的一辆汽车。它被别人认为是令人讨厌的东西，因为它总是发出很大的响声，惊吓其他的马匹，而且它也时常堵塞道路交通。

在 1895—1896 年，我开着那辆汽车跑了大约有 1000 英里。然后，我以 200 美元的价格把它卖给了底特律的查尔斯·安斯利。这也是我的第一笔汽车交易。(福特在爱迪生电气公司担任总工程师时，月薪为 125 美元)

那时候美国以及外国的很多人也在设法制造汽车。1895 年，我听说有一辆德国来的奔驰车，在纽约的马西商店里展览。我专程跑去看了，结果发现它根本就不值得看。

它也使用传送带驱动，但重量却比我的车重多了。我一直都在为使汽车更轻便而努力，而那些外国制造者似乎没有认识到轻便的意义。

我在 1899 年 8 月 15 日提出了辞职，全身心地投入汽车制造事业中。

开始，“不用马拉的车”被认为只不过是异想天开而已，很多聪明人还特别地做出解释，认为它只不过是一个玩笑。没有一个有钱人想过它将来会具有商业价值。一群投机者开始动起了脑筋，当我一离开电气公司时，底特律汽车公司便开始开发我的汽车项目。

除了机械制造方面之外，我没有别的权力。很快我就发现这家公司不是实现我的理想的场所，而只是一种挣钱的工具，而且也没有挣到多少钱。于是在 1902 年 3 月，我便辞职了，决心再不受别人的指挥和命令。

底特律汽车公司后来成为凯迪拉克公司，公司由里兰德所有，后来他也加入了汽车行业。从 1902 年到福特汽车公司成立，有一年时间，实际上这一年是进行调查研究的一年。

我想我作为一个汽车设计师，应该把车造得极其简单，以至于所有的人都明白它的一切构造。

1908—1909 年，我们继续制造 R 型车和 S 型车，即 4 气缸敞篷车和小客货车，这两种车型在前一年的销售非常成功，售价为 700 美元和 750 美元。

我们福特公司的真正发展应该追溯到 1914 年。那一年，我们把员工的最低工资标准从每天 2 美元提高到每天 5 美元，这样，等于增加了我们自己的购买力。到 1921 年 5 月 31 日，福特汽车公司已经生产出了它的第 500 万辆汽车。直至今天，用户出行的需求都没有改变。

节选《亨利·福特自传》

在福特与汽车的故事中，虽然没有提到快马，但在当时的环境下快马的确是普通大众出行的唯一选择。通盘思考一下这个案例，福特从有想法到生产汽车，再到取得成功都经历了哪些，如何进行应对。

首先，了解市场需求。亨利·福特在创新创业之初，面对用户的需求(Need、Want、Demand)是什么。用户真实的需求(Need)与动机，是用户必须出行，从 A 点到达 B 点；用户表达的需求(Want)，希望得到一匹更快的马，目的是更快到达；福特认为的需求(Demand)是动力问题，用户更愿意为动力付费，汽车只是需求分析之后给出的产品化解决方案之一。需要确保达成目标的需求(Requirement)是：轻便性、速度与价格等因素。

其次，了解需求之后，看看福特是如何产生创意的，案例又是如何发生和演变的。

早年的农场生活，让亨利·福特产生了这样一种想法——应当使用更好的运输方法和工具来进行劳作和生产。因此，亨利·福特希望能够制造一种能在道路上行驶的机器，并能为了普通大众服务。但当时的市场状况，汽车被认为是令人讨厌的东西，因为它总是发出很大的响声，惊吓其他的马匹，而且它也时常堵塞道路交通。虽然德国人已经生产出了汽车，但复杂与笨拙成为这些外国汽车的特点。

通过不断地改进和优化发动机设计，亨利·福特让汽车具备了更优秀的性能。1903 年，福特 999 被制造出来，它的最高时速达到 91 英里。这满足了消费者希望得到一匹更快的“马”的需求，能让他们快速到达目的地的需求。在性能方面，汽车完全超越了快马，但高昂的价格又成为制约用户选择的重要因素；20 世纪初，一辆汽车在美国的售价大约是 4700 美元，这相当于一个普通工人好几年的收入，汽车只是有钱人的选择。

亨利·福特通过简化汽车不必要的设计，必备的配件加简单的结构设计降低了福特汽车的生产成本。1908 年 10 月 1 日，T 型车正式推向市场，T 型车超过了它们所有的汽车总量，卖了 10607 辆——比任何一家汽车厂曾卖过的车都多。旅行车的价格是 850 美元。相当于当时一个中学教师一年的收入。在简化设计之外，亨利•福特还通过改变生产方式，来缩短生产周期，降低生产成本。T 型汽车 1910 年价格降为 780 美元；1911 年下降到 690 美元。

1913 年 12 月 1 日，亨利•福特开发出世界上第一条汽车组装生产线并投入生产，一台 T 型车采用流水线作业仅需 12.5 小时，1914 年 T 型汽车的价格大幅降到了 360 美元。福特公司的生产工人每天 8 小时 5 美元，相当于不到一个工人 2.5 个月工资收入就能购买一辆自己生产的汽车。可见，亨利•福特制造的汽车，不仅很好地满足了用户的需求，也慢慢开始引导了用户的需求，并不断迭代着汽车产品本身与制作过程，开创了美国汽车行业，也造就了自己“汽车大王”的称号。

昔之善战者，先为不可胜，以待敌之可胜。不可胜在己，可胜在敌。故善战者，能为不可胜，不能使敌之必可胜。故曰：胜可知，而不可为。——《孙子兵法》

如同孙子所讲，机会并不是一成不变的。如何抓住机会，如何筛选机会，是由创业者的价值观所决定的，在创新创业道路上价值观起着核心作用。

思考题

1. 根据创意引擎模型，谈谈创意激发的六种要素。
2. 如何在市场需求中发现创业机会，举例说明身边的市场需求。
3. 结合当前的共享单车，运用机会筛选工具分析其创新创业的机会。
4. 结合材料，分析其创业机会的市场需求。

【材料分析题】四川农民用海尔洗衣机洗红薯

1996 年，一位四川农民投诉海尔洗衣机排水管老是被堵。服务人员上门维修时发现，这位农民竟然用洗衣机洗红薯，泥土多，当然容易堵塞！但服务人员并没有推卸责任，依然帮顾客加粗了排水管。农民感激之余，说：“如果能有洗红薯的洗衣机就好了。”

技术人员一开始是把此事当作笑话讲出来的，但是，张瑞敏听了之后却不这样认为。张瑞敏对科研人员说：满足用户需求，是开发产品的出发点与目的。技术人员对开发能洗红薯的洗衣机想不通，因为按常规思维讲，客户这一要求太离谱乃至荒诞了！但张瑞敏说，开发出适应顾客要求的产品，就可以创造出一个全新的市场！终于，“洗红薯的洗衣机”在海尔诞生了！它不仅具有一般双桶洗衣机的全部功能，还可以洗红薯、水果！

一位闻听此事的四川人说了一句话：仁义、够哥们！

第六章

创新：构建思维逻辑

内容提要

本章将讨论创新创业路径理论中的“创新”，掌握创新思维的定义、分类以及表现等基础知识，熟悉创新思维的训练工具，如九宫格等，尤其是思维导图训练法。同时，本章还将介绍移植法、模仿法、组合法、灵感启示法、奥斯本检核法等几种常见的创新方法，以开阔视野，更好地运用创新思维进行创新创业。

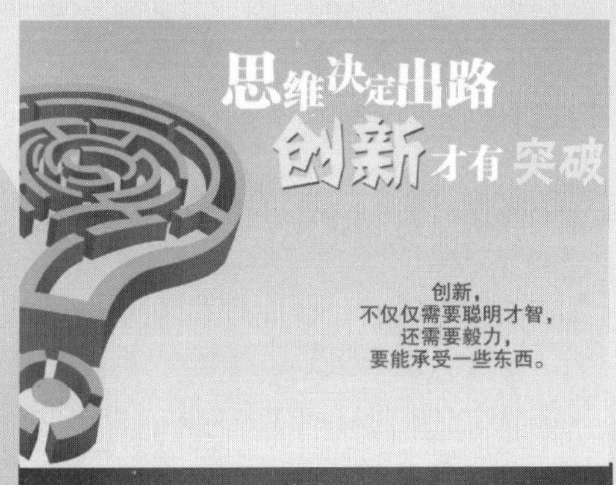

对于创新来说，方法就是新的世界，最重要的不是知识，而是思路。

——朗加明

第一节　创新思维概述

一、创新思维的定义

(一)思维

思维是人脑的机能，是人类认知的高级阶段，是人的大脑对客观世界的间接和概括的能动反映。作为具有能动性的思维，思维是人在提出问题、解决问题过程中的内在心理活动；思维是促成人的行动的决定因素。

思维的定义包括三个方面：①思维是人脑的技能；②思维是人类认知的高级阶段；③思维是人脑对客观世界的能动反映。思维具有一定的功能特征，表现在逻辑性、批判性和创新性等方面。思维的逻辑性是基础功能，支持思维过程的进行。思维的批判性是触发功能，促成思维的发散和跳出常规；思维的创新性是超越功能，使人们超出常规、实现超越。正如现代物理学的开创者、奠基人阿尔伯特·爱因斯坦所说："思维世界的发展，在某种意义上说，就是对惊奇的不断摆脱。"正是人类思维对客观世界的无限认识，使惊奇变成常态，使不可能成为可能，从而不断推动社会前进的步伐。

(二)创新思维

创新思维是对事物间的联系进行前所未有的思考，从而产生出新想法的思维方法。也可以说，创新思维是一切具有崭新内容的思维形式的总和。一切需要创新的活动都离不开思维，离不开创新思维。

创新思维是思维的高级形态，是一种超越性智慧。它表现为思维的跳跃，在人的思考中实现超越。因此，创新思维既有一般思维的基本性质，又有其自身的特征。它的产生巧妙地发挥了人脑思维的潜能，特别是与右脑功能密切相关(见图 6-1)。能想出新点子、创造出新事物、发现新路子的思维都属于创新思维，如共享单车的出现(资料拓展 6-1)。

创新思维是一种打破常规的、具有创见意义的思维。创新思维的主要特征表现在积极的求异性、敏锐的观察力、创造性想象、独特的知识结构、非同一般的知觉、活跃的灵感等方面。

虽然创新思维意味着创业者的独特思想，充满着丰富的创业契机，但并不是所有人都能够进行创业。因此，要进行创新思维，必须克服传统的思维定式与思维惯性，打开封闭的思维框架，培养创新思维意识，养成创新思维习惯。同时，还要充分发挥直觉、想象、灵感在创新思维中的作用，提升自身的创新能力与创新素养。

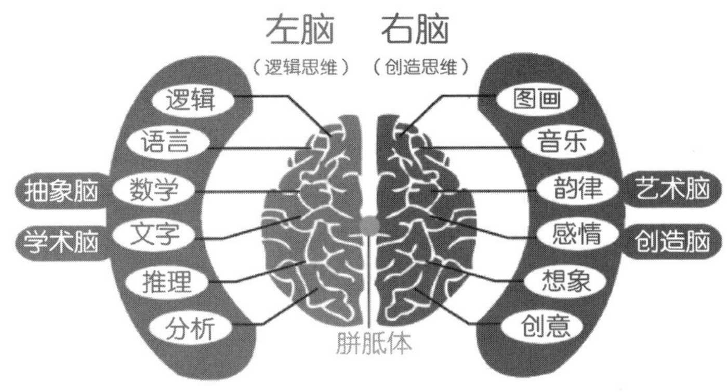

图 6-1 左右脑功能分工

【资料拓展 6-1】共享单车

中国曾是一个自行车大国，随着家用汽车越来越普遍，曾经的自行车大军已经很难见到。但在实际生活中，“最后一公里”是一个非常大的市场需求。共享单车，正是看准了这个巨大的需求，应运而生。

共享单车以资源共享理念为指导，以位置定位、智能锁、互联网平台技术为支撑，实现了自行车的灵活租用模式。同时，在互联网大数据技术的支撑下，共享单车可以实现数据流引入、人群分类等多种平台附加价值。共享单车是一种典型的模式创新，将自行车的所有权与使用权分离，创造了新型商业模式。它的出现，满足了大家最后一公里的消费需求，同时又实现了大数据信息的导入。这两项功能，使得共享单车的平台价值得到了投资人的青睐，融资力度高达几亿美元。

可以说，共享单车的创新就是思维的创新，是人们共享经济思维发展的产物。共享经济是互联网模式的重要体现形式，“Airbnb”开发社会冗余房子、“Uber”定制化出行都属于此类模式。

二、创新思维的分类

(一)逻辑思维与非逻辑思维

逻辑思维是指符合某种人为制定的思维规则和思维形式的思维方式。逻辑思维也常称为“抽象思维”或“闭上眼睛的思维”。它的主要方法包括抽象与概括、归纳与演绎、比较与分类、分析与综合，判断、推理、类比等。按照逻辑规律，逻辑思维能够建立起概念和命题之间的推理关系，具有一定的规范性和严谨性。

非逻辑思维是思维活动中的高级思维形式，通常包括直觉、灵感、联想与想象等。它们通常具有突发性、模糊性、独创性、非自觉性、意象性及互补性等特征。在日常生活中，常用“久思而至”“梦中惊成”“自由遐想”“急中生智”“另辟蹊径”“触类旁通”“豁然开朗”“见微知著”等词语来描绘。

非逻辑思维是科学思维必须弄清楚的问题，只有如此，才不至于走向神秘主义。成功往往属于有准备的人，他们能够积极发挥知识积累所形成的抽象、概括、归纳等逻辑性思维，同时在直觉、想象、灵感等非逻辑性思维上也不例外。逻辑思维与非逻辑思维之间有着不可分割的关系(见图 6-2)，不探讨这种联系就容易夸大直觉、想象、灵感的作用，走向盲目乐观主义。

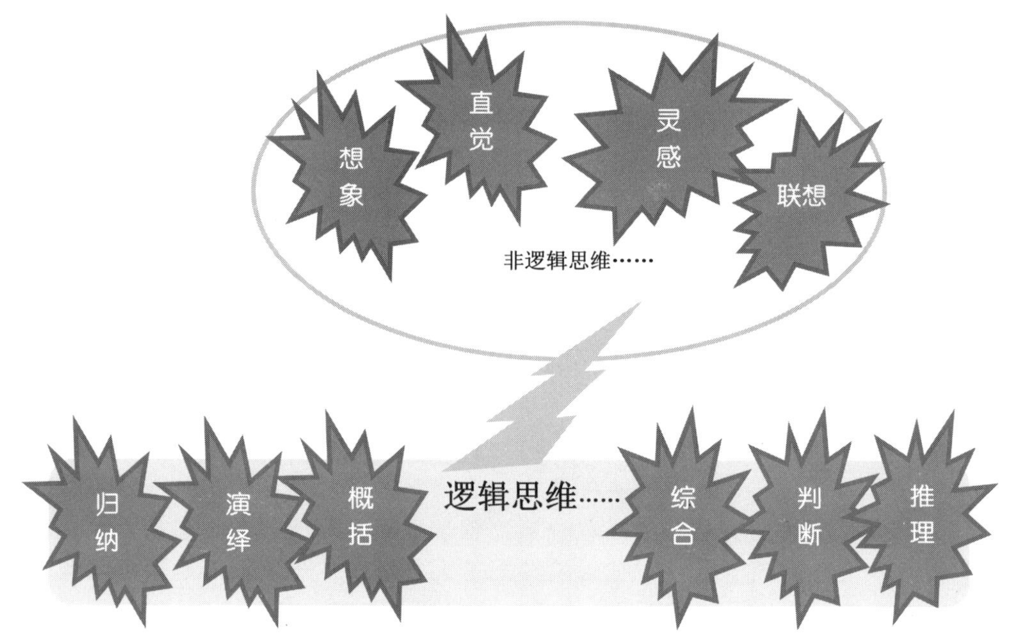

图 6-2　逻辑思维与非逻辑思维的关系

(二)理性思维与非理性思维

理性思维是人类思维的高级形式，是人类把握客观事物本质和规律的能力活动，是人区别于动物的各种能力之母。理性思维有明确的思维方向，有充分的思维依据，能对事物或问题进行观察、比较、分析、综合、抽象与概括。总之，理性思维就是一种建立在证据和逻辑推理基础上的思维方式。

非理性思维一般指在直觉、欲望、本能控制下有情绪参与的思维活动。但非理性思维并不是毫无规律、随机的、疯狂的，而是根植于大脑认知系统的一套理性决策方法。

创造发明活动是在个体参与下进行的带有自发性的由感性到理性的往复过程，所以它必定与人的各种个体素质，尤其与一些非智力因素相关，如情绪、人格、意志、动机等。在一定条件下，非理性思维还会起到关键性的作用。完整的创新思维方式应是理性与非理性思维的统一。

弗洛伊德曾讲过人的动物本能对于创造的作用，他指出："我们至今所认识的，只是脑功能的一小部分，就像冰山的一角。人脑的其他部分功能，就像潜藏在海面下的庞大冰山，它就是潜意识。"

(三)发散思维与集中思维

发散思维是指在创造过程中，人们的思维不能总按一条线索发展，而应从已知信息出发，能向四面八方扩展，由一种输入得到多种输出。如由金块能联想到石头、面包、树木等(见图 6-3)。发散思维也称扩散思维、辐射思维，这种思维方式是多维度的、立体的和开放的。发散性思维具有流畅性、灵活性和独特性的特点。其中流畅性反映了思维的广度，灵活性反映了思维的适应性，独特性反映了思维的新颖与独特。

发散性思维是一种开放性思维，其过程是从某一点出发，任意发散，既无一定方向，也无一定范围。它主张打开大门，张开思维之网，冲破一切禁锢，尽力接受更多的信息。人的行动自由可能会受到各种条件的限制，而人的思维活动却有无限广阔的天地，是任何其他外界因素难以限制的，既可以海阔天空，也可以想入非非。发散性思维是创新思维的核心，能够产生众多的可供选择的方案、办法及建议，能提出一些独出心裁、出乎意料的见解，使一些似乎无法解决的问题迎刃而解。

与发散思维相反，集中思维(亦称收敛思维)是指在解决问题的过程中，尽量运用已有的知识和经验，把众多的信息和解题的可能性引导到条理化的逻辑序列中，按逻辑思考方式进行加工，而得到一个正确的解所采用的思维方式。集中思维的特点是从已知的前提条件(如方案、设想、思路及知识、经验等)出发，寻找解决问题的最佳答案，或找出唯一的解。集中思维将事物的各个侧面、部分和属性统一为一个整体，从而把握事物的本质和规律。如由石头、面包、树木联想到金块是集中思维(见图 6-4)。当然，这种思维不是随意的、主观的拼凑，也不是机械的相加，而是按它们内在的、必然的、本质的联系把整个事物在思维中再现出来的思维方法。

集中思维虽然不会产生新观念，但它在整个创造过程中是不可少的。众所周知，美国在 1969 年 7 月 16 日，实现了"阿波罗"登月计划，参加这项工程的科学家和工程师达 42 万多人，参加单位 2 万多个，历时 11 年，耗资 300 多亿美元，共用 700 多万个零件。美国"阿波罗"登月计划的总指挥韦伯曾指出："阿波罗计划中没有一项新发明的技术，都是现成的技术，关键在于综合。"可见，阿波罗计划是充分运用集中思维进行的最佳创新。

实际上，在任何创造活动中，都要经过从发散思维到集中思维和从集中思维到发散思维的多次循环，直至问题解决终止。综合运用发散思维与集中思维，常常会发现毫不相关的事物间的联系，从而产生出创造性的设想。

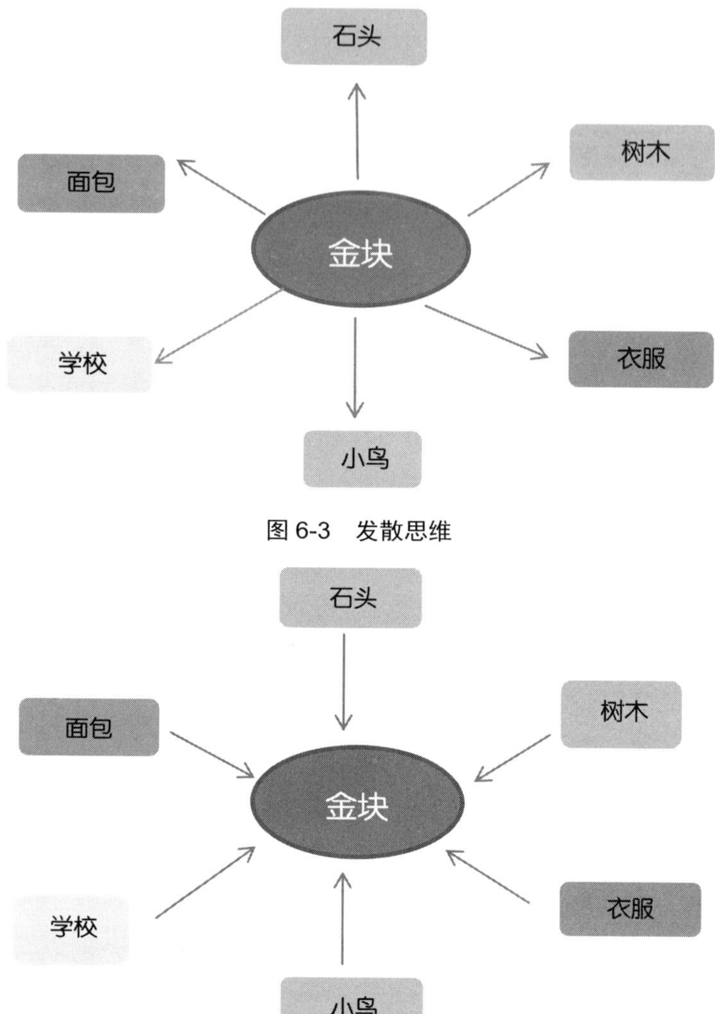

图 6-3　发散思维

图 6-4　集中思维

三、创新思维的表现形式

创新思维从大类上可以分为逻辑思维与非逻辑思维，发散思维与集中思维，理性思维与非理性思维；从表现形式上则有逆向思维、直觉思维、灵感思维、联想思维、想象思维等多种形式。

(一)逆向思维

逆向思维是指对现有事物或理论相反方向的一种创新思维方式。在创新活动过程中，尤其在初期，逆向思维特别明显。英国科学家何非认为：“科学研究工作就是设法走到某事物的极端而观察它有无特别现象的工作。”创新也是如此。一般来说，人们对司空见惯的现象和已有的权威结论怀有盲从和迷信的心理，这种心理使人很难有所发现、有所创新。逆向思维则不拘泥于常规，不轻信权威，以怀疑和批判的态度对待一切事物和现象。它是创新思维中最主要、最基本的方式。古人曾有“于无疑处有疑，方为进矣”“有疑则进，无疑不进”以及“大疑大进，小疑小进”等名言教诲。逆向思维，就是要质疑已存在的方法或者判读，从反方向来考虑问题，以反向思考的方式进行创新。

屠呦呦是我国首位获得诺贝尔生理医学奖的女科学家。她在提取青蒿素时就采取了逆向思维。在青蒿素提取中，一般是用乙醇来煮沸提取，提取的青蒿素效果不是很好。后来屠呦呦率先想到是提取方法错了，认为是乙醇的沸腾温度过高，而导致了青蒿素有效成分的丧失。因此，她尝试采用了沸点较低的乙醚进行提取，结果用乙醚得到的青蒿提取物抗疟性超强，几乎达到 100%。屠呦呦就是采用了另一种思维，反其道而行之，才取得了巨大的成功。同理，圆珠笔的升级改造也利用了这种思维方式(资料拓展 6-2)。

【资料拓展 6-2】圆珠笔的升级改造

圆珠笔在书写 2 万字之后，通常会出现漏油的问题，这个问题长期困扰着圆珠笔生产厂商。日本有一个叫中田的人以逆向思维的方式进行思考，他的想法不是解决圆珠笔在写 2 万字后漏油的问题。他认为，圆珠笔本身就是消耗品，其制造成本并不高，与其费大力气解决长时间使用后漏油的问题，不如制造只能写 2 万字的圆珠笔。新式圆珠笔问世之后，果然很受人们的欢迎。这就是典型的应用逆向思维解决问题的案例。

简言之，逆向思维就是反其道而行之。逆向思维是一种科学、复杂的思考方法。当面对长期解决不了的问题或者长久困扰人们的难题时，采用逆向思维往往可以取得好的效果。在运用它时，一定要对所思考的对象有全面、深入、细致的了解，依据具体情况具体分析的原则。决不能犯简单化的毛病，简单化只能产生谬误，它同需要严密科学的创新思维是没有缘分的。

(二)直觉思维

直觉思维是指人们不经分析，便能迅速对问题做出合理的判断、分析或指出其解答的一种思维。直觉思维是在长期的知识积累后而形成的突变性思维。钱学森认为：“直觉是一种人们没有意识到的对信息的加工活动，是在潜意识中酝酿问题然后与显意识突然沟通，于是一下子得到了问题的答案。”普朗克说：“每一种假说都是想象力发挥作用的产物，而想象力又是通过直觉发挥作用的。”在人们的生活、学习特别是科学研究中，直觉具有不可忽视的重要意义。

对此，爱因斯坦特别指出："物理学家的最高使命，是要得到那些普遍的基本定律，由此，世界体系就能用单纯的演绎法建立起来。要通向这些定律，并没有逻辑的道路，只有通过那种以对经验的共鸣的理解为依据的直觉，才能得到这些定律。"可见，直觉在科学发现中具有极为重要的作用，是创造性思维的重要组成部分。

看起来，直觉似乎是第六感觉，但其实直觉是当人们身处某种环境时，大脑根据所得到的信息而产生的某种潜在的判断，虽然这种判断有时并不符合逻辑思维。从某种意义上说，直觉是一种经验积累的结果。

(三)灵感思维

说到灵感，相信每个人都有过灵感乍现的体验。灵感的产生往往是在不经意间产生的。当人们苦思冥想不得结果时，不妨换一个环境，去做另一件比较放松的事情，这时灵感往往会突然而至。灵感是在长期的知识和经验积累的基础上，受到外界刺激使知识和经验的重新组合而产生的对事物的全新认识。灵感的产生不是空穴来风，是长期知识积累的爆发，是从量变到质变的过程。

灵感思维是指新思想突然闪现的一种思维。灵感思维强调了观念的突发性、瞬耐性及新颖性。灵感在创新思维中的作用表现为：当创新思维的混沌状态达到"饱和"时，只要有一个什么东西"投"进去干扰它，它马上就会发生质变，这一绷得很紧的混沌状态就会马上"崩溃"。比如，当把食盐投入已经完全饱和了的盐水中，这种饱和状态立刻就会"崩溃"，因为盐水中的食盐成分结晶出来了。

在这里，灵感思维也是同样的道理。当一个东西投入已经充分饱和的思维混沌状态中时，这些处于混沌状态中的思维便立刻"结晶"出来——思维从这种状态中结晶析出。在日常生活中，我们常用"急中生智""醍醐灌顶""灵机一动"等词语来形容灵感的爆发。灵感能够加速人们在创新思维中所出现的质变，完成创新的迅速实现。

(四)联想思维

所谓联想思维，就是人们通过一件事物的触发，而将思路迁移到其他事物上的思维。联想是形象思维的一种。这种思维强调了思路的迁移，是一种典型的发散思维。

能否主动地、有效地运用联想，与一个人的联想能力有关。然而，有意识地运用这种方式，是在创新思维中有效地利用联想的重要前提。任何事物之间都存在着一定的联系，这是人们能够采用联想的客观基础，因此联想的最主要方法是积极寻找事物之间的对应关系。如对结核病具有特殊抵抗力的卡介疫苗便巧妙地运用了联想思维，在玉米繁殖与结核杆菌培育之间架起了联想思维的桥梁，为人类抵御疾病做出了重大贡献(资料拓展 6-3)。

【资料拓展 6-3】卡介疫苗的诞生

20 世纪初，法国细菌学家卡默德和介兰，有一天一起来到一个农场。他俩看见地里长着一片低矮的玉米，穗小叶黄，便向农场主问道："这玉米为什么长得这么差呀？是缺肥料吗？"农场主回答说："不是。这种玉米引种到这里，已经十几代了，有些退化了。"卡默德和介兰听后不约而同地陷入了沉思，他们都马上联想到了自己正在研究的结核杆菌。他们想：毒性强烈给人类带来巨大危害的结核杆菌，如果将它一代一代地定向培育下去，它的毒性是不是也会退化呢？如果也会退化的话，将这种退化了的结核杆菌注射到人体内，那它不是就能使人体产生免疫力了吗？他们二人花费了整整 13 年时间，培育了 230 代结核杆菌，研究终于获得成功。为了纪念这两位功勋卓著的科学家——卡默德和介兰，人们便将他们所培育出来的人工疫苗称为"卡介苗"。

在这一创新思维过程中，卡默德和介兰听说地里的玉米长得差是由于玉米种子的退化，便联想到了自己正研究的结核杆菌。这是因为两位科学家知道，玉米与结核杆菌虽然属于不同的领域，但却可能存在着一致的物种退化机理。由玉米种子的特性一代比一代退化，从而推想结核杆菌的毒性也可能一代一代地逐步退化。他们思考这个问题正是运用了思维联想的创新思维方法。

(五)想象思维

想象思维是人对头脑中已有表象进行加工改造，创造出新形象的思维过程。想象是以感知过的事物形象为基础，即以记忆表象(储存在头脑中的已有的表象)为原材料进行加工改造而形成的。100 多年前，就有人曾想象过潜水艇的模样(见图 6-5)，直到现在，潜水艇的外形也没有太多的变化。人的头脑不仅能够产生过去感知过的事物形象，而且能够产生过去从未感知过的事物形象。例如，吴承恩在写《西游记》时，他头脑中出现的孙悟空、猪八戒等形象并不是他所感知过的。

想象过程所产生的新形象称为想象或表象。构成想象或表象的加工、改造过程是通过思维活动进行的。在 20 世纪 70 年代，科幻小说或者电影中，有大量的关于可视电话的描述，这是一种对未来的想象。正是有了这种想象，才会有一代又一代的科技人不断地探索和创新。如今，视频电话已经成了很普通的通信方式。如果没有想象，可能不会有今天如此迅猛发展的科技。当前，科幻小说《三体》非常火热，对未来的量子技术应用也展开了栩栩如生的想象。也许在不远的将来，这些想象将可能会全部实现。

所以，想象是思维的一种特殊形式，是一种形象思维。想象在创新思维活动中有着重大的作用。爱因斯坦曾说过，想象比知识更重要，知识有涯，而想象能环抱全世界。想象是创新发展的翅膀。

图 6-5　100 年前凡尔纳想象的潜水艇

四、创新思维的地位与作用

创新思维在人们的生活中起着非常重要的作用，人类的不断创新推动着社会的进步。正是有了思维的不断创新，才产生了各种创新的技术和应用，给人们的生活带来了诸多便利。石墨烯电暖画的创新(资料拓展 6-4)，突破了传统意义上的暖气片统一供暖，带给人们很多启示。通过这个案例，能够较好地体会创新思维的重要地位及其作用。

【资料拓展 6-4】石墨烯电暖画

我国南方大部分地区，冬季没有暖气，室内十分寒冷，急需一款既舒适又经济的取暖设备来解决取暖问题。传统的取暖产品中，空调虽然可以制热，但是空气太干燥，散热不均匀；电取暖器有电磁辐射，散热面积小，持续使用的用电量太大；燃气壁挂炉安装成本高，均难以同时做到保暖、经济、环保。

如何实现经济实用的取暖？目前，采用石墨烯与水性高分子树脂复合制备水性石墨烯导电涂层材料(见图 6-6)，用于电加热领域，可以节能环保。这个项目是首次将石墨烯电加热材料应用于传统供暖家居产品及特殊的纺织面料的项目。这种石墨烯远红外系列产品与目前市场上同类供暖产品相比，其优势非常明显：温升时间短，5 分钟内，室温即可达到 18～20℃；温差范围小，通过远红外线辐射，房间各个角落的温差不超过 3℃，非常舒适。

石墨烯具有导电性好、强度高等多种优良性能，将其用在电加热领域，是一个非常大的创新。在日常生活中，人们常说，“千里马常有，而伯乐不常有”，从某种意义上来诠释，创新就是无处不在，而具备创新思维才是可以创新的关键。

问题思考 试分析创新创业案例中的创新思维体现在哪些方面。

图 6-6 石墨烯电暖画

(一)创新思维是新技术产生的源泉

创新是一个民族素质的重要体现，是一个国家立足世界先进民族之林的可靠保证。人类社会发展的历史、世界经济演变的过程，可以说是一部不断创新的历史，也是一部科技创新带动经济变革的历史。人类社会之所以能够从远古的刀耕火种发展到今天的遨游太空，从本质上说都源于人类的创新思维，“不创新，即死亡”已成为当代发达国家企业管理的座右铭。

(二)创新思维是科技创新的动力

创新思维不仅是科技创新的源泉，而且在整个科技创新过程中可以起到熟化、催化和生化作用，是科技创新重要的推进器。科学技术的本质是创造，因此任何科技创新过程都离不开创造性和创新性的思维活动。从科学问题的形成到科学抽象、科学实验以及科学结论和创新成果的获取，都需要有创新思维作为动力支持。

(三)创新思维是实现原始性创新的开路先锋

原始性创新孕育着科学技术的质的变化和发展，是当今世界科技竞争的制高点。实现原始性创新的关键在于对创新思维的把握和运用，没有创新性思维就无法实现原始性创新。因此创新思维在原始性创新活动中起到开路先锋的作用，只有具备了创新思维，才可能有原始性创新的成果。

第二节　创新思维的工具

一、常见的创新思维工具

要实现创新，除了要具备创新思维以外，掌握一定的创新思维工具也非常重要。常用的创新思维工具有九宫格、KJ 法、思维导图、PMI、十二方格、头脑风暴、WHY-WHY、创意 7R 及金字塔原理等。这些方法各有优势，运用 PMI 可以多角度考虑问题；运用九宫格可以突破思维限制；运用思维导图既可以想得广，也可以想得深；十二方格的特点则是快速刺激想法产生等。

(一)九宫格

九宫格是一种兼具左脑和右脑思维的思考工具。九宫格思考法可分成“向四面扩散”的辐射线式(见图 6-7)和“逐步思考”的顺时针式(见图 6-8)两种。

1. 向四面扩散的辐射线式

这种工具是以九宫格的中央方格为核心主题，向外联想出相关概念，其余八格的概念都与核心有关联，但彼此之间不一定有必然的相关性。

概念	概念	概念
概念	核心主题	概念
概念	概念	概念

图 6-7　向四面扩散的辐射线式九宫格

2. 逐步思考的顺时针式

这种工具是以中央方格为起点，依顺时针方向将预定的工作项目或行程逐一填入。

人们一般按照直线循规蹈矩的思考方式，称为“直线式思考”。反之，九宫格法能在任何一个区域(方格)内写下任何事项，从四面八方针对主题做审视，乃是一种“视觉式思考”，可以将视觉感官予以系统化，给予有方向感的利用，潜能便可在连续反应下被持续地激发。

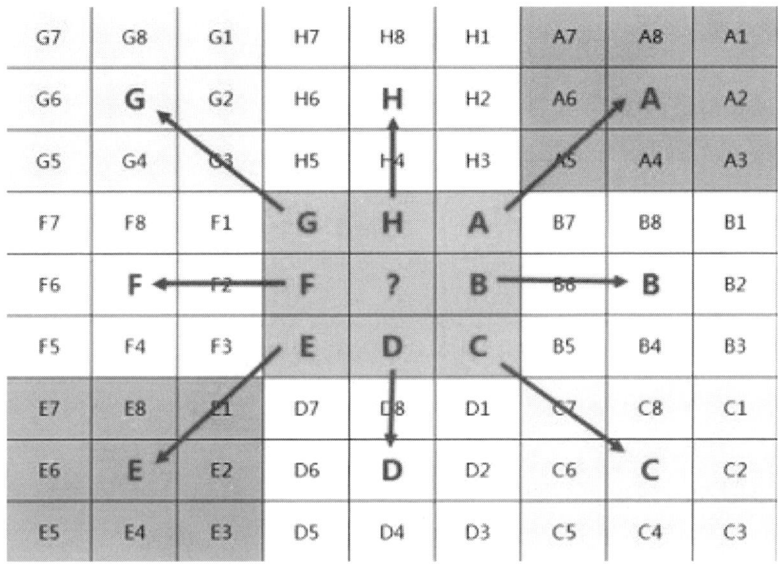

图 6-8　逐步思考的顺时针式九宫格

(二)KJ 法

KJ 法的创始人是东京工业大学教授、人文学家川喜田二郎。KJ 是其姓名的英文缩写。KJ 法结合了头脑风暴法、分类法、归纳法等。

KJ 法是将未知的问题、未曾接触过领域的问题的相关事实、意见或设想之类的语言文字资料收集起来，并利用其内在的相互关系做成归类合并图，以便从复杂的现象中整理出思路，抓住实质，找出解决问题的途径的一种方法。

KJ 法所用的工具是 A 型图解。A 型图解就是把收集到的某一特定主题的大量事实、意见或构思语言资料，根据它们相互间的关系进行分类综合的一种方法。

KJ 法在处理复杂问题、起初情况混淆不清、牵涉部门众多、检讨起来各说各话的情况下特别适用。例如，公司营运不善、供产销不协调、市场占有率节节败退等。

优点：解决问题的过程可以促进团队学习，开阔视野，突破部门藩篱，并获得整体的观点，有助于减轻内部矛盾，并将精力集中于解决问题，而不是内部耗损。

困难：需要较有经验的主管引导，才能有效地促成坦诚与开放的态度，并在分类与归纳过程中，形成合理的答案。

KJ 法的组织流程如下：

1. 组织团队

将问题可能涉及的相关部门人员组织起来，少则可以是 3～5 人，多则数十人。意见特别强烈的人不能被摒除在外，平时不讲话的人，只要工作相关便需邀请参加。

2. 建立共识

运用团队技巧，让团体成员降低压力，建立整体共存共荣的一体感，避开针对个人与部门的攻击，减轻防卫性的心理状态。研讨会不要在公司里开，封闭式效果更好，座位不要依照组织位阶安排，围成圆圈或马蹄型较佳。

3. 定义挑战

清楚地提出挑战，并指出期望的结果。例如，公司已经投入 3 亿元开发高新科技项目，至今尚无成果，研讨的目标是找出问题的关键，并决定是否继续投入资金。如果要继续投入，未来该如何控制本项目，并如何确保成果。

4. 展开脑力激荡

如果人数在 12 人以下，可以集体操作，如果在 12 人以上，最好分成几个小组，每组 4～8 人，将同部门的人分散在不同的小组，以便能互相交流。此阶段主要将所有问题或现象详细地列出，并将问题写在 N 次贴的贴纸上，每张贴纸只写一个问题，时间为 30～90 分钟。如果问题太多，可以延长时间，但中间需要休息。

5. 汇集问题

脑力激荡结束，集合各小组成员，由各小组轮流上台发表脑力激荡结果，将 N 次贴一一贴在事先准备好的大海报纸上，并将有相同点的问题贴在一起，当全部发表完后，所有可能的问题已经全部呈现在大家眼前。一般问题会在数十个，特别复杂的情况可能多达几百个。

6. 分类整理

由主持人引导大家将问题分成几个大类。将所有的问题进行分类，经过检查，整理成具有合理性的几个大类问题。

7. 排出顺序

将每一个大类问题，根据严重程度进行排列顺序，如果问题甚多，可以分成 A、B、C 三组，A 组是最重要的，B 组是一般重要的，C 组是次要的。

8. 责任划分

将各类问题牵涉的部门，可以矩阵图的方式列出，并标示出主要负责部门与参与解决部门。主要负责部门标示◎，参与部门标示○。

9. 构思方案

由主要负责部门带头，举办小型研讨会，并提出建议方案，经由决策小组同意后，形成决策，同时交付执行。

10. 效果确认与跟进

根据执行计划，定期与不定期地检讨成果与进度，并做适当的调整与修正，直到问题解决完毕。

11. 标准化

如果此问题将来还会遇到，必须将此次的经验变成标准化的流程，并将相关的资料形成书面化，以利于未来参考。这样不仅能节省时间与成本，更能促成组织的学习能力。这也是未来组织的重要核心能力——知识管理能力。如果公司有内联网，应该将此信息公布于网上，以便将此经验转化为全公司的技能。

(三)头脑风暴法

头脑风暴法又称智力激励法、BS 法、自由思考法，是由美国创造学家 A.F.奥斯本于 1939 年首次提出、1953 年正式发表的一种激发性思维方法。此法经各国创造学研究者的实践和发展，至今已经形成了一个发明技法群，深受众多企业和组织的青睐。

在群体决策中，由于群体成员的心理相互作用和影响，易屈于权威或大多数人意见，形成所谓的“群体思维”。为了保证群体决策的创造性，提高决策质量，管理上发展了一系列改善群体决策的方法，头脑风暴法是较为典型的一个。头脑风暴法通过一定的讨论程序与规则来保证创造性讨论的有效性，讨论程序构成了头脑风暴法能否有效实施的关键因素。当然，头脑风暴虽然有它的优势，但也需要注意一些问题(资料拓展 6-5)。从程序来说，组织头脑风暴法的关键在于以下几个环节。

1. 确定议题

一个好的头脑风暴法从对问题的准确阐明开始。因此，必须在会前确定一个目标，通过这次会议使与会者明确需要解决什么问题，同时不要限制可能解决方案的范围。

2. 会前准备

为了使头脑风暴畅谈会的效率较高、效果较好，可在会前做一点准备工作。如收集一些资料预先给大家参考，以便与会者了解与议题有关的背景材料和外界动态。会场可做适当布置，座位排成圆环形。

3. 确定人数

一般以 8～12 人为宜，也可略有增减(5～15 人)。与会者人数太少不利于交流信息、激发思维。与会者人数太多，则不容易掌握，并且每个人发言的机会相对减少，也会影响会场气氛。

4. 明确分工

要推定一名主持人，1～2 名记录员(秘书)。主持人的作用是在头脑风暴畅谈会开始时重申讨论的议题和纪律，在会议进程中启发引导，掌握进程。记录员应将与会者的所有设想都及时编号，简要记录，最好写在黑板等醒目处，让与会者能够看清。记录员也应随时提出自己的设想，切忌持旁观态度。

5. 规定纪律

根据头脑风暴法的原则，可规定几条纪律，要求与会者遵守。如发言要针对目标，开门见山，不要客套，也不必做过多的解释；与会者之间相互尊重、平等相待，切忌相互褒贬等。

6. 掌握时间

会议时间由主持人掌握，一般来说，以几十分钟为宜。时间太短，与会者难以畅所欲言，太长则容易产生疲劳感，影响会议效果。经验表明，创造性较强的设想一般要在会议开始 10～15 分钟后逐渐产生。

【资料拓展 6-5】头脑风暴法需要注意的几个要点

头脑风暴法还需注意以下几个要点。

1. 自由畅谈

参加者不应该受到任何条条框框的限制，放松思想，让思维自由地驰骋。

2. 延迟评判

头脑风暴，必须坚持现场不对任何设想做出评价的原则。既不能肯定某个设想，不能否定某个设想，也不能对某个设想发表评论性的意见。一切评价和判断都要延迟到会议结束以后才能进行。这样做，一方面是为了防止评判约束与会者的积极思维，破坏自由畅谈的有利气氛；另一方面也是为了集中精力先开发设想，避免把应该在后阶段做的工作提前进行，影响大量创造性设想的产生。

3. 禁止批评

绝对禁止批评是头脑风暴法应该遵循的一个重要原则。参加头脑风暴会议的每个人都不得对别人的设想提出批评意见，因为批评无疑会对创造性思维产生抑制作用。

4. 追求数量

追求数量是头脑风暴会议的首要任务，因为其目标是获得尽可能多的设想。参加会议的每个人都要抓紧时间多思考，多提设想。至于设想的质量问题，均可留到会后的设想处理阶段去解决。在某种意义上，设想的质量和数量密切相关，产生的设想越多，其中的创造性设想就可能越多。

二、思维导图

在这些方法中，思维导图以图文并茂的形式，把各级主题的关系用相互隶属与相关的层级关系表现出来，把主题关键词与图像、颜色等建立记忆链接，充分运用左右脑的机能，利用记忆、阅读、思维的规律，协助人们在科学与艺术、逻辑与想象之间平衡发展，从而开启人类大脑的无限潜能。

(一)思维导图的含义

思维导图(Mind Map)是英国著名学者东尼·博赞(Tony Buzan)于 20 世纪 60 年代创造的一种新型笔记方法。思维导图以放射性思考为基础，是一种简单、高效的思维工具，被誉为“21 世纪全球思维工具”。

思维导图自诞生以来，被广泛地应用于学习、工作、生活的各个方面，它成功地帮助全世界 2.5 亿人改变了生活，大大降低了所需耗费的时间，对于绩效的提升，产生了无法忽视的功效。制订计划、管理项目、人际沟通、组织活动、分析问题、写作论文、准备演讲、复习应考等都可以用思维导图来解决。思维导图在英国、美国、澳大利亚、新加坡等国家的教育领域也有广泛应用，在提高教学效果方面成效显著。

越来越多像 Google、苹果、腾讯这样的大型企业开始把思维导图作为提升员工系统思维、创新思维以及辅导其产出创意的必备工具之一。很多国际性组织、全球顶尖大学及政府，包括微软、波音、花旗银行、迪士尼、麦当劳等在内的前五百强大企业，都因为使用思维导图而获益不少。其中一个著名的例子是美国的康·爱德森(Con Edison)公司，在 9·11 悲剧后，这家公司广泛地将思维导图作为规划、组织的工具，成功地完成了重建曼哈顿的任务。

思维导图不是学术上的定义，而是一种信息的输出表现形式。根据思维导图发明人博赞在他的书中所说：“思维导图是以图解的形式和网状的结构存储、组织、优化和输出信息，思维导图的表现形式就是大脑自身语言的表现。”新加坡、韩国政府已将思维导图列为学校必修课；菲律宾创办了一所思维导图专门学校，以思维导图法教授各个学科……可以看出，思维导图已被广泛运用到工作、学习、生活中，是极具革命性的思维工具。

大脑思考是一种发散性的思维方式。这种思维方式，以某一内容为中心，通过发散性思维来概述呈现的内容。所以这种表述方式的运用必然会促进大脑发散性思维的发展(见图 6-9)。如关于“WHO”的思维导图可以从基本信息、基本经历、职业拓展等方面一步一步地进行分支，从而清晰地呈现“WHO”的主题(见图 6-10)。

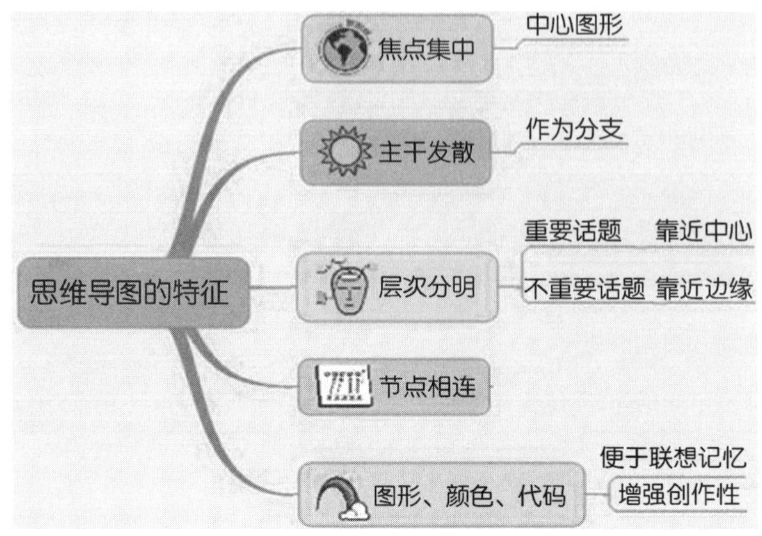

图 6-9　思维导图的特征

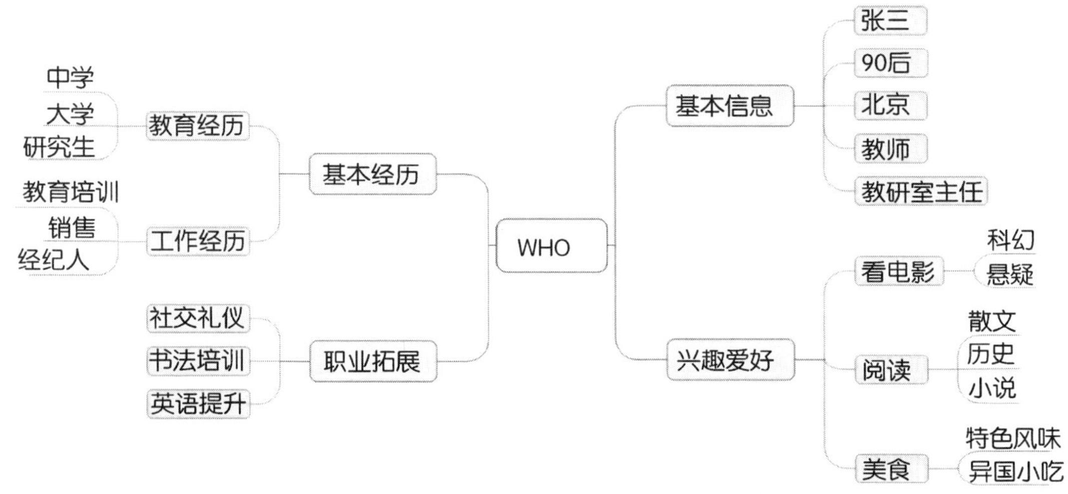

图 6-10　关于“WHO”的思维导图

(二)思维导图的作用

思维导图是创新思维训练的工具。在创新创业过程中，运用这一工具将起到很好的启发作用。美国波音公司在设计波音 747 飞机的时候使用了思维导图。据播音公司的技术人员介绍，如果使用普通的方法，设计波音 747 这样一个大型的项目要花费 6 年的时间。但是，通过使用思维导图，他们的工程师只用了 6 个月的时间就完成了波音 747 的设计，并节省了一千万美元。

第一，训练大脑的发散性思维和形象思维。平时的思维方式是一种发散性的思维方式。如看到“苹果”这个词，可能马上会让我们想到甜、苹果树和香蕉等。大脑思维导图这种表达方式，就是以某一内容为中心，通过发散性思维来概述文章的内容。所以这种表述方式的运用必然会促进大脑发散性思维的发展。同时这种表述形式本身具有一定的形象性，而且还能引导学习者附加一些图案，还有利于锻炼大脑的形象思维。

第二，训练思维的条理性。大脑思维导图的技法符合大脑思维的天然结构。若读完一本书，脑中思绪混乱，无头绪，通过思维导图这种方式，可以帮助我们很有条理地对文章内容进行归纳。这样，我们思维的严密性和条理性便在运用大脑思维导图的过程中得到了训练。

第三，培养概括能力。概括能力是人的一种基本思维能力。这种能力是综合素质的一种反映，但大多数人在这方面都有一定欠缺。大脑思维导图的表述方式，要求写在主干与分支上的文字内容是具有高度概括性的词组或短语。最初使用可能不太适应，但经常使用，必然会促进我们概括能力的提高。

第四，培养整体性认知能力。在阅读过程中，人们往往只注意到细节，而忽略了主要情节。看一本伟人传记，记住的可能往往只是伟人的某一方面或某几件事，而不是关于伟人人生各个阶段的基本经历。这种情况，一方面反映了人们平时没有整体认知的习惯，另一方面也反映了人们整体认知能力的薄弱。大脑思维导图这种表述方式，强调的不是细节，而是主体，所以经常应用它有利于培养人的整体认知习惯与能力。

第五，提高学习兴趣。纯文字的表述方式，枯燥无味，增加了学习负担。图文并茂的思维导图表述方式，把各级主题的关系用相互隶属与相关的层级图表现出来，使主题关键词与图像、颜色等建立了有效的记忆链接。同时，每一种进入大脑的资料，如文字、数字、意象、食物、线条、音符等，都可能成为一个思考中心，并由此中心向外发散出成千上万的关节点，呈现出一种放射性的立体结构。这种形象化的思维工具，有利于调动人们的学习兴趣。

(三)思维导图的训练步骤

步骤一：画主题。画主题是思维导图的第一步，也是十分关键的一步。一幅思维导图只有一个主题。

步骤二：找关键词。主题画完了，就该确定思维导图的分支了。无论是直接与导图主题相连的一级分支，还是与一级分支相连的下级分支，都是由关键词组成的。

步骤三：理分支。寻找关键词只是确定思维导图分支的第一个步骤，我们还需要做进一步的整理，才能梳理出思维导图的详细分支。这一步骤，就被叫作“理分支”。

步骤四：画图。思维导图之所以被称为思维导图，就是因为其组成要素中必不可少的一个部分是图画。离开了图画，思维导图与其他线性笔记也就仅仅存在形式上的区别了。画图的过程，不但是同时利用左右脑的过程，也是最大化地利用情绪因素的过程。

步骤五：上色。这是画龙点睛的一个步骤。上色前后思维导图的变化就像是在表演魔术一样，是诞生奇迹的时刻。绝不要忽视颜色对视觉和大脑的冲击力，它要远远超出人们的想象。

(四)思维导图的案例学习

这个咨询案例内容来自麦肯锡培训新员工的标准教材《麦肯锡方法》(*the Mckinsey Way*)[①]。这三个步骤很容易做，但不容易做好，即使像麦肯锡那些从名牌大学商学院毕业的咨询顾问们坐在一起讨论，也不敢说最后画出来的图就 100%地穷尽了问题的所有方面，因为它是动态的——这只是我们应该努力的方向。

案例咨询内容：为阿尔法珠宝公司提供提高利润的方案。

1. 展示主题词

项目经理在黑板的中心画了一个圈，中间写着“增加利润”四个大字，提示在座的各位咨询顾问。这是本次会议的主题，一切讨论都必须围绕这四个字来展开。

2. 解析思维导图思路

第一步：确定议题。议题：“要让阿尔法公司的利润增加，需要从哪些方面入手?”

第二步：第一级思维发散，确定解决问题的第一层级思路(见图 6-11)。

图 6-11　阿尔法公司增加利润的一级思维导图

建议一：“降低生产成本”。项目经理在黑板上画了一个圈，写上“降低生产成本”，把它和“增加利润”用线条连接起来。

建议二：“改变阿尔法公司把珠宝卖给批发商的方式”。项目经理又画了一个圈，写上“改变批发方式”，把它和“增加利润”用线条连接起来。

建议三：“降低阿尔法公司收购黄金的成本，降低黄金首饰的成本，提升利润空间。”项目经理表示，此条建议不符合思维导图互相独立的原则。降低收购黄金的成本，和前面谈的降低生产成本并不互相独立，所以不予采纳。

建议四：“改变阿尔法公司针对消费者的营销方式，从而降低成本，扩大销

---

① [美]艾森·拉塞尔. 麦肯锡方法[M]. 张薇薇，译. 北京：机械工业出版社，2010.

量。”项目经理又在黑板上加了一个圈“改变针对消费者的营销模式”。

用“完全包含”这个原则来检查本级思维发散图，可以发现降低生产成本、改变批发方式、改变针对消费者的营销模式这三个方面，已经完全包含了增加利润的所有可能。至此，第一级思维发散完成。然后，依次开始第二级、第三级思维发散。

第三步：第二级思维发散，确定解决问题的第二层级思路。就第一级发散思维中的“降低生产成本”“改变批发方式”和“改变对消费者的营销模式”三个方面分别进行发散思维，确定第二级思路(见图 6-12)。

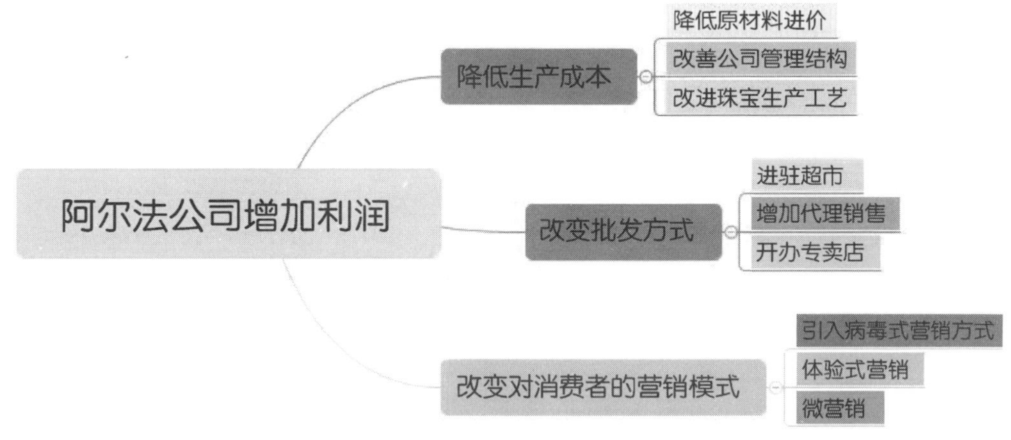

图 6-12　阿尔法公司增加利润的二级思维导图

图 6-12 是一幅思维导图，通过麦肯锡的咨询顾问们画出这幅图的过程，我们就可以知道如何利用“逐级发散、相互独立、全面包含”这三个原则来画思维导图了。

现在，有了这张“思维导图”作指引，咨询顾问们开始到阿尔法公司深入调查生产、批发、营销的所有方面，考察哪些方面出了问题，应该如何改进。然后再一次一次不断地开会讨论，交换各自获得的信息和想法。

第三节　创新方法

创新思维、思维工具及创新方法这三者是实现创新的途径。创新方法的种类很多，按照不同的分类标准，创新方法的分类也不同。按照所蕴含的创新思维来进行分类，创新方法可以分成逻辑思维创新方法和非逻辑思维创新方法两大类。其中，逻辑思维创新方法包括移植法、组合法等，非逻辑思维创新方法包括想象法、模仿法等(见图 6-13)。

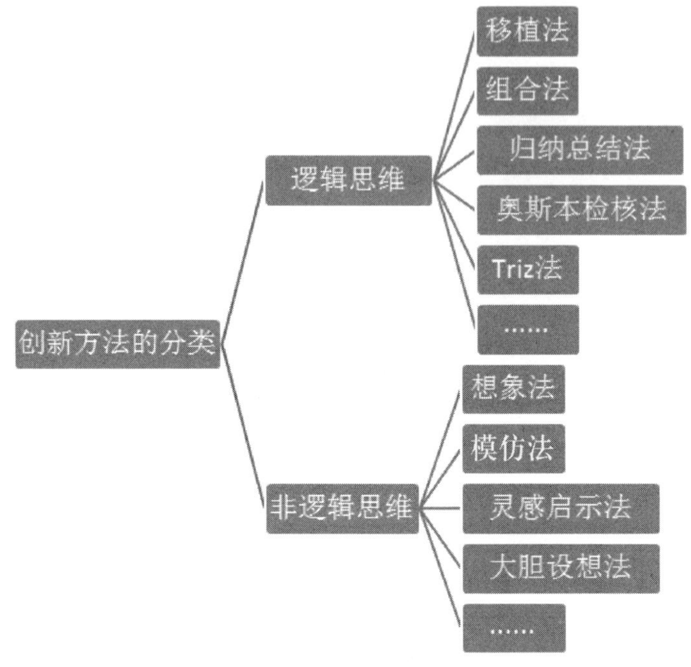

图 6-13　创新方法的分类

一、移植法

移植法是将某个学科、领域中的原理、技术、方法等，应用或渗透到其他学科、领域中，为解决某一问题提供启迪、帮助的创新思维方法。移植法的原理是在各种理论和技术之间的转移。一般是把已成熟的成果转移、应用到新的领域，用来解决新的问题。因此，它是现有成果在新情境下的延伸、拓展和再创造。

移植法可以从原理移植、技术移植、方法移植、结构移植、功能移植、材料移植、利益移植等方面切入。发现与利用事物的相似性，形成联想，这是运用移植法的要领。

如 3D 打印机(见图 6-14)，从表面上看，并无特殊之处，但它却有自身的创新。它的操作系统使用了安卓系统，实现了手机和打印机的互联互通。手机上的图片可以通过 Wi-Fi 直接传输到打印机中，实现便捷的 3D 打印。海狸毛皮含有空气形成“保暖层”，启发了美国麻省理工学院(MIT)的研究人员。他们计划开发一种类似于这些动物毛皮的合成材料，未来或将制作出更轻、更保暖的潜水服(见图 6-15)。

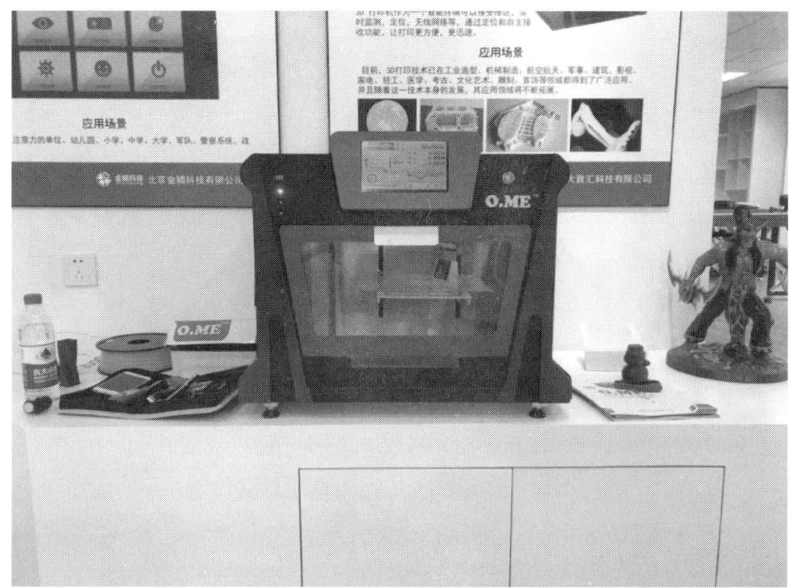

图 6-14　3D 打印机

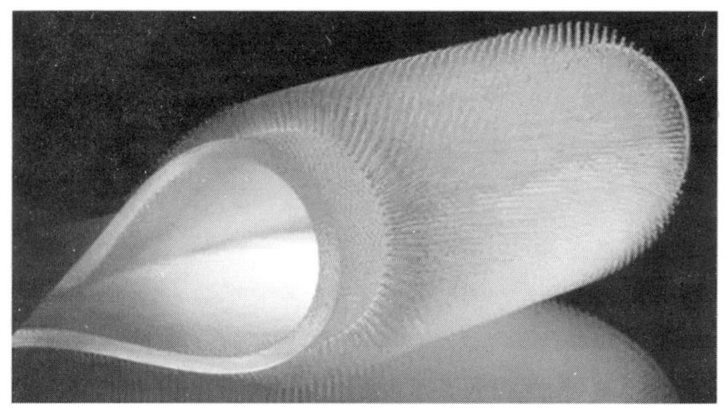

图 6-15　MIT 功能移植设计保暖潜水服

二、模仿法

模仿创新即通过模仿而进行的创新活动。一般包括完全模仿创新、模仿后再创新两种模式。模仿法在创新中的应用非常广泛。模仿并不是贬义词，在人类的成长阶段，幼儿需要长期模仿，模仿成人说话、做事等，才能逐渐地获得孩童时代对事物的认知。在模仿的基础上经过创新和改革，人们才会形成自己独特的理念、产品或模式。生物仿生现在已经发展成为专门的学科，这是模仿法的经典应用。如防爆轮胎(见图 6-16)便运用了蜂巢结构的仿生学特点，实现了轮胎性能的优化。

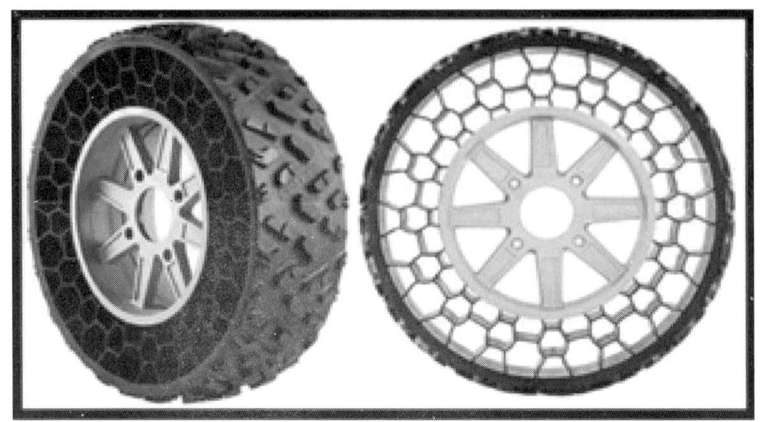
图 6-16　蜂巢结构的防爆轮胎方法移植

三、组合法

组合创新是一种极为常见的创新方法。目前，大多数创新成果都是通过采用这种方法取得的。组合创新的形式主要有功能组合、意义组合、构造组合、成分组合、原理组合和材料组合。例如，医院常用的 CT 扫描设备就是射线发生器和计算机技术的组合。无人机与机械臂的组合(见图 6-17)，就产生了可以抓物品、在树上停靠的无人机。水杯与具有流动性的沙包相结合，就产生了“不倒”的水杯——户外平衡水杯(见图 6-18)。互联网+传统产业所引起的产业变革，也是组合创新的现实范例。可见，从小处着手，亦能有不同的收获，这些都是组合创新的实践应用。

图 6-17　无人机与机械臂的异类组合

图 6-18 户外平衡水杯

四、灵感启示法

创新需要以“灵感”为原料，它是一种充满想象力的、对组织内部与外部机遇的洞察，帮助人们提高效率、获取利润或者提高参与度。灵感的力量是无穷的，但怎样才能发现它？常见的方法有以下几种。

1. 关注反常或者偶然情况

当今处于大数据的时代，一般统计学会研究大概率的数据或者平均数值。但很多时候，还一定要注意不同寻常的数据，因为这些数据往往会产生不同寻常的研究结果。很多物理学的重要发现，往往是从实验中的反常情况或者说偶然情况得来的。例如，意大利物理学家伽伐尼做青蛙试验，却发现了电流；英国物理学家柏琴用化学方法合成奎宁，却发明了合成染料苯胺紫；诺贝尔将棉胶倒进硝化甘油，不期然地发明了烈性炸药；荷兰学徒汝斯在眼镜店磨镜片，在闲玩时摆弄两块镜片，偶然发明了望远镜。类似这样的例子不胜枚举。

2016 年，日本的田中耕一获得了诺贝尔奖。田中耕一既没有耀眼的学历，也没有深厚的知识积累，他是如何取得举世瞩目的成绩的呢？这也是一个偶然的机会。当时学术界有一个常识，用激光电离的方法测量分子量，最多只能测定分子量在 1000 左右的化合物，但是田中耕一是个门外汉，他完全不知道有这样一个常识，依然用激光轰击着大分子。在试验中，他由于过于紧张，不小心把甘油滴进了钴试剂中。一贯节俭的他认为，“这试剂还挺贵的，扔了怪可惜”。于是，他做了一个决定：用它再做一做实验！于是，他把试剂放进了试验装置……万万没想到，奇迹发生了——他分离出了分子量超过 10000 的化合物！

这一方法被后人称为“软激光脱着法”，对该领域起到了巨大的推动作用。他根据这个发表了一篇学术论文，也是他此生唯一的一篇学术论文，便获得了诺贝尔奖。可见，工作或生活中的许多偶然情况，可能会产生意想不到的创新，而一个伟大的创新便可能从中诞生。

2. 把握聚合效应

在互联网时代，随着网络的普及和移动通信的增长，互联网+传统产业成为孕育灵感的沃土。例如，微信、互联网的健康管理、小米的粉丝营销等，都是互联网与传统行业聚合产生的结果。

当今社会，聚合效应对于创新有巨大的推动力。支付宝弱化了银行业，电商平台改变了超市业务，智能手机颠覆了相机生态，很多行业往往是被其他行业所颠覆的。滴滴打车就是一个生动的案例。应该说，滴滴公司并不是一个出租车公司，而是一个互联网平台公司。通过互联网技术+GPS 定位技术+大数据技术+私家车，滴滴开启了机动车的共享经济，改变了很多人的出行方式，也改变了出租车行业，对社会产生了深远的影响。这就是聚合效应的巨大作用，跨界重组、迅速迭代将成为触发灵感的新趋向。

3. 解决生活不便之处

生活中常有一些感觉不方便的地方，如果能够进一步思考，往往能够催生妙计。不方便会让生活充满各种变数，但同时也可以激发出各种灵感。如出行遭遇等车时间太长，有人推出了公交实时软件，通过该软件可以查询乘坐车次的到站情况。情绪激发灵感是指自觉地利用在某一原因下所产生的强烈感情，使之成为一种思考问题的推动力，并最终求得解决问题的通路。市场需求是一切创新的起点，也是推动创新的不竭动力，因为正是市场需求在不断地推动创新。风靡世界的吉利刮胡刀就是利用情绪激发灵感而获得成功的典型事例。

英国人吉利原是一家公司的职员，1895 年的一天早晨，他被公司派去出差。任务很紧急，吉利只得匆匆忙忙地刮胡子。匆忙之中，他把自己的脸刮伤了多处，满脸伤痕和血污，但又不得不马上启程赶路，这使吉利对笨拙的刮胡刀片憋了一肚子的火。强烈的愤怒、不满的心情使他下决心一定要发明一种安全刮胡刀。吉利首先想到的是用铁板把薄刀片夹紧，这样倒是安全多了，但却刮不着胡须。后来，他又想到在铁板边缘刻成像梳子一样的沟，使胡须能钻进刀里，可是刀又接触不到脸。几经周折，沿着这一思路，他终于制成了征服全世界的“吉利安全刮胡刀”。至今，这种刮胡刀还受到男士们的青睐。

4. 解决棘手的问题

很多时候，人们经常会遇到棘手的问题。这类问题像荆棘一样扎在人的心头，让人不安，而迫切需要解决。在日常生活中，很多人都会有这种经历。当人们需要在很短的时间内解决棘手的问题时，往往会有灵感光芒的出现。“急中生智”这个词的意思就是形容事态紧急的时候，突然想出办法。这应该是大脑在紧张的高速运转下产生的非逻辑思维。

五、奥斯本检核法

亚历克斯·奥斯本是美国创新技法和创新过程之父。1941 年，他在出版的《思考的方法》一书中提出了世界上第一个创新发明技法“智力激励法”。同年，他又出版了世界上第一部创新学专著《创造性想象》，提出了奥斯本检核表法，此书的销量为 4 亿册，已超过《圣经》。

奥斯本检核法是一种通过检核表产生创意的方法。检核表即“检查一览表”或“检查明细表”(见图 6-19)。检核表的作用是为对照检查提供依据，还可以起到启发思路的作用。在众多创新方法中，这种方法是一种效果比较理想的技法。由于它突出的效果，被誉为创造之母。人们运用这种方法，产生了很多杰出的创意，以及大量的发明创造。

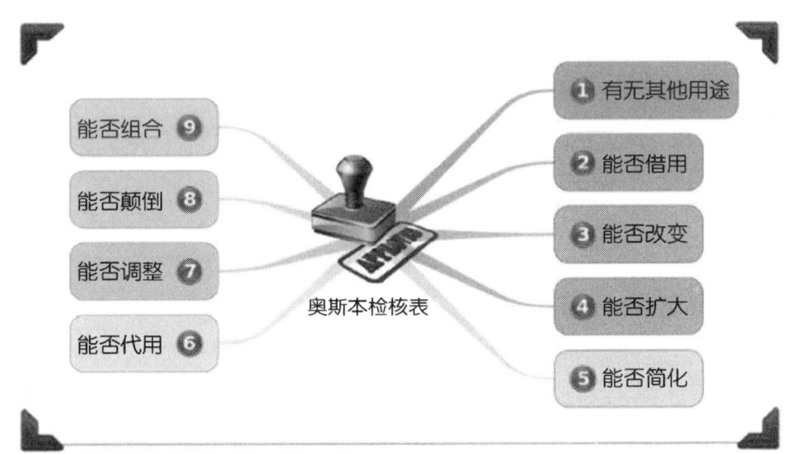

图 6-19　奥期本检核表

奥斯本检核法的核心是改进，通过变化来进行改进。其基本做法是：第一，选定一个要改进的产品或方案；第二，面对一个需要改进的产品或方案，或者面对一个问题，从不同角度提出一系列的问题，并由此产生大量的思路；第三，根据第二步提出的思路，进行筛选和进一步思考、完善。

奥斯本检核法也有缺点，它是改进型的创意产生方法，你必须先选定一个有待改进的对象，然后在此基础上设法加以改进。它不是原创型的，但有时也能够引发原创型的创意。比如，把一个产品的原理引入另一个领域，就可能产生原创型的创意。

以手机为例(见表 6-1)，通过使用奥斯本检核法，可以清晰地发现由普通手机到智能手机的创新跨越。苹果手机的风靡之路其实就是手机改变的历程。

表 6-1　普通手机—智能手机的创新思路

序号	检核项目	引出的发明
1	能否他用	其他用途：娱乐装置，定位装置
2	能否借用	增加功能：作为随身掌上电脑
3	能否改变	改一改：改掉键盘
4	能否扩大	扩大：扩大屏幕，提高可视性
5	能否缩小	缩小：减轻重量，减薄厚度
6	能否替代	代用：用指纹识别代替密码输入
7	能否调整	调整：摄像头能否变成 360 度可旋转的，用一个摄像头实现多方位拍摄
8	能否颠倒	反过来想：能否使用太阳能屏幕实现太阳能充电
9	能否组合	与其他组合：手表手机、眼镜手机等

思考题

1. 什么是创新思维？有哪些特征？
2. 创新思维分为哪些类别？有什么表现？
3. 思维导图有哪些作用？试用思维导图分析某一课程的学科体系。
4. 试用创新思维的方法举例说明身边具有创新思维的新鲜事物。
5. 结合下面材料进行分析:

(1) 创新思维有哪些工具？

(2) 结合材料内容，试分析下面案例中采用了哪种思维工具。

【材料分析题】

……时值纪念哥伦布发现美洲大陆 500 周年。

美国人司各特•摩格突发奇想，他跑遍美国 50 个州，在每个州买一英亩土地，制作成“美国土地证”，每份土地证含 50 个州的每州一平方英寸土地，土地证印制精美，与美元的绿色同底，树脂薄膜覆面，胡桃木底板，铜钉铆入，十分漂亮。这个商业发明演化成“拥有一片美国”的主题活动，仅在中国大陆就销售 10 万份，首创者将富有纪念意义的事件有形化，变成能够给人带来利益感的商品，是一种很好的形式。

中国的“希望工程”(慈善公益项目)在结束海外募捐时，曾经在大连长兴岛建设了 10 万株的超大型樱桃园——绿城国际希望园，以 50 美元的价格向海外 10 万个希望工程捐赠方发行了“希望树证”，以纪念海外人士 10 年来对中国慈善事业的贡献，发行活动大获成功。

“希望树证”与“美国土地证”两个方案的原理如出一辙：“一片美国”和“一棵希望树”都不具有实用价值，但它们都能给人以同样形式的价值感和利益感，这就是利益性切入运用移植法的作用。“拥有一片美国”传递着这样的信息：你可以拥有强大的美国！它给全世界，特别是第三世界国家，尤其是给刚刚开放的中国人以极大的占有欲望，使“购买”美国土地的人们产生了极大的自豪感。同样，“一棵希望树”则让美国人拥有了中国的未来。两者传递的信息是一致的。从这个角度看，“一棵希望树”也是信息性切入移植了“拥有一片美国”的原理。

(史宪文. 现代企划：原理、案例、技术[M]. 北京：清华大学出版社，2011.)

第七章 创造：实现产品可见

内容提要

本章讨论了创新创业路径理论中的“创造”。创造是实现创新创业的最小单元，需要熟悉最小单元实现的步骤。用户体验和用户参与是实现最小单元的重要途径。同时，快速迭代是产品持续进行优化的重要保障，需要掌握快速迭代的逻辑和流程。

快速迭代，不断试错，逐步走向成功的彼岸。这是互联网时代的王道。

——雷军

第一节　最小单元实现概述

一、最小单元实现的定义

最小单元实现是指将创意用最短的时间和最低的成本创造出来的过程。由于时间和成本的局限，生产的产品并不是最终产品，而是一个能够实现基本功能的简化产品。因此，最小单元实现也叫“最小化可行性产品”“最简可行产品”“最小化可存活产品”等，这是一种产品生产策略。艾瑞克·莱斯(Eric Ries)最早的《精益创业》(*Lean Startup*)一书中提出了“最小化可行性产品”(Minimum Viable Product，MVP)的理念。MVP 的产品版本可以让人们花最少的力气、最短的时间，经历一次完整的“开发-测量-认知”循环①。最小化可行性产品是精益创业的主要工具之一。MVP 少了很多日后可能相当重要的功能特性，但它却可以通过一个最小化、满足核心需求的产品来测试市场的反应。

MVP 的定义透露了两个关键点：第一，它并不针对所有用户，而是只针对天使用户；第二，它并非一个庞大、复杂的功能组合，只是一个最小、最基本的功能组合②。所以 MVP 是针对最小用户级的最小产品，这是 MVP 概念中最为核心的两个方面。

简单地说，“最小可行性产品”(Minimum Viable Product)就是一个产品雏形，将它推向市场后，根据用户的反馈来不断地持续地进行改进(见图 7-1)。

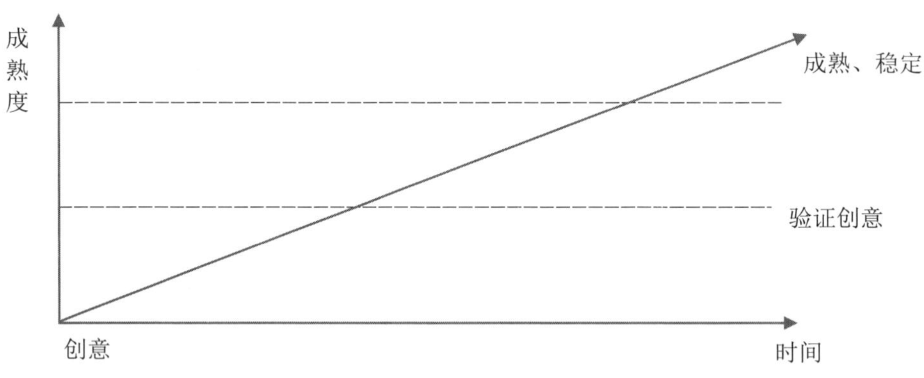

图 7-1　最小单元实现

MVP 背后的核心原则是将创业者的经济成本、时间成本和试错机会成本降到最低，其目的是尽量减少花费在一个迭代周期的总时间。

① 艾瑞克·莱斯. 精益创业——新创企业的成长思维[M]. 北京：中信出版社，2012.

② 龚焱. 精益创业方法论——新创企业的成长模式[M]. 北京：机械工业出版社，2016.

1. 最小单元实现是一个过程

最小单元实现是从 0 到 1 的过程，它通过创意、原型、演示、数据收集、分析和学习等环节的重复和反复，实现产品设计、性能等属性的升级和优化。通过产品的快速迭代来测试市场的反应，直到升级为设计者所希望的产品，或者市场反应良好的产品，或者该产品干脆被市场认为无法存活而夭折。

最小单元实现是一个探索商业模式的过程。初创企业与成熟企业最大的不同在于初创企业没有成熟的产品和商业模式。所以，初创企业在进行最小单元实现时，仅仅考虑最低成本、最短时间等因素是不够的，还必须摸索出经得起市场考验的商业模式，这就是“可行性”(viable)的内涵。

精益创业主张尽量用非技术方式，经济快速地验证假设，及时做出变化和调整。一次验证一个假设。当用户假设和问题假设得到相当程度的验证时，就可以开始定义并设计开发 MVP 了。《精益创业》特别强调，MVP 不仅存在于产品早期，第一个 MVP 即使得到用户认可，也不意味着后续的设计和开发就要完全按照第一个 MVP 的思路走。相反，只有持续不断地通过迭代式演进，持续收集用户最终的反馈，不断调整产品设计、架构、定位和商业模式甚至是销售渠道，才可能最终做出成功的产品。换句话说，MVP 是一个系列的产品，在产品的不同阶段，都会有相应的 MVP。在整个过程中，不断地调整和变化是关键[①]。

2. 最小单元实现是一种策略

最小单元实现是一种产品策略，它用最快、最简明的方式建立一个可用的产品原型，这个原型要表达出创意最终想要的效果，然后通过迭代来完善细节，直到该产品被市场所接受，创意者就可以开始扩大生产并投放到市场。

最小单元实现是一种开发策略，其逻辑起点是要避免开发出客户并不真正需要的产品。该策略的基本想法是，快速地构建出符合产品预期功能的最小功能集合，这个最小集合所包含的功能足以满足产品部署的要求并能够检验有关客户与产品交互的关键假设。

最小单元实现是一种竞争策略，它的核心点就是时间成本低、经济成本低、试错成本低，从而总体研发成本较低，但却能展示最终产品的差异化特点并给早期用户提供一些功能的产品。

二、最小单元实现的步骤

MVP 是针对天使用户的最小功能组合，是最小可行化产品。MVP 的主要功能是验证用户痛点假设和解决方案假设。用 MVP 来验证上述两个假设，通常分为三步，

① 施韵涛. 精益创业和敏捷[J]. 程序员，2012(10)：60-62.

即①定义最小的功能集，聚焦最核心的用户；②数据收集和测度，与预设指标进行比较；③通过快速学习和迭代，不断实现对认知的深化，不断逼近一个真实的解决方案。在验证基本假设时，需要重点关注解决方案和用户痛点的匹配度。成功的解决方案需要与用户痛点高度吻合。然而，永远也无法实现百分之百的吻合，所以在用户验证的过程中，只能通过不断迭代，实现对真实的用户痛点、有效解决方案的不断逼近[①]。

(一)设计 MVP

MVP 的设计过程中有两个关键任务：第一，用户排序，并不急于放大用户群，而是主动做减法，主动过滤和筛选用户群，找出最合适的天使用户；第二，功能排序，对功能组合进行排序和筛选，找出最核心、与痛点最相关、最小的功能组合。

1. 用户排序

天使用户是指打算或已经申请预算购买产品的客户和自己动手制定解决方案的客户。他们有两个共同点：第一，痛点很迫切，所以愿意尝试不成熟、不完美甚至有一定缺陷的产品；第二，愿意积极提供反馈，并愿意积极推广这个产品或解决方案。

2. 痛点和功能排序

这一步的主要任务是决定从哪个最小功能组合开始测试。首先需要鉴别什么是最重要的痛点和功能，尤其是用户最迫切的痛点。这就需要进行用户痛点假设，才能有针对性地推出最重要的功能，同时剔除那些可有可无、暂时不需要的功能。在最重要的痛点和功能的 MVP 测试完成之后，可以将目标逐步过渡到第二痛点或第四痛点。

3. 设计产品原型

产品原型设计有三个主要思路：第一，类比。通过观察其他行业或自身行业，寻找类似产品设计，从这些产品和服务中获取灵感。第二，反证。通过观察其他行业或自身行业，总结失败案例，以改进自己的产品原型设计。第三，跨界嫁接。把不同产业、不同行业的不同创新元素重新组合，通过嫁接快速形成产品原型。

(二)MVP 投入使用，测度与数据收集

1. AB 测试

AB 测试也叫对比测试，是指将一系列内容变化在一定控制组内进行比较。通俗地说，就是将产品设计成 A 和 B 两个版本，根据数据和测度，判断出哪个是更为有效的版本。

2. 同期群测试

同期群分析把用户分解成不同时期的群组，对每一时期获得的用户进行不同时期

---

① 龚焱. 精益创业方法论——新创企业的成长模式[M]. 北京：机械工业出版社，2016.

的分析，这样就可以看到用户的活跃度、进入、退出、流失的数据，从而获得整个用户群在不同时期更加准确、更加完整的信息。

3. 净推荐值

净推荐值指的是产品的净粉丝量，以产品支持者的数量(或百分比)减去诋毁者的数量(或百分比)，所得净值就是预估产品未来发展空间和潜力的数值。

在把“最小可行性产品”推向市场的过程中，测试顾客的反应时要注意三点：一是要尽快地将产品或概念传递给顾客以获取他们的反馈；二是需要了解目标顾客在哪里，以便有效地传递信息；三是传递的信息应该是真实不加修饰的。

4. 获取认知，学习和迭代

学习和迭代过程中需要遵循三个基本原则：一是迭代出来的后续功能必须靠用户催生，而非简单堆积；二是尽量限制添加功能数量，不紧急、不重要的功能暂时不需要修改；三是整个学习和迭代的过程应该是开放与透明的。

三、最小单元实现的案例

(一)案例一：小米手机的快速迭代

在整个小米的框架中，MIUI 是标准的精益创业模式。其开发模式核心是 MVP+“试错”，不断地让用户测试，提出反馈意见，然后快速迭代更新，高峰时期每周一个版本。这种开发方式最大限度地避免了 MIUI 的系统开发工程师们对无用需求的投入，合理分配资源。而且，这种模式能够帮助小米快速积累粉丝。在社会化媒体营销时代，沟通第一，创意第二。当初小米选出了 100 个超级用户，也就是“天使用户”，他们愿意积极地参与 MIUI 的设计、研发、反馈等，帮助小米实现产品的迭代和优化。这 100 人也是后期小米粉丝文化的源头。从 2010 年 8 月 16 日首个内测版发布至今，MIUI 系统目前已经拥有国内外数千万其他手机的刷机用户，再合并小米手机的大量销售，轻松过亿[①]。

(二)案例二：大众点评的对比测试

大众点评在初创阶段曾使用发传单这种地推的模式进行市场推广。在这个传单设计上，市场推广人员在三天内做了五个版本的对比测试，每个版本发 1000 份传单：

版本一：传单正面是买 50 送 50 的优惠信息，二维码是微信号；反面是传统的超优惠爆款陈列。

版本二：传单正面是买 50 送 50 的优惠信息，二维码是关注应用市场；反面是传统的超优惠爆款陈列。

① 黎万强. 小米口碑营销内部手册：参与感[M]. 北京：中信出版社，2014.

版本三：传单正面是“五元钱的快乐是什么”的标题，下面是超优惠爆款陈列；反面是公司 Logo 和 Slogan。

版本四：传单正面只有“五元钱的快乐是什么”；反面是超优惠爆款陈列。

版本五：传单正面只有“五元钱的快乐是什么”；没有反面。

做这五个版本的测试，因为内容不同、优惠方式不同，所以要求设计团队、地推团队、数据分析团队、物料团队、销售团队(需要谈下相应爆款团单)在三天内紧密配合。

最后测试结果的数据显示，版本五的转化率最高：发出去的 1000 份传单，带来了 223 个关注，当天转化成下载的占 25%。而其他版本的转化率都在个位数。

大众点评的市场推广人员在另外两个城市也都用版本五做了测试，都得到了 22%左右的数据。最终，大众点评确定版本五作为推广的模板。这种典型的“用户验证”思维促成了大众点评的最小产品实现。

第二节　用户体验与用户参与

一、用户体验概述

(一)用户体验的含义

“用户体验”(User Experience，UE)这个词最早出现于 20 世纪 90 年代，是一位叫作唐纳德·诺曼(Donald Arthur Norman)的设计师提出的，他曾任苹果计算机公司先进技术部副总裁。而苹果也通过自己的产品把诺曼的“用户体验”思想推广到全世界。

用户体验既是名词也是动词，它既是一个产品所具有的终极成果体验，又是创造这些体验的一套方法[①]。国际标准化组织对此有确切的定义，它认为用户体验是人们对于针对使用或期望使用的产品、系统或者服务的认知印象和回应。这一定义包括用户在使用产品和服务之前、之中和之后的所有情绪、信念、偏好、感觉、生理和心理上的回应、行动和成就感，以及用户心理状态的变化。这种体验是用户在使用产品或服务过程中建立起来的一种主观感受。是当客户与某个企业交互时，这种体验反映了随着时间的推移，客户对一家公司的感受和感觉，包含对于设计风格的体验、使用功能上会不会遇到问题、对于网站处理问题的速度反应等，还包括物理感受、心情感受、短期或者长期感受等。

通俗来讲，用户体验就是用户喜不喜欢你，“这个东西好不好用，用起来是否方便”。当人们询问某个产品或服务时，问的是使用体验。它用起来难不难？是不是很

---

① [美]卢克·米勒. 用户体验方法论：最懂用户体验的人教你做用户体验[M]. 北京：中信出版社，2016.

容易学会？使用起来感觉如何？人们的询问中，包含着对产品的感官、交互、情感等方面的隐性需求。在这一基础上，用户体验可分为感官体验、交互体验和情感体验。用户体验的核心使命是让用户获得超预期的极致体验，用户不仅能通过这些体验增长才干，同时也会乐在其中。因此，用户体验并不是指一件产品本身是如何工作的，其更关乎“产品如何与外界发生联系并发挥作用”，也就是人们如何“接触”和“使用”它。

(二)用户体验的重要性

对于企业来说，提供优质的用户体验是一个重要的、可持续的竞争优势。用户体验形成了用户对企业的整体印象，界定了企业和竞争对手的差异，也决定了用户是否还会再次光顾。如果一个用户喜欢，而且一直喜欢，那么他就会与企业形成一种业务联系。反之，如果他不喜欢，就不会和企业有业务上的往来。

在成功的过程中，很多公司都提供了更好的用户体验。对于消费者来说，用户体验非常重要(资料拓展 7-1)。IBM 就是如此，其成功的转型是因为找到了大企业有软件和服务的巨大需求，其用户体验做得非常好，所以成功了。微软也是如此，苹果公司更是如此。

【资料拓展 7-1】用户体验重要性如何？50 个数据告诉你答案

1. 研究显示，55%的客户愿意为有保障的、好的客户体验支付更多费用，这里的“有保障”，意味着客户已经不再满足那些只是承诺会提供好的客户体验的公司。

2. 86%的客户愿意为升级用户体验支付更多费用。最典型的行业就是航空旅行和酒店，如果能够提供好的客户体验，将会产生增值收入并提高客户忠诚度。

3. 当客户无法及时获得信息时，84%的人会感到沮丧。

4. 客户不满会导致以下结果：如果客户不高兴，13%的人会告诉 15 个(或以上)的人；相反，如果客户感受到积极的体验，72%的人会和 6 个(或以上)的人分享。

5. 如果网站设计的用户体验不佳，会导致 67%的客户流失。

6. 每五年，50%的客户体验会自然流失。

7. 每 26 个不高兴的客户中，只有 1 个会提出投诉，其余都会流失掉。因此，如果你觉得公司没什么投诉反馈是一件非常令人满意的事儿，那真的是大错特错，真正的敌人是客户无视你。

8. 91%的客户如果不满意客户体验是不会进行投诉的，他们只会简单地离开。

9. 客户投在吸引一名新客户身上的成本，是维护、保留一名现有客户的 6 到 7 倍。

10. 65%的成功企业都是在现有客户上进行增销或交叉销售。

11. 只有 12%的公司是在新客户身上进行增销或交叉销售获得成功的。

12. 75%的品牌不知道用户参与度是什么意思，但是却都忙着评估这一指标。

13. 66%的客户选择更换品牌，是因为服务很差。

14. 在所有导致客户流失的差评服务中，85%都是可以预防的。

15. 在所有导致客户流失的差评服务中，11%只需公司简单地扩大服务范围就可以解决。

16. 在所有导致客户流失的差评服务中，67%可以在用户首次参与之后得到解决。

17. 70%的成功企业会使用客户反馈模式提供一流的客户体验，及时进行客户反馈的行业平均比例是 50%，而 29%的企业则做不到这一点。

18. 70%的客户渴望获得更多信息和知识。

19. 56%的客户只是想得到正确答案，但是 64%的客户并不相信公司反馈的信息。

20. 44%的客户坚信自己收到的回复是错误的。

21. 在社交媒体上提出的客户请求，有 55%不会得到任何回复。

22. 84%的社交媒体交互最终会升级到公司其他服务渠道里。

23. 13%的公司表示，自己有四分之一的服务请求是通过社交媒体发出的。

24. 在 Facebook 上，72%的客户与公司之间交互是完成不了的，其他渠道也一样。

25. 67%的社交媒体交互，最终会回到传统渠道上处理。

26. 在过去的 12 个月里，36%的客户服务公司会在社区渠道部署业务服务。

27. 在社区渠道每完成一笔交易，可以节省 84%的成本。

28. 2008 年，社区/线上社区比例数字为：12/4。

29. 2015 年，社区/线上社区比例数字为：46/24。

30. 67%的服务交互可以被社区交互轻松取代。

31. 不到 1%的公司正在部署(或已经部署了)全渠道。

32. 97%的公司表示自己会在全渠道上投资。

33. 23%的公司表示自己在全渠道上做得不错。

34. 2%的公司会追踪跨渠道数据。

35. 67%的客户并不关心自己使用的是什么渠道。

36. 全球范围内，59%的客户接受采用移动技术。

37. 3%的全球客户表示喜欢使用移动设备。

38. 据报道，15%的公司获得成功，并没有采用“移动为先”战略。

39. 据报道，不到 1%的公司获得成功，采用了“移动为先”战略。

40. 29%的全球性公司更愿意使用移动设备，而不是计算机。

41. 34%的公司表示已经开始进行客户旅程分析。

42. 据报道，2%的公司通过进行客户旅程分析获得了成功。

43. 13%的客户表示，客户旅程分析对他们很有效。

44. 72%的客户表示，客户旅程分析并没有抓准他们的需求。

45. 67%的客户表示，他们对使用客户旅程分析非常感兴趣。

46. 58%的公司表示，自己曾做过客户参与度调查。

47. 不到1%的公司能真正评估客户参与度这一指标。
48. 91%的非参与客户是因为不满而离开的。
49. 78%的客户期望通过自助服务获得自己需要的反馈答案。
50. 当服务人员无法给予足够或正确的信息时，84%的客户会感到非常泄气、失望。

互联网时代是一个体验为王的时代，互联网经济很大程度上是一种体验经济。消费者的话语权越来越强，产品能否成功，用户体验越来越成为一个关键因素。被誉为"用户体验领域最权威专家"的李•科克雷尔说"卖什么都是卖体验"。互联网产品边际成本趋于零，很多时候需要"求着别人"来用，大多数产品是"免费模式+增值服务"或"流量平台+广告营收"的商业模式。因此，用户体验可以说是互联网产品的安身立命之本。如果体验不好，用户可以随时另觅新欢，产品盈利也就无从谈起。小米的成功、360 的成功都是源于他们的产品做到了极致，所谓极致就是超出了用户的想象，做出了让用户尖叫的产品，就是用户体验做得非常好。

未来的竞争，用户体验是一个能让企业脱颖而出的关键。不管做产品还是做服务，做硬件还是做软件，是在互联网行业还是传统行业，比拼的核心是用户体验。因为社交媒体的发展，人们喜欢把自己的使用、计费体验分享出去。如果产品做得好，不久就会口口相传；如果产品做得烂，很快就会骂声一片。

未来的时代，是一个感性族群的时代。用户体验为设计一些新技术带来了巨大的机会。随着传感技术和大数据的深入应用挖掘，共情用户的感性体验会被更多创业者融入产品服务开发流程。情感感知社会的崛起会极大地改变市场社会的面貌。

(三)用户体验的评估工具

用户体验是一种在用户使用产品或服务的过程中建立起来的主观感受。良好的用户体验有助于企业不断地完善产品或服务。评价用户体验的好坏必须根据目标用户群的反馈。因此，选用何种评估工具尤为重要。常见的用户体验评估工具如下。

1. 顾客行程心路图(Customer Journey Map)

顾客行程心路图是服务设计中一个常用的评价工具。它把服务流程中每一个"接触点"(touchpoint)的用户情感状况进行定性定位。点越高，表示用户在这个步骤或者这个"接触点"中更加感到愉悦，反之表示用户在这个点有负面情绪。

2. 用户体验调查表(User Experience Questionnaire)

用户体验调查表是 SAP 开发的一套定量分析用户体验的工具，是一套快速评估交互产品用户体验的工具。用户在问卷上表达出他们在使用产品和服务中的感受、印象和态度，然后将问卷通过一个电子表格自动生成一个覆盖用户体验数个方面的量化表，包括传统的易用性方面的指标，如高效性(efficiency)、易懂性(perspicuity)和可信性(dependability)等；也包括体验方面的指标，如吸引度(attractiveness)、激励性

(stimulation)和新鲜度(novelty)等。

3. 网状图法

在该方法中，用户体验的重要量化指标有：有用性(useful)、可找到性(findable)、可获得性(accessible)、满意度(desirable)、可靠性(credible)和价值性(valuable)。根据不同时期的用户评价反馈，可以绘制出网状图，对用户体验进行量化评估。

在实践中，用户体验是另一种方法论。比如，在周鸿祎看来，好的用户体验至少要达到以下几个标准①。

第一，用户体验的核心是用户需求。所有的用户体验改进都不能脱离用户需求。

第二，要超出用户预期，能够给用户带来惊喜。只有超出用户预期，才能形成好的体验。

第三，好的用户体验能够让用户有所感知。好的用户体验是产品解决了用户的问题，让用户使用起来感到轻松，感觉愉悦。

第四，好的用户体验从细节开始，并贯穿于每一个细节。从细节出发，从很多细微之处出发，能够对用户体验做出持续性的改进。

二、用户参与概述

(一)用户参与的含义

用户参与是指企业主动请用户介入产品设计、开发、优化、定价、推广和销售等环节。用户参与是企业发展的一种产品思维和产品策略，可分为主动参与和被动参与两种情形。主动参与是指对产品或服务持肯定态度的用户积极介入企业产品或服务的行为；被动参与是指用户受某种利益或外力驱动介入企业产品或服务的行为。

唐纳德·诺曼(Donald Arthur Norman)曾提出了“什么是良好的设计带给人的体验”。他认为，一个获得良好开发的完整产品，能够同时增强心灵和思想的感受，能够使用户拥有愉悦的感觉去欣赏、使用和拥有它。这种在乎用户，创建吸引人的、高效的用户体验的方法被称为“以用户为中心的设计”，就是UCD(User-centered design)。UCD将用户作为研究的客体，通过问卷、一对一访谈、焦点小组等调查方法了解用户语言表述的观点，以深层次挖掘用户的期望、需求。

最近十几年来，北欧和北美在工业设计领域逐渐兴起了用户参与式设计(participatory design，PD)。这种用户参与式设计倡导将用户更深入地融入设计过程中，培养用户的主人翁意识，激发并调动他们的积极性和主动性。因此，在精益创业模式下，创业者们积极地走出办公室，进入市场，走近用户，去测试他们的假设，即所谓的用户开

① [美]卢克·米勒. 用户体验方法论：最懂用户体验的人教你做用户体验[M]. 北京：中信出版社，2016.

发。他们大力邀请潜在的使用者、购买者和合作伙伴提供产品或服务反馈，以及涉及商业模式的各个方面，包括产品功能、定价、分销渠道以及可行的用户获取战略[①]。

(二)用户参与的重要性

产品或服务最终是要面向用户并销售给用户的，如果用户不乐意为企业提供的产品或服务买单，对初创企业将是灾难性的打击。诚如龚焱所说，初创公司“最大的浪费不是办公室租大了没人用，也不是员工在上班时间刷微博、刷朋友圈，而是我们竭尽全力把用户带进来，把辛辛苦苦做出来的产品捧到他们面前，却没人喜欢、没人用，用户不买账。做一个用户不买账的东西，做出来干什么呢，自娱自乐吗？……后来我们反思，所有的问题都归结于我们不懂用户需求，也不知道解决方案在哪里，其实什么都是我们猜的”。[②]

离开了用户参与，产品设计与开发将无法向真正的解决方案逼近，将会造成极大的浪费。所以，用户参与(最好是全程参与)对初创企业的存活、成长和发展来说，是极其重要的工作任务。在精益创业框架下，“用户验证”是重要工具，用户访谈是重要步骤，不仅仅体现在验证想法阶段，即使在推出最小可用产品(MVP)后，在产品快速迭代过程中，都是必不可少的。

在产品设计阶段，如果没有用户参与，产品的外观和性能可能无法让用户满意，部分初创企业可能就此死掉；在产品开发阶段，如果没有用户参与，产品的功能可能出现重大缺陷，对企业形成巨大的沉没成本，造成时间和资源的浪费；在产品优化阶段，如果没有用户参与，这项工作将变成企业的自娱自乐甚至无法开展；在产品定价阶段，如果没有用户参与，产品的价格可能出现较大的市场偏差；在产品市场推广阶段，如果没有用户参与，市场部门可能需要投入巨大精力进行产品推广和渠道建设；在产品销售阶段，如果没有用户参与，市场营销可能费时、费力、费钱且效果难以控制。

如果有了用户积极有效的参与，这些环节将变得省时、省力，并为初创企业节省大量的时间成本、经济成本。同时，如果能在早期收集到用户反馈，就能在一定程度上降低产品方向性错误的风险，为初创企业的存续和成长奠定基础。

(三)用户参与的流程

创业过程中的产品开发，需要用户参与 MVP 的整个过程，贯穿于 MVP 实现的整个流程。

第一，在 MVP 设计阶段，需要倾听用户的需求，通过与基础用户面对面地参与

① 斯蒂夫·布兰克. 省省吧，“精益创业”才是真本事[EB/OL]. http://www.hbrchina.org/2015-09-14/3344.html.

② 龚焱. 精益创业方法论——新创企业的成长模式[M]. 北京：机械工业出版社，2016.

式观察，或者与用户进行交互式的深度访谈来探索用户的需求。在此基础上，设计团队能够准确地定义用户痛点，并对用户进行排序，主动过滤和筛选用户群，找出比较合适的天使用户。

第二，在 MVP 测试阶段，需要与天使用户之间进行大量的互动。通过收集用户的使用数据和评价数据，以验证对用户痛点的界定。

第三，在快速迭代阶段，需要重复对天使用户进行测试。因为迭代出来的后续功能，必须靠用户去催生，而非简单堆积。同时，根据用户体验反馈改进产品功能和设计，一直到产品达到市场契合，天使用户参与才算告一段落。

第四，产品进入市场后，需要扩大用户体验规模。更大范围、更大规模的用户体验和新用户参与又将继续循环，新创企业根据用户体验评价结果，决定是否以及如何改进产品。

(四)提升用户参与的案例借鉴

1. 小米的“橙色星期五”

小米成功的秘诀，雷军总结了 7 字要诀：“专注、极致、口碑、快”。还有最重要的是，雷军及小米联合创始人黎万强在多个场合反复强调用户参与的重要性！他们一致认为，小米卖的不是手机，而是梦想、参与感。相信米粉、依靠米粉，从米粉中来，到米粉中去[①]。小米手机重视用户参与，鼓励员工贴近用户需求，鼓励用户参与到企业产品创新活动的过程，从而与用户保持了顺畅的沟通。用户通过社区或论坛等途径不断分享与小米手机有关的产品技术、使用技巧等内容。这种吸引用户参与的做法拉近了小米手机与用户之间的距离，提高了小米手机的知名度和美誉度。

为了让用户深入地参与到产品研发过程中，小米设计了“橙色星期五”的互联网开发模式。这一模式的核心是 MIUI 团队在论坛和用户互动，系统每周更新。MIUI 参与感的构建主要通过三个途径实现：一是开放参与节点。除了工程代码编写部分，小米将产品需求、测试和发布都开放给用户，让他们参与进来。二是设计互动方式。基于论坛讨论来收集产品的需求，固定的“橙色星期五”每周更新。三是扩散口碑传播。既有基于 MIUI 产品内部的鼓励分享机制，也有以集中资源为口碑传播所做的口碑营销，如小米为答谢用户的参与，为最早参与测试的 100 个用户拍了微电影《100 个梦想的赞助商》，获得参与者的高度赞同。

在产品销售环节，向对新产品提出意见的幸运用户赠送新产品、优惠券和优惠折扣等。除物质奖励外，精神激励也是小米贴近用户、回馈用户的常用方法。

2. 百度的双重奖品激励

百度用户体验部包括 270 名设计师，负责百度搜索、知道、百科、旅游、贴吧、

---

① 冯敏. 雷军谈小米：从米粉中来，到米粉中去[N]. 21 世纪商业评论，2013-9-6.

影音等百度绝大部分产品的用户体验与研究。他们致力于提高百度产品的用户体验。为了准确抓住用户的需求、不断地开发出适应市场的产品，用户体验设计师经常采用各种措施吸引用户参与产品创新、调研的过程，主要的激励措施有现金奖励、赠送奖品，精神奖励方面主要是赠送用户金币等。

“招募用户”是用户体验设计师较为常用的方法，即新产品上线以后会跟进用户反馈，做相应的用户调研，为下次升级收集需求，形成设计闭环。比如视频访谈用户招募、新闻调研活动用户招募等，对参与调研、提供反馈意见的用户奖励现金(100 元或 50 元礼金)。这种较为直接的激励方式，激发了许多用户参与调研的热情。

百度用户体验部积极鼓励用户对企业产品进行测试后提供反馈信息及意见，并通过现金、奖品和虚拟金币等措施吸引了大批用户参与。普通用户和领先用户在使用或对产品进行专业测试后将结果反馈给百度用户体验部，然后企业针对这些反馈意见和建议进行探讨，最终找出满足用户需求的解决方案。

3. 乐高的本土意识融合

乐高在全球范围内都分布着自己的实验室，能够很好地收集并迎合世界各地的最新变化和最新需求，然后通过分析这些需求产生新的产品创意。乐高激励用户参与的方法主要有聘用用户、免费使用新产品和授予荣誉、认可身份等。

乐高拥有一套完善的、以顾客需求为导向的知识－信息体系，这样能充分地与各个国家的民俗文化相融合、与用户的最新需求相结合。乐高最核心的体验是玩具拼搭体验和休闲体验。通过各种激励措施，乐高不断地吸引用户参与，在确保用户享受拼搭体验和休闲体验的同时，也能确保乐高设计研发出最符合本土用户需求的产品。

4. 海尔的品牌融通体验

海尔将互联网思维、C2B 模式渗透到生产、销售等各个环节，利用有效的激励措施，吸引用户参与到产品创新的过程中，取得了良好的效果。海尔的激励方式主要有两种。

一是主办比赛，奖励获奖用户。为了激励用户参与产品创新，海尔利用自身资源打造了一个开放的产品创新平台——海立方，通过举办“海立方创客大赛”与用户互动。海尔为比赛提供技术、资金、信息等方面的资源支持，用户在积极参与创客项目的实践过程中，可以与创新团队进行实时沟通，并给予项目更多的意见和建议。这些用户最终转化成为创客忠实的拥趸，并通过各种途径不断扩大影响力，做到了真正参与海尔的产品创新。

二是免费体验和使用新产品。除了主办比赛以征求用户好的创意外，海尔还在微博等社交平台上发起各种邀请用户参与讨论的话题活动，邀请网友参与。

海尔采用人单合一的管理模式，鼓励员工为用户创造价值，有效地利用用户资源。通过激励用户参与产品创新，海尔利用互联网为用户提供了交流互动的平台。通过建立海立方等开放式的创新平台，海尔鼓励用户在产品创新前参与产品的设计和研发，不断地体验新产品，获取用户碎片化的需求和创意，使研发团队更好地与用户沟通，准确把握了用户的需求。

上述四家企业运用微博、社区论坛等形式，在激励用户参与产品创新的过程中，实现了快速、低成本吸引用户参与的目的。在实践中，可以采取物质激励和精神激励相结合的方法提高用户参与度。物质激励针对用户的经济需求，主要包括主办比赛颁发奖项、现金激励、赠送优惠券或优惠折扣、免费赠送或体验新产品等。精神激励关注用户的心理需求，主要包括授予用户荣誉和身份认可，通过社区论坛彰显用户个人价值、奖励用户尊贵特权和勋章等。

因此，在创新创业过程中，企业只有抓住用户的核心需求和参与动机，给不同需求的用户不同方式的激励，给他们一个自我展现和相互沟通的平台，才能最大限度地激发用户参与的热情，生产出最符合市场需求的产品，最终提高企业对市场需求的反应速度，提高企业的创新创业竞争力。

第三节　快 速 迭 代

一、快速迭代的含义

迭代源于数学上的“迭代计算”概念，是指从一个初始估计出发，寻找一系列近似解，并通过反复地推演不断趋近最终目标进而解决问题的过程。迭代思维是一种否定之否定的辩证思维，其要义在于通过大胆否定、再否定，不断调整认知、总结提高，实现累积式的改进。迭代思维应用于产品研发，便形成了迭代创新模式。这一模式在初始产品投向市场以后，以开放的姿态积极寻求用户反馈、响应用户需求，勇于试错并改进完善产品，持续多个迭代周期开展创新，最终实现产品优化。

在产品开发中，迭代是将一个复杂且开发周期很长的开发任务，分解为很多小周期可完成的任务，这样的一个周期就是一次迭代的过程；同时每一次迭代都可以生产或开发出一个可以交付的产品。实验可以帮助验证或者否决某个商业模式假设，但迭代则是为了达到特定目标(比如将产品和市场匹配起来)而连续进行的多个实验。产品交付市场后，再分别从定性(即微观层面)和定量(即宏观层面)两个方面来检验产品，看看它是否真的是用户需要的东西。

快速迭代是精益创业的重要原则之一，精益创业思想与敏捷开发一脉相承。敏捷开发模式是 20 世纪 90 年代逐渐引起广泛关注的一种新型软件开发方法，是一种应对快速变化需求的软件开发模式。敏捷开发以用户需求进化为核心，采用迭代、循序渐进的方法进行软件开发。从产品生命周期看，精益创业更侧重前期的用户开发，通过发掘用户和验证用户找到产品准确的市场定位和符合用户要求的设计。敏捷方法通常是在产品定位相对清晰之后，通过 1～2 周的快速启动，制订出迭代开发计划，然后在开放过程中逐渐完善需求[①]。

综上所述，快速迭代是指产品开发者根据市场和用户反馈快速响应、快速调整修改、快速更新产品版本，从而使产品更满足用户需求、符合用户心意的产品优化过程。快速迭代可以从以下几个方面来理解。

首先，快速迭代是一种产品研发理念。在快速迭代理念的支持下，产品研发是“上线—反馈—修改—上线”这样不断反复更新内容的过程。这种形式非常适合互联网产品或者移动端，可以通过收集数据或用户反馈迅速掌握改进的结果，利用快速迭代的方式在产品与用户之间立即找到平衡点。这种方式能够用极强的时效性让产品越来越接近用户的需求。但有一点需要注意的是，虽然半成品也可以上线，以快速迭代的方式不断进行调整和改善，但是产品几个关键点的核心应用必须确定好，以保证原有产品设计的独特性、唯一性，平衡产品改进前后的用户心理落差。

其次，快速迭代的目的是，在最短的时间内进行快速试错，力求在最短的时间内获得最佳效果。快速迭代要尽早发布，并针对用户提出的反馈以最快速度进行调整，融合到新版本中。尽早发布意味着产品能获得更好的时间窗口和机会，能更快地验证想法并发现错误的部分，避免隔靴搔痒和战略偏差。千万不要等到认为产品“完美”之后再发布。再好的产品，如果没有人使用，也无法称之为完美。快速迭代鼓励开发者尽快将创意呈现在用户面前，而不是沉浸在闭门造车的节奏中。相比先口头向潜在用户宣讲产品创意，开发出的 MVP 能够用于实际演示和测试，有助于直观地被用户感知，继而激发真实的意见，帮助创业者尽早开启“开发—测量—认知”的反馈循环。

最后，快速迭代的关键在于敏捷性和速度，新公司要快速生产出最简化且可实行的产品，并立即获取用户反馈，然后根据消费者反馈对假设进行快速改进。同时，创业者要不断重复这个循环，对重新设计的产品进行测试，并进一步做出调整(Iterations)，或者对行不通的想法进行转型。

当然，并不是任何产品都可以运用这一方法。实施快速迭代有一定的前提条件：一是环境，周围环境在快速变化，产品没有足够的时间来进行用户需求分析及相关测试；二是用户，用户不知道自己真正想要什么，需要通过产品迭代的方式进行试错；三是成本，一般情况下可迭代产品的成本要很低，并且可以快速地进行版本更新。

二、快速迭代的重要性

快速迭代能及时地应对用户需求的变化，使得产品能更加贴近用户的实际需求，从而使得用户体验更加顺畅。人们想象中的用户痛点不可能百分之百地吻合真实的用户痛点。因此，不用幻想能够百分之百地捕捉到用户痛点，只有通过不断科学试错以及快速迭代才能逼近用户的真实痛点。想象中或计划中的解决方案和有效的解决方案

① 施韵涛. 精益创业和敏捷[J]. 程序员，2012(10)：60-62.

也永远不可能重叠，因此只能用快速迭代的方式不断地逼近有效的解决方案。

针对创新型产品，当对产品的最终形态还缺乏概念时，快速迭代可以根据反馈快速地调整产品方向。要尽量避免在无用的功能开发方面浪费时间和精力，这样可以减少不必要的风险。精益创业的关键在于避免因路线错误而造成巨大浪费，通过建立一种开发(Build)、评估(Measure)、学习(Learn)的企业文化机制，快速假设、快速验证、快速调整，有序地进行产品演进和开发。

精益创业提倡企业进行“验证性学习”，先向市场推出极简产品原型，然后在不断的试验和学习中，以最小的成本和有效的方式验证产品是否符合用户需求，灵活调整方向。在精益创业框架里面，人们总是试图通过高速迭代获得产品的不断升级，但是任何迭代都会带来成本。因此，应不断聚焦关键点的产品迭代，同时用最低的成本、最快的速度获取最早的认知。这是精益创业高度迭代的原则。如果产品被用户认可，也应该不断学习，挖掘用户需求，迭代优化产品；如果产品不符合市场需求，最好能“快速地失败、廉价地失败”，而不要“昂贵地失败”。

快速迭代能够促进初创企业自身的产品和服务得到提升。在精益创业的模式下，从“最小可行性产品”出发，每一次迭代都可以寻找用户进行试用，了解用户对产品的看法，寻找产品的不足和用户希望增加乃至修改的功能点。当持续地遵循用户意见并进行开发后，项目组的成果就是产品越来越符合用户想要的效果，而不是开发团队闭门想象的样子。通过持续地“测试—调整”以及快速迭代，创新的成功率和初创企业跨越“创业死亡谷”的概率就能够大大提高。

三、快速迭代的方法

1. 创建迭代规划

首先创建一个新的迭代，并设定迭代的目标、开始和结束时间，然后再往迭代里添加本迭代须实现的需求。迭代需求规划完成后，组织参与迭代过程的团队成员说明本迭代的需求，向团队成员讲解需求的设计思路，再由团队成员充分地讨论需求方案的可行性，预估风险。讨论结束后，团队成员对需求进行工作量评估并根据自己的兴趣主动认领迭代工作任务，完成迭代工作分配。

2. 设置迭代周期

精益创业倡导的是“短周期迭代法”，也就是人们常说的“小步快跑、快速迭代”。经典的迭代模式可能需要两周发布一次。因为产品的复杂性会影响迭代周期，一般把迭代周期设置为 1～6 周为佳。快速迭代是许多公司都推荐的一种开发模式，如创新工场首家孵化的企业豌豆荚一直保持着快速的产品创新和迭代，2013 年豌豆荚 Android 及 Windows 版累计发布了 46 次更新，几乎是每周更新一次；腾讯旗下的 QQ 安全管家是一星期发布一个测试版本，一个月发布一个正式版；小米的 MIUI

更新周期则是每天都有更新给荣誉开发组，每周都更新 ROM 包，提供给用户下载；百度每天都会有上百次更新升级上线，网页搜索的结果页每天都有几十个等待测试上线的升级项目。

3. 开展迭代跟踪

研发过程中经常使用故事墙和燃尽图两种方式进行迭代进度跟踪。故事墙描述了开发过程中的各个阶段，能反映当前团队开发的健康状态。故事墙以卡片的形式，详细地展示了项目的进度。卡片里包含任务内容、任务优先级、任务负责人、当前状态等信息。燃尽图能形象地展示当前迭代中的剩余工作量和剩余工作时间的变化趋势，是反映项目进展的一个指示器。一般团队会根据任务的完成情况对其进行每日更新。燃尽图的走向代表了迭代进度的健康度，当出现异常时，需要对团队开发节奏进行调整。

四、快速迭代的基本原则

1. 重点明确，及时调整

通过分析需求的紧急性和重要性，做出优先级的判定，优先级从 1 排到 10，没有重复；迭代中严格按照优先级顺序开发，即使最后时间不够，也能保证最需要的功能开发完成；每次迭代前重新调整需求的重要性，及时加入重要的业务需求和用户需求，将重要性不高的需求往后调整。

2. 倾听用户的声音、相信用户的直觉

在迭代中充分关注线上版本用户的反馈，并且主动联系用户了解其困扰，在当前迭代或下个迭代时快速进行优化。因此，通过对用户反馈的及时响应，能够更好地获得用户的认可和口碑。

3. 勇于创新、小步快跑

进行快速迭代要把握好节奏。根据用户反馈有序展开，不可一蹴而就，做改头换面的大改动。一是因为要考虑人力、财力和时间成本，二是因为用户使用习惯需要慢慢引导。在迭代中也要勇于创新，快速实现创新想法，并在后续的迭代中不断优化。

4. 持续不断地发现问题，解决问题

通过每天的版本发布来检验团队在每日例会上做出的承诺，以保障持续性地发现和解决问题。测试和验证功能的开发程度，要在第一时间给出反馈，并能快速调整，而不会像瀑布式等到开发末期才发现上述实现问题。

5. 持续提升整个团队的产品优化能力

专业的团队面向一个特定的产品领域，因此需要持续提升整个团队的产品迭代能力。团队需要持续优化用户体验和产品流程；通过产品迭代的速度保持产品团队的用户和市场敏感度；提升产品经理的产品感觉、提高技术团队的产品意识。团队伴随业务而成长，快速迭代，能够持续地提升团队的产品优化能力，从而获得更高的成就感。

五、快速迭代的典型案例

(一)小米 MIUI 系统的快速迭代

小米手机成功的秘诀在于其形成了“开放众包，快速迭代”的模式。小米 MIUI 系统主要有三个版本：体验版、开发版和稳定版。

1. 体验版

体验版每天升级迭代，外部用户没有使用权限。该版本要求主流程通畅，能够使用，允许有密切关注(Focus-close)问题和界面粗糙。此版本的主要目的是保证每天都能解决一些存在的问题。尤其是一些令系统崩溃的问题、应用程序无响应(Application Not Responding)问题等都要在体验版中发现并得到解决。

2. 开发版

开发版主要面对发烧用户，在论坛发布，用户可以选择主动刷机到开发版，每周五更新。这个阶段要求主流程通畅，交互界面无问题，不允许出现崩溃、死机等重大问题。通过用户的操作和反馈，发现更多的问题并进行解决。开发版属于灰度测试，此版本的目的主要是收集反馈信息和问题，进行产品的优化，为稳定版做稳定性测试。

3. 稳定版

手机出厂包，用户购买到的手机均属于稳定版。这个版本要求界面标准、操作流畅，正常情况下不应该有任何问题。目前稳定版的升级时间不定，一般为 1～2 个月进行一个稳定版升级。如此高频度的产品迭代，需要有灵感(创意)的支撑。小米主要通过三个渠道获取用户反馈信息，然后对问题进行分类和处理，从而实现版本迭代。

(1) 论坛。MIUI 论坛是国内目前最活跃的手机论坛，注册用户近千万，每日产生 25 万左右的发帖量，这些是 MIUI 不断完善改进的主要灵感来源。

(2) 手机上报。当出现崩溃、死机等问题时，小米手机会自动上报错误日志，后台会对错误日志进行分析处理，优先解决严重的崩溃、死机问题。

(3) 用户主动反馈。MIUI 上有一个用户反馈 APP，作为用户主动反馈的入口。

通过以上三种途径，MIUI 每天能收集成千上万条反馈记录，通过对反馈记录分类和分析，不断地优化细节，新功能便从中产生。零距离接触用户，即时转化用户需求，实现高速迭代，这是小米能够成功的重要原因。

(二)腾讯的快速迭代

腾讯产品多数是通过快速迭代方式来改进的，因为他们的敏捷管理模式[①]相对完善。具体做法是故事墙+每日晨会+规划游戏+时间盒+产品演示+迭代总结+自运转团体。在敏捷管理过程中，产品经理的角色扮演十分重要。产品经理要培养团队的合作能力以及成员间相互配合解决问题的成就感、信任感。同时，产品经理还需要做到几项主导优化，包括思想优化、代码优化、文档优化、团队沟通优化以及流程优化等。

(三)微信的快速迭代

不伤害用户体验，坚持永远的“测试版”。“成就微信的今天，也可以说是微信最大的优势在于，用户体验是被放在第一位的，每一个细节都是不断打磨出来的。”在微信上线一开始，腾讯公司创始人张小龙副总裁便会每天花 6～8 小时，自己上网浏览用户关于使用体验的帖子。这被认为是微信把用户体验视为产品生命的一个典型案例，而其产品迭代过程则将这一原则发挥到极致。创始团队成员之一的微信基础事业部开发总监陈岳伟说：“在微信正式发布之前，内部前前后后开发了数不清的小版本，基本上是 3 天一个小功能、一周一个大功能的更新。发布之后也是 Beta 版(测试版)，正如腾讯创始人马化腾所说的‘互联网产品永远都是测试版’。”

小步快跑，坚持“小团队”作业。微信创始团队被内部称作“小黑屋 11 人”。这是对起步时工作环境的一个形象说法：原是一间会议室，编程、UI(用户界面)、产品等各个环节的人员把电脑都搬进这个房间，在一起工作。“背后的理念是快速沟通、平等沟通、快速决策。”微信团队一直保持着“小团队”作业的传统，内部各个团队基本维持着十几人的规模。“小团队才能减少沟通成本，市场变化太快，如果你的沟通决策程序太过复杂，可能等你走完这个程序，这个产品就没有做的必要了。”团队认同这样一个“法则”：如果一件事情三五个人做不好，那么三五十个人也做不好。他们的工作方式是：晚上 11 点聚在一起讨论当天的方案直到凌晨三四点；第二天中午十二点实现“同步”，就是把讨论后的方案周知涉及的各个环节的人员；接下来就是把想法做出来，体现到产品体验中。针对做出来的样品，继续下一个如此的循环。[②]当然，这种方式不一定适合所有人。在健康中国的发展理念下，在创新创业的漫漫征途中，更希望创业者及创业团队能够以“健康第一”为首要目标，亲自见证所创立事业的不断成长、壮大。

---

① 敏捷管理(Agile Management)，也称灵捷管理(Celerity Management)。敏捷管理最基本的职责是处理好现有的，由市场拉动的竞争力储备，保证企业具备或通过联合能够直接获得所需的资源，从而使利用顾客机遇变成了可能。敏捷管理充分利用了“机遇、人员和信息”的杠杆作用，主要体现于管理职责、管理目标和管理手段的变化中。

② 从“小黑屋 11 人”到 6 亿用户，揭秘微信创新密码[N]. 新华每日电讯，2015-12-9，第 7 版.

思考题

1. 什么是最小单元实现？谈谈你的理解。
2. 举例说明用户体验的重要性。
3. 仔细阅读材料，论述蘑菇装修是如何实现快速迭代的。

【材料分析题】蘑菇装修的迭代升级

2015 年上半年，蘑菇装修对产品进行了 6 次升级。为了给用户更好的装修体验，他们还将继续致力于产品的迭代升级。

业主需求促进产品更快迭代。据介绍，蘑菇装修的迭代升级主要基于三个层次。第一，业主发现并反馈的问题；第二，蘑菇装修产品经理和 CEO 站在业主角度发现问题并迭代；第三，供应商对产品进行更大程度的优化，提升产品性价比。

产品迭代的目标就是带给用户更好的体验。蘑菇装修 CEO 说："只有真的把自己当成业主，不断思考，不断升级产品，才能在细节上给业主更好的体验。"这就要求产品经理时刻站在用户的角度去发现问题，考虑问题。

一位业主在装修过程中告诉蘑菇装修的项目经理，自己觉得厨房双水槽实际使用起来并不方便。因为双水槽的单个水槽太小，一些大厨具无法放进去，要求将自家的水槽换成单槽。该业主的意见立即反馈到蘑菇装修产品中心，产品中心便在准业主和公司同事之间发起了一个选择单水槽、双水槽的投票活动。结果发现，大多数人都选择了单水槽。因为单水槽空间大，可以清洗锅具，使用起来更方便。于是，产品中心决定将双水槽迭代为品质更高的单水槽，方便业主使用。

有的业主家装修结束后，发现洗衣机入水口与水龙头不匹配。产品研发部又提出了解决方案：帮业主将原有的水龙头调换成国际品牌摩恩万用水龙头。同时，为避免其他业主也可能出现这种水龙头与洗衣机入水口不匹配的情况，蘑菇装修将整居全包的洗衣机水龙头全部迭代为摩恩万用水龙头，以适应所有品牌的洗衣机。

除此之外，还有业主反馈乳胶漆的颜色不够多，业主可选择的范围小。于是，设计师团队紧急根据风格将乳胶漆的颜色升级为 8 种。同时，蘑菇装修深度整合供应链的资源，争取乳胶漆调色不再额外收取费用。针对业主反馈的瓷砖种类少的意见，蘑菇装修也迅速做出反应，设计师团队和供应链团队分别从设计风格角度、主材品质、价格角度将瓷砖种类增加至 10 个。为了不断迭代产品，蘑菇装修正在开拓各品类的建材龙头企业，通过战略合作聚集更多的优势品牌及产品、服务，大幅度地提升产品性价比。

蘑菇装修 CEO 在业主家发现，厨房橱柜样式单一，业主几乎只能选择同一色系。有的业主家是新中式的装修风格，但是橱柜颜色却是原木色的苹果木，业主反映橱柜的颜色可选性小。为此，蘑菇装修要求产品供应链择期增加橱柜颜色，将原有的橱柜颜色升级到 6 种。虽然，入户门套主材因为成本太高，最初并未进入蘑菇装修的套餐中，但大部分业主都有这个需求。

不断地迭代升级，会造成主材成本和施工成本大幅度增加。供应链从成本角度考虑，关心是不是超出成本，但产品经理只负责用户体验，不多关注成本，所以两者之间的矛盾难免。为了让业主体验再次迭代升级，蘑菇装修通过整合供应链资源，要求产品部门在不提高费用的基础上增加以上服务，提升服务的性价比和用户体验。

蘑菇装修又发现，个别业主自己搭配的软装家具与硬装风格不符，导致整个家居环境缺乏美感。于是，要求产品部门针对硬装风格开发出软装方案，为业主提供从硬装到软装的整套装修方案，业主只需拎包入住即可。

(资料来源：半年 6 次产品升级 蘑菇装修倾力打造极致服务体验. http://www.jia360.com/2015/0630/1435636056856.html)

第八章 创业：设计商业模式

内容提要

本章讨论“五创”路径理论中的“创业”。从商业模式的含义、基因组成入手，讲解商业模式标准化、创新性、可复制性等创建原则，阐述商业模式的技术驱动、应用驱动、资本驱动等设计方法，最后介绍平台、入口、储值卡等几种典型的创业模式。

凡是能独立工作的人，一定能对自己的工作开辟一条新的路线。

——**吴有训**

第一节　商业模式概述

一、商业模式的含义

20 世纪 90 年代起，随着互联网和新兴产业的发展，“商业模式”这一概念开始引起商业界的关注，并逐步成为学术界的研究热点。由于商业模式自身的特殊性与复杂性，对于商业模式的定义并没有统一。很多学者根据自己的研究角度来定义商业模式，主要从整体系统角度、经营战略角度和价值链角度展开了讨论。

(一)基于整体系统的角度

一般认为，商业模式是产品、服务、信息流的整体框架，其中包括对所有商业活动的参与者及他们的角色、潜在收益、收入来源的描述。阿米特(Amit)和佐特(Zott)(2006—2009)通过对电子商务企业进行案例研究，总结出“商业模式”就是为了创造更多的价值，通过开发新的商业机会而对交易内容、交易结构、交易治理机制进行设计的描述。两位学者在近期的研究中运用企业外部交易的视角，认为商业模式是一些互相作用的活动组成的系统①。这个系统超越了企业本身，拓展了企业边界，使得企业与其相关者共同创造并分享价值。

罗珉等(2005)认为商业模式就是企业在现有的资源和能力下进行资源整合，来获取额外利润的战略创新、组织结构体系、制度安排的集合；2015 年，他们进一步提出了互联网时代下的商业模式概念，是供需双方在充满不确定性和边界模糊的互联网下，通过社群平台来实现企业的隔离机制，以维护组织稳定并实现连接红利的模式群②。

(二)基于经营战略的角度

哈梅尔(Hamel)(2003)指出商业模式是企业经营者关于企业如何经营、如何满足客户需求的一套经营模式。其主要框架包括四个部分：客户界面、战略性资源、核心战略和价值网络，要求要素在高效性、独特性、一致性和获取利润等作用下互相作用。程愚(2010)等指出，商业模式的本质是战略决策的过程，但与一般战略决策有较大区别，商业模式具有独特性，是在全价值链整合的意义上形成的整套的、系统的决策③。

(三)基于价值链的角度

迪博松(Dubosson)(2002)等认为商业模式是企业为了获得可持续盈利的收益流，

---

① Amit R, Zott C. Value Create in E-Business[J]. Strategic Management Journal, 2000(22)：493-520.

② 罗珉，曾涛，周思伟. 企业商业模式创新：基于租金理论的解释[J]. 中国工业经济，2005(7)：73-81.

③ 程愚，孙建国，宋文文，等. 商业模式、营运效应与企业绩效[J]. 中国工业经济，2002(7)：83-95.

而构建的一个价值创造、价值营销、价值传递和客户关系资本的企业架构和合作伙伴网络。翁君奕(2004)将企业所处的内外经营环境进行细分，根据细分环境间的信息互动和联系，来界定商业模式是客户界面、伙伴界面、内部构造中的要素的有效组合，通过价值主张、价值支撑、价值保持等组成的价值分析体系来进行商业模式创新①。魏江等(2012)给企业商业模式下了一个明确的定义，商业模式是一个描述客户价值主张、价值创造、价值获取等活动连接的架构，其包含了从满足客户价值主张到企业创造价值，最终获取价值的一系列活动②。

简而言之，通过商业模式的研究可以看出，商业模式的概念并没有一个统一的定义，每个研究者都根据自己的研究视角提出了商业模式的概念。从整体系统的角度，到后来的经营战略的角度，再到价值链的角度，商业模式的概念也在进一步演变和深化。

商业模式，这个 20 世纪 90 年代初流行起来的概念，影响着人们的日常生活，更驱动了创新创业发展的国家战略。商业模式是管理学的重要研究对象之一，也是 MBA、EMBA 等专业的主流课程。

因此，在借鉴学者研究的基础上，结合当前创新创业发展进程中商业模式的本质，本书认为商业模式是指企业为了实现自身的可持续发展，在客户主张、产品价值与企业内外条件之间形成的各种连接方式和交易关系。从根本上看，企业发展的核心要素便是企业的基因。由此可见，在分析商业模式过程中，需要关注企业商业模式的基因组成，以及各基因之间的关系网络，从而形成一个健康、持续、稳定、规范的商业模式。

二、商业模式设计的特点

1. 商业模式设计的目的是把做不成的事变为可以做成的事情

创业本身就是要将他人或自己此前做不成的商业，转变为自己可以做成的商业，这要靠商业模式的设计来实现。商业模式设计是创业机会开发的重要环节。在有创业机会的情况下，如果创业者设计、开发不出可行的商业模式，则资源获取及整合就无明确的方向，更谈不上起步创业之后的事情，且多会陷入盲目创业的绝境。基于此，创业者一旦发现了有价值的创业机会，且意在创业，则必须着力设计、开发创业所需的商业模式。

2. 理想的商业模式设计有两个基本特征

创业是循序渐进的过程，特定的创业活动要能给创业者带来最大化的利润。为

① 翁君奕. 观商务模式：管理领域前纳米研究[J]. 中国经济问题，2004(1)：34-40.

② 魏江，刘洋，应瑛. 商业模式内涵与研究框架建构[J]. 科研管理，2012(5)：107-114.

此，理想的商业模式设计至少有两个基本特征，一是短期看，理想的商业模式应有助于新创企业尽快实现“正的现金流”；二是长期看，理想的商业模式应有助于新创企业用尽可能少的资源做成尽可能大的商业，从而使整个创业活动为创业者带来最大化的利润。由此，某种商业模式未来能为新创企业带来利益的最大化，是创业者创业的动因。

3. 商业模式设计是一个反复试错、修正的过程

商业模式本质上是为客户创造并传递价值，使客户感受并享受到企业为其创造的价值的系统。价值体现、价值创造、价值传递、盈利方式是商业模式最基本的体现。针对特定的创新创业活动，要设计出理想的商业模式，需要分别对每个要素进行设计，并使各要素之间处于相互协调匹配的状态。因此，商业模式需要反复地进行试错和修正，从而设计出理想的商业模式。

4. 商业模式设计是企业战略发展的基础

创业不但要有理想的商业模式，还要有持续努力的总体战略。商业模式决定创业能否启动与实施，从而也决定着新创企业未来的可持续发展问题。因此，商业模式通常先于战略决策，是战略生成的基础。新创企业的战略则在商业模式的基础上决定其未来拟走道路的选择。因此，创业者要为新创企业设计、开发理想的商业模式，为未来的企业战略发展奠定基础。

第二节　商业模式的基因组成

人们周围生长着各种类型的企业，有的企业开始不为人关注，可是经过几年的发展，就迅速成长为行业领军企业，如百度、小米(资料拓展 8-1)；有的企业始终名不见经传，但是在行业内却具有举足轻重的地位，比如软通动力；有的企业不温不火始终保持在一定规模，没有惊天动地的大事件，但始终平稳发展，比如汉王科技；有的企业历经数百年，依然长盛不衰，比如承载 560 多年历史的便宜坊烤鸭店和 390 多年历史的同仁堂药店。在生物界，基因是生命特征的基本单元，它储存着生命孕育、成长、凋亡的过程。任何一个企业的诞生和成长，都像生物界的一个生物，基因决定了其生命周期。因此，商业模式的基因组成便成为企业发展的核心要素。

社会上的各类企业五彩缤纷，就像生物界的各个物种一样，除了外界环境的不同外，更为关键的是，由于不同的基因决定了不同物种。在众多企业物种构成的生态系统中，商业模式的基因不同就会造就不同类型的企业。商业模式的基因决定了企业的物种。因此，要研究创新创业，必须先挖掘商业模式的基因。

【资料拓展 8-1】小米的商业模式创新

雷军领导的小米，依赖商业模式创新，特别是对营销体系的颠覆，为企业创造了源源不断的发展动力。小米充分利用互联网，将客户体验做到极致，创造了粉丝营销模式。小米将原来通过广告获取目标客户，变为现在通过跟踪将目标客户转化为用户，进而实现销售收入的模式，成功地把销售漏斗颠覆为销售金字塔，创造了几何级数增长的发展速度。小米是全球第四大智能手机厂商，通过生态链产品改变了 100 多个行业，全面推动了商业效率的提升，进入了全球 74 个国家和地区，建起了全球最大的消费物联网平台。不仅是手机，小米电视也已经拿下了中国第一，小米手环、移动电源、平衡车等也斩获了十多个第一，在众多领域一次又一次地证明了“小米模式”的先进性。目前，小米已经建立了完整的小米生态系统。经过 8 年的创新创业，小米于 2018 年 7 月 9 日在中国香港主板成功上市。

企业如同生物，也有生命。从诞生之初，到青春盛年，再到迟暮老年，企业的成长也存在这样的生命周期。如果把不同类型的企业比作不同的商业物种，那么决定商业物种的便是商业模式的基因。众所周知，生物的基因序列非常长，不同的基因组决定了生物不同部位的属性。企业也是一样，决定企业发展的因素非常多。可以将决定企业物种的基因划分为五个组：客户基因组、市场基因组、资金基因组、技术基因组和人才基因组(见图 8-1)。

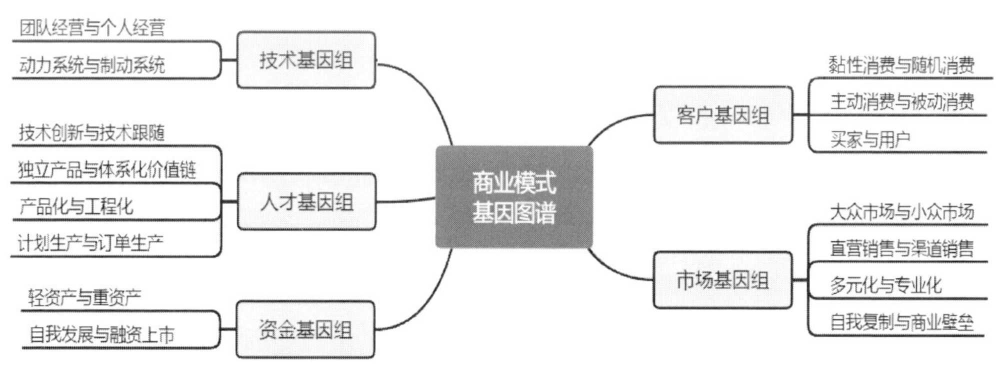

图 8-1 商业模式基因图谱

一、客户基因组

创新创业的原点是找到没有被满足的市场需求，瞄准一定的客户群体，找到他们的消费需求，这是创业者要解决的第一个问题。客户基因组决定了企业服务的对象，提供什么类型的服务。因此，客户基因组着重谈黏性消费和随机消费、主动消费和被动消费、买家与用户等几个方面。

1. 黏性消费与随机消费

消费者与企业的关系有黏性和随机之分。黏性消费是一生一世的需求，是持续性的需求；随机消费是一生一次的需求，属于偶然性消费。人们多数情况下是随机消费，少数情况下是黏性消费。随机消费对于企业来讲就很痛苦，交易一旦完成，双方关系就结束了，下一个客户在哪儿，又不得而知。因此，企业没有办法保持持续稳定的收入，很容易陷入困境。

黏性消费是企业持续收入的源泉，除了靠优质产品和服务赢得消费者黏性外，还可以通过模式创新赢得消费者黏性。在资料拓展 8-2 中，烧烤店利用点餐的机会，向客户传递了会员卡的信息，又在会员卡办理成功后推出了赠送菜品服务，很好地利用了客户的黏性消费基因，实现了服务链接。

【资料拓展 8-2】黏性消费

消费者到某烧烤店用餐，服务员在点餐期间说："如果办充值会员卡可以享受八折优惠。"消费者被打动了，办理了 1000 元充值会员卡，在用餐之后的一周收到烧烤店发来的赠送菜品的通知，被告知在 1 个月内如果去店内用餐，将获赠一份价值 58 元的牛肉。

问题思考

1. 烧烤店为什么要让消费者办充值会员卡？
2. 用餐是随机消费还是黏性消费？
3. 如何构建黏性消费体系？

互联网时代，信息以几何级数快速膨胀，企业可以借助网站广告、搜索引擎等方式快速寻找客户，客户可以通过电子商务平台快速寻找产品。但是，企业通过互联网找到的客户大有不同，一种是黏性消费的客户，另一种是随机消费的客户。

第一代互联网企业，以新浪、搜狐为代表的门户网站，凭点击量赚取广告主投放的广告费。随着互联网技术的不断进步，广告主不再凭点击量付费，而是凭有效导流客户量，甚至是成交客户量付费，互联网企业开始转变经营方式，由原来的眼球经济，转变为个性化服务获取黏性消费者。

因此，黏性也可以由随机消费转化而来，关键看如何设计。设计黏性消费的思路有两个：一是将满足客户的瞬间需求时间拉长，不断地进行满足；二是基本需求免费、增值服务收费，产品销售完成之时，不是关系的结束，而是客户关系的开始。比如移动通信运营商经常推出"预存话费换手机"业务，消费者预存 1 年话费，可免费领取一款品牌手机，预存 2 年话费可换一款更高端的品牌手机。为什么要让消费者预存话费呢？又为什么送消费者手机呢？这是在设计黏性消费。

原则上，移动、电信、联通三家运营商的服务内容没有本质区别，如果消费者在哪一家体验不好，可能下一个月就换另外一家。换张 SIM 卡很简单，换一家运营商的卡，消费者就转移了消费需求。这样，对于前一家运营商来说，就是流失了客户，失去了固定的客户来源。通过预存话费换手机业务，运营商就可以将客户黏连在自己身边。表面上看预存话费还是属于消费者的，消费者并没多花钱，还免费得到一部手机，占了便宜。但对于运营商来讲，却有着非常重要的意义。首先，预存 1 年或 2 年话费，消费者就不会轻易地更换运营商；其次，如果在近 1 年或 2 年的时间里保持稳定，运营商以后也不会太担心消费者流失，这样就保证了稳定的客户。

当基本服务稳定以后，增值服务便随之而来。消费者打电话需要消费通话费，上网传文件、看视频、刷微信等需要消费流量费。尤其是 4G、5G 时代，流量一般都不够用。于是，运营商又会给消费者设计不同规格的流量包，消费者需要再花钱买。所以，通过一项基本服务，只要运营商能把消费者固定住，那么后面的增值服务收入就会源源不断。

黏性消费是一种习惯的养成。在“互联网+”的商业模式中，有很多是关于习惯养成的。互联网改变了人们的生活习惯和消费习惯。从生理学和心理学角度，人们通常 21 天会养成一个习惯。曾有大众消费品商家给消费者设计了一个 21 天试用装，到第 22 天消费者用完了，大部分消费者会自己购买，因为他已经养成习惯了。

黏性消费是企业稳定利润的一个基本来源。比如苹果手机，改变了人们使用手机的模式。只有打电话功能时，手机没有很强的黏性，所以人们丢失手机的情况较多。现在丢手机的人相对很少了，因为人们不时地就掏出来看看。除了苹果手机产品外，同时推出了一个 App Store，大量的应用可以通过 App Store 下载并安装到手机上。此时，手机的功能就不仅是打电话、发短信了，刷微信、开微店、炒股票、看新闻、看电影、玩游戏、发文件、批公文等，几乎电脑上能实现的功能，在手机上都能实现了。使用手机、查阅手机的频率就大幅度提高了，手机随时不离眼，不离手，便不容易丢了。2016 年年初，有人对微信做了统计，发现中国微信有 6.8 亿的活跃用户，每天使用微信的次数是人均 26 次，所以它的黏性也就更强了。

2. 主动消费与被动消费

从消费动机来看，客户消费有主动消费和被动消费之分。主动消费，就是客户自觉消费，并且愿意推荐给周围的其他朋友。被动消费，是客户在厂商推销之下消费的，不愿意或者没有动力推荐给其他朋友。

传统的推销手段，就是让客户被动消费。传统的推销手段包括探访客户需求，主动讲解产品，让客户体验产品功能，然后再通过价格优惠去促销。但是，有时推销不是一个最好的手段，即使是成交了，客户的感觉也不一定好。因此，好的商业模式一定是让客户主动消费。

客户主动消费一般有几个前提，一是一定要找到客户的痛点或者痒点，知道客户到底是哪里有问题。二是有易感召、易传播的自动传播渠道。所谓易感召就是产品要能打动客户，而且能够满足客户需求，更为重要的是要满足客户的隐性需求。这时候客户已经认可产品了，会自动进行传播。当然，要希望消费者自动进行传播，还应该设计一种消费机制。比如团购网上就有一种机制(资料拓展 8-3)，就是给推荐客户提供好处，把本来支付给业务员的佣金和广告费，变成推荐客户的奖励，实现主动消费。

【资料拓展 8-3】网络团购的设计机制

网络团购的机制设计，就是把易感召和自动传播路径设计好。团购网上首先是要让消费者召集一定的人数，才可以享受团购价格。如果一个消费者特别喜欢某一商品时，可是必须 5 人才能成团，为了自己能享受团购价，消费者就会去召集另外 4 个人。其次是让消费者传播起来非常方便。团购网上都有一个区域，即网站上单击最方便的地方，各种通道都给设计好了，比如微信、微博、人人、QQ 等。那里有个小按钮，单击按钮之后，一个字都不用写，网站已经替消费者编写好了推荐文字，消费者只需要单击“提交”按钮即可发出。这样，传播信息就发到了消费者的微博、微信、QQ 空间等，实现了自动传播。

消费机制是让消费者有动力自动传播产品。消费者通过微博、微信等方式分享出去以后，可能会有人来消费。每来一个新消费者，企业会奖励给推荐人现金。如滴滴出行软件就是这么设计的，滴滴车主推荐一位新车主进入，便奖励推荐人 50 元。这样，让客户去推荐客户，效率更高，毕竟消费者更愿意相信用户。利用这种机制，让消费者推荐新客户，叫作客户主动消费动力系统。最后，把提成奖励给客户，让客户变成企业的业务员，实现了一传十、十传百的一呼百应的效能。

设计主动消费也有一定的技巧，可以从三个方面考虑。一是推荐积分机制，就是推荐之后进行积分提升或直接奖励。二是通过各种段子、短片或者微信公众号，或者自己发信息让客户能够主动消费，可以包含商业推广信息。三是基础功能免费，增值业务收费。当然，不是所有业务都免费服务，免费的一定是最好的，最好的一定是最贵的。不同的业务要不同对待。

3. 买家与用户

在很多情况下，产品的购买者和消费者不是同一个人(资料拓展 8-4)。因此，既要研究买家的需求，也要研究用户的需求。因为有许多商品，买的人不用，用的人不买。比如高端礼品，5000 元一瓶的茅台酒，买这种酒的人大都不会买一瓶回家自己喝。喝这种酒的人，也大都不是自己花钱买的。所以“买的人不用，用的人不买”成为这种消费的基本属性。买家买月饼之所以要过度奢华包装，是因为买月饼的人心智模式需要体面。用户是要实用，讲究产品的功能和性能。所以要同时研究买家和用户两个消费主体的心智。

一是买家心智模式，买东西的人讲究体面，要方便送，送后要好用，价格还得在承受范围内。所以这几年礼品月饼逐渐变成月饼卡，不再是实物。带着一大堆月饼挨门去送很麻烦，而送卡就比较方便了。

二是用户心智模式，用户讲究实用，讲究省心。送月饼用户不一定喜欢，而送卡的话，用户方便购买自己需要的东西，两全其美。因此，既能达成买家心愿，又能满足用户需求，很好地解决了买家与用户的各自需求。

【资料拓展 8-4】买家与用户

小学 5 年级的萌萌因为学习成绩一般，妈妈在某个培训机构给她报了一对一课外补习班，每次课 2 小时，500 元/次，如果一次买 100 次就送 50 次，妈妈很愉快地交了 5 万元，一次性购买了 100 次课程，获赠 50 次课。

问题思考

1. 萌萌是不是消费者？
2. 那家培训公司的销售员应该重点做孩子的工作还是重点做妈妈的工作？
3. 决定要不要二次购买的是萌萌还是妈妈？

4. 客户基因组的用户提取

客户基因组有许多因素，商业模式中最终解决的是用户问题。因此，必须将客户变成可以消费的用户。一般来说，客户从不认识到变成用户，大概经历四个状态：第一个状态是知道，第二个状态是明白，第三个状态是相信，第四个状态是行动。

1) 解决“知道”之问

解决“知道”这个问题，就是让客户“知道”产品，“知道”产品的服务，“知道”产品所属的企业。广告可以解决海量客户“知道”的问题，要在 0.3～5 秒钟打动客户。0.3 秒是快速浏览杂志停在一页上的时间。如果客户在快速浏览的过程中突然被一页广告打动，把眼睛停驻在这儿，这个广告就成功了！最好的广告不是讲明白，而是引发兴趣。基于这一点，在设计广告时，千万不要在一个广告中表达很多内容，而是越简单越好。所以互联网企业的广告都非常简单，就是引发兴趣，让读者产生好奇心，让读者拥有想象的空间。

2000 年，一家做金融行业客户关系管理软件的公司，设计了一个会刊广告，被列入当年广告创意设计前 100 强。当时，这个会刊广告设计了一把很古典的小提琴，整把琴占了 2/3 版面，小提琴上斜放着琴弓，沿着琴弓画了一个股票 K 线图，类似五线谱，右上方空白处写了一句话“演绎您的财富乐章”。整本会刊中大部分都是文字和烦琐的图片，只有这一把古典小提琴，引发了读者的好奇心。在众多的金融行业管理软件汇聚的刊物中，赫然出现一把小提琴，会让读者眼球出现一种跳跃感，他马上就会停下来看一眼。这个广告就成功了。

2) 解析“明白”之理

第二个状态是明白。找到目标客户后，下一个环节是给目标客户讲清楚产品，用企业的产品宣传材料，或者技术白皮书，或者宣讲 PPT 都可以。但是一定要用客户思维，也称之为用客户语言去介绍。现实中发现，很多企业在跟客户对话的时候，就像是客户仅能听懂汉语，而你却在讲英语一样，结果可想而知。也就是说，没有从客户的角度去讲解产品，无法让客户“明白”。实际上，大部分人在介绍产品时，完全是从自我的角度出发，没有考虑客户感受。而“明白”其实就是让产品介绍进入客户大脑，按照客户思维，按照客户的习惯介绍产品和企业。

3) 破解“相信”之惑

第三个状态叫作相信。这是销售过程中一个里程碑式的转折点。这个环节是客户质的转化。客户有两个相信对象，第一是相信给他介绍的人，如山东人做事就比其他地方人做事的成功率高，因为“山东人”三个字，代表着实在、诚实、踏实和可信，这是几十代山东人流传下来的宝贵品牌财富。商场上经常说“做事先做人”，就是先要让客户相信销售员的为人。

其次是相信用户案例，就是用案例去佐证产品可靠，参观典型用户。通过这些案例能够产生里程碑式的转折。如互联网上如何实现客户的信任呢？网店一般会有一个用户评价，消费者在网上买东西下单的时候，除了看产品介绍以外，最重要的就是销售量和客户评价，看用户评价的数量，看用户评价的结果，好评与差评都是影响消费者下单的重要因素。

4) 紧握“行动”之速

第四个状态叫作行动，就是客户在瞬间产生冲动采取的购买行为。在这个环节上，无论是线上还是线下营销，都要解决三件事：为什么买，为什么买你的产品或服务，为什么现在买你的产品或服务。前两件事一般都比较顺理成章。“为什么现在买”是最重要的问题，也是大部分企业很容易忽视的一个问题，就是最后的行动怎么做。即是否通过即时支付进行消费或签约成功。有很多企业没做或者是没做好，大部分企业认为客户最后买的行动应该由客户去考虑，不是企业去考虑。可是恰恰这时会错过商机。企业应该替客户考虑细致，讲清楚最后的采购动作到底要怎么做。如明确告诉客户采购的动作需要几步，包括怎么签约、怎么付款、怎么发货、怎么服务等，这是成交的临门一脚，必须做到位，否则将会前功尽弃。

经过上述四个环节，客户就逐步从知道到明白，从明白到相信，从相信到行动完成了整个营销动作，从而把客户真正地变成了企业的用户。

二、市场基因组

根据客户需求和市场竞争形式，企业会采取一系列的市场开拓措施。市场基因组分析了企业所面对的市场策略，能够让创业者更好地设计商业模式。将占领目标市场，获取市场份额，作为自己的行动指南。在为客户创造价值的同时，企业赚取相应的既得利润。

1. 大众市场与小众市场

随着互联网的深入应用，各行各业的市场越来越细分，越是细分市场可能机会越多。因此，企业要借助互联网对市场进行细分，针对不同的细分市场制定相应的营销策略。

在做市场分析时，许多创业团队往往会将全国市场甚至全球市场都拿来分析，陷入地域困境。实际上市场分为三层，分别是广义市场、狭义市场和切入市场(见图 8-2)。广义市场是指从适用范围来说有可能接收产品或服务的市场。这是一个极为广泛的市场，但是不一定跟创业团队有多大关系。狭义市场是指有可能覆盖到的市场。从市场营销的可能性角度分析，产品或服务在未来可能覆盖的市场范围。切入市场是指从创业团队的现实情况来说，产品或服务可以获得的市场。

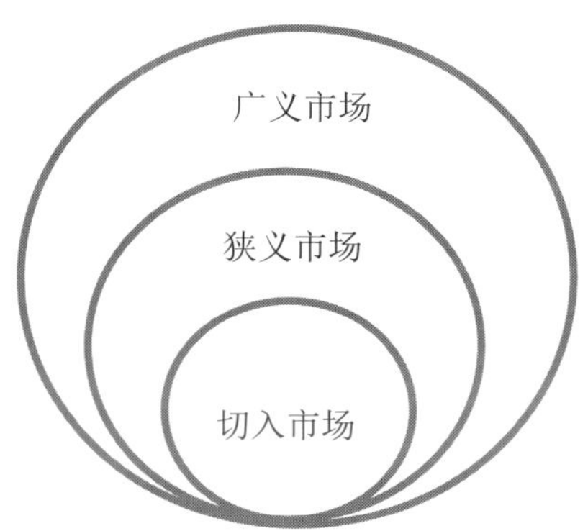

图 8-2　市场分类

市场细分具有无穷的力量。大众市场是不是机会多呢？小众市场是不是生意少呢？不一定，很有可能是“大众不大，小众不小”。现代互联网已经让很多行业进行了 O2O 转型，建立了移动互联网平台。要想再建一个覆盖全行业的或者说覆盖大众的平台，几乎没有太大机会了。相反，建立一些细分市场的平台却可能有机会。因此，要把握好市场细分的原则(资料拓展 8-5)。比如“许鲜网”，针对上班族吃新鲜水果难的问题，构建了一个专门针对上班族，配送新鲜水果的移动互联网平台，可以根据客户约定的时间和地点，将最新鲜的水果配送到办公室或者配送到家。在这一过程中，有任何腐烂变质的情况，都可以免费退换。这一平台，很多人都特别喜欢，满足了这一特殊群体的消费需求，开拓了独到的市场领域。可见，把市场细分做好，不见得做所有人的生意。

【资料拓展 8-5】市场细分的原则

做市场细分有四条原则：第一，交易数据积累是市场细分的基础。对于已经有很多交易量的平台，可以分出一系列的细分市场。第二，建立市场细分的维度。即从哪些维度细分市场，如按照年龄、职业、区域、民族等，可以有很多维度去细分。第三，利用大数据自动进行市场细分。首先获取大数据，可以通过交易平台积累大数据，也可以对接或者购买第三方的大数据，然后建立数学分析模型，对市场进行细分。第四，对细分市场的客户特征进行描述。就是要知道细分市场的这些人属于什么类型，有什么特征，分布在哪些地域，有哪些爱好等，一定要精准地对接，越精准，将来所采取的行为才越有针对性。

做好大众市场，需要遵循四条准则。

第一条，瞄准客户心智，建立产品品牌。品牌心智模式是指找到一个消费者心中已有的概念和要塑造的品牌画等号的一种习以为常、理所当然的认知模式。这种心智模式不是在消费者心里树立一个新概念，而是找一个消费者心里已有的概念，将其与想要塑造的品牌画等号。如“东戴河”的产生便利用了这种品牌心智模式。

第二条，瞄准客户习惯，建立信息渠道。就是客户喜欢用什么渠道获取信息，就用这个渠道把信息送到。现在手机已经成为人们获取信息的第一渠道。客户天天看手机，而在电视上做广告的影响就有限。当然，如果想影响“40 后”和“50 后”的老年人，可以在电视上做广告，因为他们还是以看电视为主，手机用得少。但是要想影响“00 后”“90 后”“80 后”的年轻人，就要想办法通过手机把信息传递给他们，因为他们的大部分时间都给了手机。所以，要针对不同的客户特点，瞄准客户习惯，有效地建立信息渠道。

第三条，瞄准对客户的便捷性，建立物流通道。客户有了需求后，通过有效的物流通道将产品递交给客户，是产品成交的关键一环。因此，便需要关注物流体系。物流体系需围绕客户去建立，如阿里除了做网络平台以外，还有“菜鸟物流”。最近山东很多地方跟“菜鸟物流”签了协议。阿里巴巴未来 5 年的三大战略之一是农村电商。农村电商要解决的一个最重要的难题是物流，“菜鸟物流”就得借助各种平台，覆盖全部农村。借助邮政通路①，“菜鸟物流”很好地把电商订单的货物发送出去。

第四条，瞄准客户价值，塑造服务形象。现在，人们的消费更注重服务质量，服务到位就可以赢得客户。电商时代，客户是拿脚投票的，如果失望、抵制或不满意，他们会自动放弃。服务到位的商家可以赢得客户；服务不到位时，客户瞬间就可以选择替代品。互联网时代，表面上看是企业获取客户的机会多了，但其实客户跑得也比

① 中国邮政物流是一个遍及全国的无死角物流体系，包括在新疆、西藏 600 公里没有人烟的地方，都连通了邮政体系。

以前快了。因此，要研究客户价值，瞄准客户价值来塑造产品或服务形象，以更好地吸引客户，留住客户。

小众市场是指产品或服务所针对的受众量比较少的市场。“小众市场”是与“大众市场”相对而言的，有着特定的消费对象。在人们心目中，可能只有大众消费品，鞋帽、服装、食品才可以利用移动互联网。实际上，对小众商品，移动互联网工具可能更好用，建立圈子，可以把客户的黏性稳定住。做好小众市场，需要从以下几个方面着手。

第一条，要用细分的思维，精确地划分客户类型，划得越细越好。

第二条，要用窄告[①]方式，精确地送达商业信息。面对小众市场，不要做广告，而要做窄告。比如，北京有一家压力校验仪的企业，不是生产水压、气压等压力计，而是生产给压力计做校验的仪器。这个市场是一个很窄的细分市场，客户是非常有限的少数人。不像大众市场，谁都有可能成为目标客户，但是小众市场，通过窄告的方式定向给客户送达信息，就能很好地定位到客户。这家企业互联网做得特别棒，而且还不做中国市场，只做欧洲市场(资料拓展 8-6)。

【资料拓展 8-6】压力校验仪企业的欧洲市场开拓

第一步，先找美国人写产品介绍。即直接让公司的美国员工，用他们的语言描述产品。再将英语产品介绍翻译成汉语、德语、法语、俄语、西班牙语、意大利语和蒙古语七国语言，翻译以后放到公司网站上。先把产品介绍基础做到位，而且符合西方人的习惯和思维。

第二步，参加各种展会，收集目标客户。通过参加各种活动，收集到一些目标客户并进行整理，建立一个数据库。然后，每周给这些人发邮件、发短信，建立类似微信的圈子。欧洲人习惯用 Twitter、FaceBook，他们就选择了几个欧洲人最常用的工具，建立了类似于微信的公众号。有了公众号，每天都在上面发信息，包括签约新客户，技术改进，参加活动等。

经过一年的时间，他们在欧洲积累了 3000 个比较有意向的目标客户，然后寻找代理商。因为产品安装、现场培训、物流运输等需要本地化，所以，他们带着客户去找代理商。比如在意大利，从数据库中查找到 280 个意大利客户，然后带着这 280 个客户到意大利找一个代理商。就这样，他在欧洲这几个大的国家很快就把代理商确定了。现在负责欧洲市场的就两个人，2012 年收入 200 多万欧元，2013 年收入 400 多万欧元，到 2014 年收入 700 多万欧元。

思考：在该案例中，通过努力已经有了目标客户，为什么还要找代理商？

---

① 窄告是指客户投放的信息直接投放到与之内容相关的网络媒体上的文章周围，也被称为“窄而告之”“专而告之”。同时，窄告还会根据浏览者的偏好、使用习性、地理位置、访问历史等信息，有针对性地将信息投放到真正感兴趣的浏览者面前。

第三条，用解决方案来系统地解决客户的难题。不是单纯地卖产品，而是给客户提供系统的解决方案。

第四条，用贴心的服务去满足客户的个性化需求。小众市场的个性化需求一定是很强烈的，不能用一个通用产品满足其需求，一定要了解客户的个性需求，从而更好地通过个性服务来获取小众市场。

2. 直营销售与渠道销售

直营销售和渠道销售是不同企业的不同选择。一般来说，直营销售比较适合项目和工程，尤其是大型的项目或者工程，其重点在于客户的跟踪与转化。渠道销售比较适合标准化的产品，它侧重于解决产品和资金的流动速度和流动去向。

直营销售针对不同的对象，有不同的策略。传统的直营销售需要考虑四个方面：一是充分理解客户的需求。精确掌握客户的需求，不仅包括客户的显性需求，还有客户的隐性需求。二是准确把握客户的决策流程。有的项目属于政府采购，超过一定金额必须走招投标程序。三是确定客户的关键人。在整个销售过程中，有几个人是起决定性作用的，比如技术把关、商务谈判、决策审批等。四是提供过硬的解决方案。按照投标方式的要求，向客户提供能够解决客户核心问题的技术方案，提供具有竞争优势的商务方案。

互联网时代，依托互联网也可以打造比较方便的直营销售。这种模式有五种有效手段：第一种是粉丝团或者圈子。企业可以按照客户的不同类别，建立相应的粉丝群，把重点客户都邀请进群。同时，也可以将重点客户分不同的群，如签约客户建一个群，准客户建一个群，意向客户建一个群，把客户实时管理起来。第二种是口碑传播或者病毒式营销。一旦有一件事感动客户，便借助互联网快速传播，再辅之以主动消费机制的设计，让客户做到口碑传播。第三种是客户参与。让客户一起参与产品设计，在过程中不断反馈，把客户的反馈体现在产品里面。第四种是客户体验。互联网特别强调客户体验。如果客户体验不好，瞬间就会选择其他商家，需要通过客户体验产生黏性消费，否则有可能导致意想不到的后果。51用车曾经轰动一时，却以失败告终，就是因为客户体验不好(资料拓展8-7)。第五种是饥饿营销。在商品或服务的商业推广中，企业经常会采用饥饿营销策略。他们有意调低产量，以期达到调控供求关系、制造供不应求的“假象”，用以维护产品形象并维持商品较高售价和利润率。网络直销重在赢得人气，现在有很多商业模式用传统的逻辑看不懂，因为它是一种互联网的逻辑，先把人聚过来，然后再研究怎么从这些人身上挣钱，甚至不从这些人身上挣钱，而从第三方去挣钱，就是人们常说的“羊毛出在狗身上，猪去买单”。

渠道管理就是管理好分级代理商，以前代理商有很多级，厂家最关心的是产品从厂家流向消费者和资金从消费者流向厂家过程中的流动速度和流动方向问题。厂家最担心的是串货和资金在渠道中沉淀。串货会扰乱市场秩序，不同地方价格会有差异，地区之间串货，或者一个地区的代理商之间串货，都会影响整个渠道的管理。

【资料拓展 8-7】51 用车

被众多知名投资人投资过的“51 用车”，某一天出了一个小事故，所有移动的手机用户登录之后，显示信息混乱，3 天没有恢复，仅此一项，使其客户丢失过半。曾经是北京第一大出行服务运营公司的“51 用车”，从此一蹶不振，直到 2016 年 3 月宣布停业关闭。

互联网改变了渠道的模式，使更多产品转为了直销，互联网把渠道给革命了。实体商场是渠道，商场本身不生产商品，也不是最终用户，只是一个中间商。随着电商的普及，实体商场基本上难以为继了。

银行也是渠道，钱都是储户的，银行只是把储户的钱贷给企业，赚取存贷之间的利差，互联网金融产生了 P2P，让储户把钱直接通过互联网贷给了需要钱的人，银行被短路了。

要做好渠道销售，第一个是充分产品化。有很多企业做出半成品就开始销售，没有做到产品化程度。判断产品化程度有两个原则：一是用户拿到产品不需要培训就会使用；二是代理商拿到产品不需要培训就会卖出。第二个是做好市场预热。一款产品正式上市前，一定要进行市场预热。通过预热将客户对产品的关注度提升到临界状态，等待铺货到位后，全面启动市场才能产生市场引爆效果。第三个是铺好渠道管线。将销售渠道的逐级代理商都安排妥当，并且把产品铺货到终端店面。第四个是规范市场管理。一定要有严格的市场管理规则，特别是价格管理，代理商的价格一定是向下逐级升高，终端价格是零售价，而出厂价要保护终端价，杜绝厂家直接销售的价格比渠道价格低。第五个是解决终端出货。如果解决不好终端出货，只是把商品放到渠道里是没用的，策略是“瞄准出口来设计入口”，先把出口打通，再打开入口往渠道中放货，人们耳熟能详的“脑白金、脑黄金”便很好地解决了这一问题(资料拓展 8-8)。

【资料拓展 8-8】脑白金、脑黄金的销售渠道

史玉柱启动脑白金、脑黄金市场的时候，先找了一个不知名的小县城，在这里做小范围试点，把所有的市场销售动作全部做一遍，做到极其精细。要求销售员每天去小区楼门口贴广告的高度大约离地 1.5 米，恰好与大部分人的双眼平齐。摸清周围城管一天会来检查几次，什么时候会把广告撕掉，要求业务人员在城管撕掉之后几点钟再回去给贴上，在小县城做成功以后，才开始往其他地方推广。

做渠道有时就是一种游戏规则，必须先自己熟悉规则，再传授给别人。因此，在

渠道销售过程中，先在小范围进行试点，成功后再逐步发展代理商，才能更有针对性地开拓市场。

3. 多元化与专业化

企业发展到一定程度后，会考虑多元化经营，但一定要把握多元化经营的各种业务尽可能注入一条业务主线，形成产业链上的多元化经营，而不是跨行业的多元化经营。借助互联网思维的“升维思考、降维打击”和“少即是多”的理念，聚焦核心业务，形成核心竞争优势。

创业企业在经营过程中要把握住自己的定位和经营方向。

企业可以多元化经营，但是要尽可能地在一个业务链条上，形成上下游关系，或者采用集团化运作，不同业务注册不同的公司运营，不同业务之间形成互补。初创期企业往往迫于生存压力，什么赚钱就做什么，容易偏离初衷，被多元化，虽有许多业务，但是没有能够形成优势的业务。而成熟期企业，完成原始资本积累以后，在资本驱使下，盲目扩张，容易形成多元化经营，特别是相互之间没有关联的多元化业务，将对企业造成致命影响。

企业可以专业化经营。每一个企业都有自己精专的业务，一门精胜过百门通。企业如果能够做成某个品类的第一，专注于特定领域的产品或服务，一切业务拓展都围绕着一条主线开展，虽然可能不会迅速崛起，但是这个企业一定有机会成长为一棵参天大树。比如华为公司，在其基本法第二条就明确了华为公司将成为一个专注于通信设备设计和生产的供应商，永不涉足信息服务业。正是因为这种专业化的经营战略，才使得华为成为今天全球最大的通信设备供应商之一。虽然华为公司在市场上也遇到了众多系统集成的好项目，但是其遵照基本法，时刻提醒自己是一家设备供应商，永远不做信息服务。虽然失去了很多赚钱的机会，但却标正了拥有核心技术的高端通信设备供应商的品牌。

全球市值最大、最赚钱的苹果公司，产品高度垂直，主要生产 iPhone、iPad、iPod 系列。可见，创业企业在多元化与专业化之间，一定要秉持自己的定位，要专注于某一个领域。企业家或创业团队一定要保持冷静，专注自己的初心，不为世事所动。要专注于最擅长的一件事，做到极致，切忌涉猎不专业的业务，要把自己擅长的业务做大做强，使别人无法介入，这比拥有很多不同业务更有价值。

4. 自我复制与商业壁垒

具有自我复制能力的企业，具有快速扩张的商业模式。然而，如果没有足够的商业壁垒作为保护，设计良好的商业模式也会被竞争对手迅速模仿，这将对企业构成毁灭性的打击。

中关村创业大街，代表着中国创新创业的前沿。自从李克强总理去过之后，全国各个领域的人都到中关村创业大街来考察学习。在短短的两年之内，全国涌现出 500

多条创业大街。然而大部分人都只是看到了创业大街的外形，模仿了咖啡店，但是几乎没有能够复制成功的。现在很多地方的创业大街都很冷清，究其原因是，只复制了其外形，并没有复制中关村创业大街的精髓。

成功商业模式的复制靠建立完善的系统体系，如山东济南有一家源动力餐饮集团(资料拓展 8-9)，该公司定位于挖掘和孵化富有地方特色的小微餐饮品牌，通过标准化和规范化工作，将食材配送、烹饪方法、店面装修、服务流程、宣传推广、员工培训等全过程进行复制，以资本作为纽带将集团公司利益、创业者利益和员工利益捆绑在一起，让每一个人都有创新创业的感觉，都能够激发出自身的原动力。

【资料拓展 8-9】源动力餐饮集团简介

源动力餐饮集团创立于 2001 年，是一家以小微餐饮连锁经营为主要核心业务的集连锁品牌运营商、连锁行业服务商和连锁项目投资商三商于一体的多元化集团企业，在全国 11 个省份设立五大区域运营管理公司，集团企业内部在职员工 3 579 人。截至 2016 年 12 月，集团孵化创业项目 70 多个，储备准创客 700 人，储备种子项目 112 个，储备商标 1000 余个，在线经营管理品牌 33 个，在线经营店面 11 272 家，累计在全国经营店面达到 21 779 家，直接和间接吸纳就业近 20 万人(直接带动就业 11 万余人，间接带动就业 8 万余人)，带动社会经济效益超 86 亿元。

在“双创”社会大环境的引领下，集团又提出了员工创客化、部门企业化、企业平台化、项目品牌化、经营自主化的五化改革。继而，集团内部掀起了岗位创新创业、在线创新创业、自主创新创业的内部创业潮。2013 年 7 月，该集团发起成立了中国创业者生态圈，并且确立了生态圈的宗旨和基本原则，在全集团公司内掀起了大众创业的热潮。

商业模式自我复制的同时还要加强保护，筑起坚固的商业壁垒有效地保护自己的商业模式，如知识产权、资本市场等。

知识产权等技术壁垒是最公平合理的商业壁垒。企业可以通过申请专利、软件著作权、注册商标权等关键要素保护商业模式。但是知识产权保护也有局限性，特别是对于医药行业，大部分企业不愿意申请专利，因为一旦申请专利就意味着要公开配方。对于知识产权保护不力的地区，会让不法分子仿制更加容易。这无疑会使企业投入巨大人力、物力和财力研发的成果拱手相让，所有努力付诸东流。

资本壁垒是指企业通过各种融资手段，获得大额资本之后，将资本投入技术、市场、人才等创新创业要素上，迅速占领行业高地，从而让竞争对手难以企及。比如滴滴出行就是通过几轮融资之后，以资本换市场，用资本消灭了竞争对手，最终获得了较高的商业壁垒保护。

市场壁垒是指企业通过营销手段，快速占领市场，获得大部分市场份额之后，形成市场壁垒。例如，360 杀毒软件，就是通过终身免费的市场策略，颠覆了传统的软件安全市场，将客户都拉入自己麾下，使得竞争对手即使再采取免费模式，也很难挽回客户。

标准和规范是指企业通过制定行业标准、国家标准甚至国际标准构建商业壁垒。标准是游戏规则，特别是在工业社会，标准的制定者就是掌握行业游戏规则的人。因此，一流企业定标准，二流企业做产品，就形成了工业社会发展的特点。

三、资金基因组

资金是企业发展的核心要素，对企业而言，资金就如同人的血液一样重要。企业是以营利为目的的机构，如何获取资金，保证持续稳定的盈利能力，并且能有效地防范风险，是企业的根本。因此，如何合理安排资金用途决定了企业的发展方向。下面围绕着轻资产与重资产、自我发展与融资上市两对基因讨论企业由于资金配置不同而产生的影响。

1. 轻资产与重资产

企业按照资产情况可以分为轻资产公司和重资产公司(见表 8-1)。所谓轻资产公司，主要是企业的无形资产，包括企业经验、规范、人力资源、流程管理、治理制度、企业品牌、企业文化等。因此，轻资产的核心是以“虚”为主，这些“虚”资产占用的资金多，显得轻便灵活，所以“轻”。

表 8-1　轻资产公司和重资产公司的比较

类　别	轻资产公司	重资产公司
资金投入方面	以较少的资金投入，获得较大的利润回报，利润率较高，以达到利润最大化	指以较大的资金投入，获得较少的利润回报，利润率较低
固定资产方面	固定资产投入较少	固定资产投入较大，产品更新后需要更新生产线，资产折旧率高，如机械制造企业
折旧更新方面	由于折旧率低，利润率较高，利润再投入后会产生更高的回报	产品需要不断更新，新产品研发费用高，更新生产线投入大

轻资产公司主要有五类典型公司：第一类是“类金融公司”，典型企业有沃尔玛、国美、阿里巴巴等。这些企业的特点是经营性现金流很丰富，尽管许多钱是供应商的或用户的，但是强大的现金流足以让这类企业有很强的复制能力，继而产生规模效应和正反馈，而低成本又将顾客牢牢地吸引在身边。第二类是“知识产权型公司”，典型企业如微软、默克制药、同仁堂等。知识产权就是印钞机，也就是巴菲特说的特许经营权，构筑了竞争中难以逾越的门槛，而且本小利大，企业资产成倍增

长。第三类是“增值型基础网络公司”，典型的企业如中国移动。未来新媒体的演变可能由电影、电视、有线网络，最后到无线网络，小小的手机终端未来可能是手机银行、手机钱包、阅读器、上网工具等。中国移动可能在这块蛋糕里依然占较大份额。第四类是“品牌型公司”，典型的公司如耐克、橡树国际、巨人集团、苹果公司等。耐克这种“品牌型公司”不仅专注品牌和研发，其精髓还在于经营的全球化。第五类是“互联网公司”，典型的公司如戴尔、腾讯、Facebook、Google 等。

重资产公司是指主要依靠土地、厂房、设备赚钱的企业。重资产企业运营的优势体现在以下几个方面：①资本、技术投入大，门槛高，运营模式不易被效仿，易形成行业寡头垄断，产生规模效应。②企业资产往往代表对客户的承诺与保证，“有恒产者有恒心”，重资产更有利于让客户树立信心。③固定资产投入较大，产品更新后需要更新生产线，资产折旧率高。如大多数机械制造企业，生产线需要不断更新，生产线投入大、折旧率高、新产品研发费用高等。

重资产企业运营的风险是：①占用大量的资金，机会成本的耗费太大。②形成大量的固定成本——折旧摊销费用，一旦转产或者资源使用不足会导致大量损失的风险。③较大的资金投入，获得较少的回报，利润率较低。后续投入大，不断发生更新、维护的相关费用。而且经营上的“瓶颈效应”，使得企业如果想继续获得更大的规模、效益，就必须再次增加大量的资金投入。

传统企业偏向重资产，因为需要厂房和设备，比较好贷款，但是股权融资会有一定障碍；“互联网+”类型企业偏向轻资产，没有抵押物难以贷款，但是比较受风险投资的青睐，它主要靠品牌、专利、渠道等获利。

2. 自我发展与融资上市

企业发展有两种路径，一种是利用自有资金通过经营，自我发展，逐渐将企业做强做大；第二种是通过融资上市获得资本市场的资金支持，将企业做强做大。

自我发展的模式是大部分企业的现状，特别是我国改革开放以来，在资本市场还不健全的情况下，企业很难融资。因此，靠自我发展不断壮大是大部分企业必选的路径。

近十年来，随着互联网经济的发展，吸引了全球资本涌入中国，特别是北上广深等一线城市，资本市场逐步建立健全，企业融资渠道逐步拓宽，由原来的银行贷款单一渠道，发展为政府股权投资、银行质押贷款、信用贷款、股权融资、债权融资、天使投资、风险投资等多种渠道。

企业融资是有成本的，融资渠道不同，其成本也不同，比如政府的补贴资金一般情况是零成本，而银行贷款就要有利息，股权融资要稀释股权，上市除了稀释股权之外还有财务成本和律师等中介成本。

融资上市与否是企业发展过程中的选择，选择上市不一定就是正确的道路，如老干妈。但是融资是当代企业发展的捷径，利用社会资本快速做强做大，不仅能成就企业，也能更好地服务于社会。

四、技术基因组

1. 技术创新与技术跟随

技术创新是企业家对生产要素实行新的组合。技术创新包括开发新技术，或者将已有技术进行应用创新。科学是技术之源，技术是产业之源，技术创新建立在科学的发现基础之上，而产业创新主要建立在技术创新基础之上。

技术创新涉及新产品的开发、新生产方法的应用、新的组织与管理形式的实施、新的供货渠道与新市场的开拓等方面。生产技术的创新，从开始的基础研究到生产中的实际应用以及商业化，这一过程相当复杂。技术创新活动过程可分为研究与开发、中试、批量生产、技术推广与普及等几个不同阶段。按照创新的重要性，苏塞克斯大学的科学政策研究所将技术创新划分为四个层次：第一，渐进性创新，即渐进性的、连续的小创新；第二，根本性创新，即开拓全新领域、有重大技术突破的创新；第三，技术系统的变革，这类创新将产生具有深远意义的变革，通常会出现技术上有关联的创新群；第四，技术—经济范式的变更，这类创新将包含很多根本性的创新群，又包含很多技术系统变更。

技术创新是占得先机的必要条件，但不是充分条件。在许多企业，不一定所有技术都是自主创新、引领前沿，但是在技术应用创新方面独树一帜，可以快速占领市场，赢得先机。在这种情况下，有些企业走技术创新、科技引领的路线，有的企业则走技术跟随、应用为先的路线。当年联想公司曾在战略发展的方向方面产生了分歧，一派主张技、工、贸，另一派主张贸、工、技。实践证明，当时的情况下，贸、工、技路线是正确的选择，先通过贸易进口国外先进的产品，并获得足够的利润，再给国外企业代工在国内组装整机，最后开始自主研发新产品。通过曲线救赎让企业首先积累一定的资本，同时培养自己的研发团队自主创新，从而获得独特的产品或服务。技术创新有美好的未来，但是不一定有现在，尤其是初创企业在起步阶段可能就面临困境。技术跟随不一定有未来，但是能够获得现有利益，让企业得到生存的机会。

企业技术能力的演化和技术创新模式的升级，是引进消化吸收再创新的重要特征。技术能力按照演化维度可分为技术仿制、创造性模仿和自主创新三个阶段，技术创新模式取决于技术能力，要与之相适应才能取得最佳的创新效益，按照技术创新的自主程度从低到高可分为简单仿制、模仿创新以及自主创新三种层次。企业引进消化吸收再创新，实质上是技术能力和技术创新模式匹配关系形态不断演进的过程。

采用技术创新战略的企业，积极开展新产品的研究和开发，先于其他企业产生重大技术突破，率先开发出新产品并领先于其他企业把产品投入市场，以确定企业在同行业中的技术地位和产品领先地位。技术创新战略是一种攻势战略，企业把全新的产品率先推入市场，目标是先入为主，力争在市场上一直保持领先地位。技术创新战略可以让企业在市场中占领制高点和主动权，它对创新要求很高，特别需要高素质的创新要素和相对完善的创新机制作保障。

技术跟随战略不是简单的模仿，模仿的目标在于创新和深度。采用技术跟随战略的企业会密切注视市场上出现的新产品，广泛搜索与自身企业战略目标、技术条件相吻合且适销对路的新产品。一旦发现新产品，立即组织力量进行改制、仿制，力争在成本、质量、功能、外观、稳定性等要素上超过其他企业。这是目前许多中小型企业沿用的战略。采用跟随型战略开发新产品，可以节省产品研发开支，规避产品不能适应市场的风险。但是，往往技术领先者设立的技术壁垒，尤其是技术标准与技术专利会令跟随者们大为头疼，甚至退出市场另辟蹊径。而且，采用技术跟随战略开发的新产品，其开发速度与产品质量对产品的收益影响很大。

因此，无论采取技术创新还是技术跟随(见表 8-2)，都需要根据自己的战略定位以及创新创业的初衷与愿景来决定，从而获得技术核心领域的竞争优势。

表 8-2　技术创新与技术跟随的优势比较

技术创新	技术跟随
技术独占权，形成技术壁垒	技术成熟、风险较小
积累生产经验，培养忠诚顾客	成本较低，速度较快
初期市场垄断，超额利润	产品具有竞争能力
获得专利保护，拥有标准制定权	市场推广更顺利

2. 独立产品与体系化价值链

独立产品就是企业生产和销售单一产品的创新创业模式。创业初期，在企业各方面资源极度有限的情况下，企业比较适合采用独立产品战略，集中力量做好一个产品，赢得客户认同之后再考虑做产品体系。

体系化价值链是企业发展到一定程度时，需要通过将产品进行分层次设计，为客户的不同需求设计不同产品。这种体系化价值链既有满足客户基本需求的免费产品，达到引流客户的目的，也有满足客户增值服务需求的标准产品，还有为第三方设计的高端产品。

独立产品的优点是创业企业可以集中优势资源，为单一产品的运营投入更多的资源。如果企业拥有技术优势，可以通过技术领先，来领先竞争对手。但是，独立产品也有缺点，主要表现在以下几个方面：①业务收入来源单一，当单一产品受到市场威胁时，主营业务收入会受到威胁。②单一产品竞争力下降时，企业难以生存，容易倒闭。③用单一产品满足所有细分市场的需求时，会让低、中、高消费者同时使用同一产品而降低品牌价值。④容易被有体系化价值链的企业进行市场围剿。⑤单一产品市场周期会因为消费者的使用疲劳，导致客户关系不稳定。

体系化价值链克服了上述不足，其优点是能够打出组合拳，根据客户的不同层次需求推出不同的产品。同时，可以变化出多种产品组合，极大地提升市场竞争优势。当然，体系化价值链也有缺点，它需要缜密策划，事先调查和研究客户的痛点，真正了解客户需求，并且设计和开发不同功能的产品。这一点，对于小微企业来说，很难承担开发时间和开发经费的消耗。

因此，小微企业更适合用独立产品单点突破，类似单兵作战的狙击手，针对精准客户提供独特产品，满足固定客户的需求。体系化价值链适用于规模化发展，类似集团军作战，产品分层设计，各司其职，相互配合，通过各种组合拳满足市场需求。

3. 产品化与工程化

产品化就是简单化、标准化和规范化。判断产品化程度的基本条件是让消费者不需要学习就会使用，销售人员不需要培训就能卖出产品。产品化的过程不仅是将产品生产出来，而且要从功能上尽可能简单实用，从操作上尽可能傻瓜化。在产品设计完成之后，要进行小批量试制，并让客户试用，反馈客户体验，在此基础上不断优化产品设计，快速迭代，持续升级，尽可能做到产品使用无须培训。因此，产品是基础，在产品设计的过程中要始终坚持产品化理念。

工程化就是复杂化、结构化和流程化。工程化是无法做成标准化产品的商业模式。做好工程项目的关键是项目管理，控制好项目边界、项目预算和项目进度。比如建造航空母舰，这类产品的设计和制造周期长，客户需求量小，而且工程极度复杂，需要严谨的项目管理。一方面，要根据客户的需求，规划和设计工程的项目边界，预测工程量，预算工程费用，预计工程进度。另一方面，按照项目管理模式对工程进行过程控制，将总工程拆分成若干子工程，重点控制项目边界、项目预算和项目进度。

产品化和工程化之间有一定关联，在产品设计和开发的初期，往往接近于工程，而随着产品化程度的提高，工程化程度自然降低。因此，企业在经营过程中，要有意识地提高产品化程度，规避工程管理带来的不可预知的成本和风险。

4. 计划生产与订单生产

计划生产是指根据产品、市场状况、销售业绩、增长速度进行销售预测，并根据预测来设定最低的成品存量的生产类型。计划生产的计划目标是由总经理与董事会共同制定的，是将来业务发展方面的指标，所有作业的综合程度、规模、财务、生产、市场等方面目标的决策都要在此层次的基础上决定。政策是完成既定目标的工作指导原则，不但要有一贯性，而且要有调和性。行动方案是达成计划生产目标的最好方法，在既定的政策下，制定出合理的工作次序，使之能达成组织目标。这个方案包括将人、财、物、事等因素安排在一定时间内的工作进度表，并编成一套有秩序的措施，使之能准确完成行动方案。

订单生产就是按照顾客需求进行生产，以满足顾客的个性化需求。由于消费者的个性化需求差异性大，加上消费者的需求量又少，因此企业实行订制生产必须在管理、供应、生产和配送等各个环节适应这种小批量、多式样、多规格和多品种的生产和销售变化。

为适应这种变化，现代企业在管理上采用企业资源计划系统(Enterprise Resource Planning，ERP)来实现自动化、数字化管理，在生产上采用计算机集成制造系统(Computer Integrated Manufacturing System，CIMS)，在供应和配送上采用供应链管理(Supply Chain Management，SCM)。这种系统按照订单进行生产，降低了生产成本。

网络时代，个性化服务具有显著的特点。按照顾客需求进行订制生产是网络时代满足顾客个性化需求的基本形式。订制化生产根据顾客对象可以分为两类，一类是面对工业组织市场的订制生产，这部分市场属于供应商与订货商的协作问题，如波音公司在设计和生产新型飞机时，要求供应商按照其飞机总体设计标准和成本要求来组织生产。另一类属于工业组织市场的订制生产，主要通过产业价值链，从下游企业向上游企业提出需求和成本控制要求，上游企业通过与下游企业进行协作设计、开发来生产满足下游企业需要的零配件产品。

五、人才基因组

1. 团队经营与个人经营

团队是现代企业管理中战斗的核心。“一个篱笆三个桩，一个好汉三个帮”，企业要做强做大，最重要的是核心团队成员的密切配合。核心团队一般由 3～7 名骨干构成，各自分管企业的一部分核心业务，优势互补，推动企业稳步发展。

个人经营并不是指一个人经营企业，而是企业中除了老板以外没有高层管理人员，老板直接领导中层，甚至基层员工，这种企业的生死存亡都系于老板一人。一个优秀的企业管理者，会给员工创造充分利用自己的个性将工作干得最好的条件。在团队建设的同时，企业管理者要遵循一个原则，不能压抑员工的个性。在团队内部，企业管理者要给员工充分的自由。

现代管理越来越注重团队，管理专家建议重新构建组织，以利于团队工作，领导者也向组织阐述团队工作方法的好处和重要性，作为管理人士，每个人时时刻刻处在各种团队中，而实践证明团队有着巨大的潜力。越来越多的组织已经发现，相比于其他工作方式，以团队为基础的工作模式取得了巨大的成绩。在企业部门实行团队管理后，生产水平和利润都有所增加，公司也提高了销售额并改进了经营战略；在公共部门实行团队管理后，任务完成得更彻底和更有效率，对顾客的服务质量也有大幅度的提高。

企业管理者应该解放思想，要有多元化的思维。不同的企业，团队的性质也不一样。要量体裁衣建设符合企业内在要求的团队，要灵活变化，不搞一刀切。如果是劳动密集型企业，可以建设一支富有纪律性、组织性的团队。如果是知识密集型企业，可以用自由主义来管理员工。在现代企业中，团队是以部门的形式出现的。建立一支人尽其才的团队是最重要的，要注重员工的个人创造力，千万不能让团队束缚员工的头脑，当然应该有的纪律和合作也是不可少的。

2. 动力系统与制动系统

企业的发展就像一列火车在飞驰，列车的速度取决于动力系统，而列车的安全取决于制动系统，高铁之所以比普通列车速度快，其中一个原因就是每节车厢都有独立的动力系统。

企业发展要让每位员工都有原动力，最好的方式就是把企业利益与个人利益捆绑在一起。

激励是现代企业管理工作的重要手段，激励就是激发人的动机，诱导人的行为，鼓舞人的热情，发挥人的内在潜力，其根本目的是调动员工的积极性和创造性，以便更好地实施现代企业的组织目标。企业只有通过有效的激励，才能调动人的潜在的积极性，出色地实现既定目标，提高工作绩效，增强竞争实力。要做到有效激励必须注意以下几点。

第一，要了解员工的需求。

人的需要分为生存需要、安全需要、归属需要、自尊需要和自我实现需要五个层次。当人的低一级层次需求基本满足后，就会向高一级层次需求发展，自我实现是最高层次的基本需要。在企业内部，不同的员工及群体，由于从事的岗位、知识的构成、兴趣与爱好、年龄与性别、性格与气质、自身的素质等各不相同，往往需求也不相同，管理者应根据其不同特点采取不同的激励措施，有的放矢地激励员工的积极性。

第二，要建立健全适合本企业实际的科学激励机制。

一般来讲，激励的方法和手段主要有：理想激励、目标激励、榜样激励、荣誉激励、竞争激励、情感激励、物质激励、参与激励等。企业在利用这些激励手段时，应该建立符合本企业特点的物质激励机制，同时结合中华民族的传统文化，建立起符合国情和本企业实际的科学激励机制。这种激励机制应包括以下内容：①给员工提供事业成才与不断发展的最佳机遇；②交付承担部门或较大范围的工作责任；③勤奋努力取得的业绩或发明创造得以认可；④工作职责或业务技术职务及时得到晋升；⑤劳动工资或福利待遇得到提高；⑥保证员工在病、老、伤、残及失业等情况下的正常生活；⑦来自物质或精神方面的鼓励(奖赏或授予一定的荣誉称号)；⑧在工资支付、提供劳动条件、裁员、兼并、破产等方面维护员工正当权益。

第三，把物质激励与精神激励结合起来。

企业不能一味地偏重物质激励，忽视精神激励，也不能只注重精神激励，偏废物质激励；既要使人们获得与责任和贡献相符的报酬，又要提倡奉献精神，宣传和表彰有突出贡献者。

股权激励是指上市公司将本公司发行的股票或其他股权性权益授予公司高管人员，以产权为约束，激励高管人员从企业所有者的角度出发勤勉工作，实现企业价值最大化和股东财富的最大化，进而改善公司治理结构并推动公司长远发展。股权激励是一种有效地激发人的积极性和创造性的管理方式。股权激励大体可以分为两大类，一类是激励对象所获收益受公司股票价格影响的股权激励模式，而这一类又派生出花样繁多的形式，有业绩股票、股票期权、限制性股票、虚拟股票、延期支付、经营者或员工持股等。其中在社会行业中占主导地位的是股票期权和限制性股票。另一类则是激励对象所获收益仅与公司的一项财务指标——每股净资产值有关，而与股价无关的股权激励模式，其主要形式是账面价值增值权。

第三节 商业模式的创建原则

创业团队在完成产品设计和样品制作时，得到了最小单元的成功验证，也获得了最初的客户体验，这是创新创业走向成功的第一步，但还不是真正意义上的创新创业。对于创业者而言，创新创业的目的是使项目产生商业价值，成为企业赖以生存的、可持续盈利的核心产品或服务。因此，创业团队就必须完成创业项目的业务逻辑定义、商业模式设计、社会分工和利益分配等。为了保证商业模式的有效性，设计商业模式需要遵循以下原则。

一、标准化原则

标准化是指在科技研发、经济管理、文化交流、社会治理等实践活动中，对一些重复性的事物和概念通过发布定义和确定实施标准而达到统一，以获得最佳秩序和效益。

设计商业模式首先要遵循标准化原则。标准化是商业模式可复制的前提。当然，这个标准，不仅是技术标准、产品标准和生产标准，还包括品牌标准、营销标准和服务标准等。创业团队从一开始就必须具有标准化意识，一方面要采用现有标准，保证在商业运作过程中可以非常方便地运用社会资源，实现社会分工，将非核心业务外包给专业机构；另一方面要制定新标准，保证在商业运作过程中构建市场壁垒，通过专有的标准掌握行业话语权，防止竞争对手抢占市场份额。

因此，创业团队要有意识地在技术开发过程中逐渐建立技术标准，特别是在技术创新的关键节点上，注意建立技术新标准。这些新标准，一方面可以让技术人员追溯创新过程，另一方面可以为将来的技术更新奠定基础。此外，创业团队还要在由技术转变为产品的过程中建立产品标准，无论是产品的功能还是性能，都应给出明确的指标体系，以此构建产品标准。如纯电动汽车已进入人们的视野，但许多问题有待进一步解决，如纯电动汽车充电桩的标准问题(资料拓展 8-10)。如果能够攻克此难题，创业团队必须具有自己的标准意识，以保证技术上的优势和主导权。

【资料拓展 8-10】纯电动汽车充电桩的标准问题

随着纯电动汽车的普及，充电桩成为电动汽车必需的配套装备，特别是现在许多电动汽车的续航里程还在 150km 以内，随时需要找充电桩充电。如果充电桩的标准不统一，不同厂家生产的汽车无法在同一个充电桩上完成充电，那么电动汽车的发展将受到严重制约。

因此，在设计商业模式时，生产纯电动汽车的企业必须考虑充电桩的统一标准问题。国家要支持纯电动汽车的发展，也必须大力推行充电桩的标准，包括接入电源标准、充电电压标准和接口标准等。

随着科学技术的快速发展，特别是新一代信息技术广泛地应用到了人们的生产生活。企业规模越来越大，底层技术要求越来越复杂，商业模式的智能化程度越来越高，社会分工越来越细，生产协作越来越广泛而智能，这就要求必须通过制定和使用标准在技术上保持高度的协调和统一，从而保证各部门生产活动的正常进行。可见，标准化为组织现代化生产创造了前提条件，而商业模式标准化则为企业在互联网时代的快速发展奠定了坚实基础。

二、创新性原则

随着新技术、新模式、新产品和新业态的不断出现，促进了新型商业模式的涌现。因此，现代商业模式的设计必须坚持创新性原则。商业模式创新包括技术创新、价值主张创新、客户关系创新、营销渠道创新、成本结构创新和盈利模式创新等。

商业模式创新的技术创新，是指在创业者发现消费者的需求后，以颠覆性的技术创新来探寻解决问题的思路，并形成核心技术突破，建立新型的产品形态。比如，为了解决在地下水和地表水污染的情况下，安全获取饮用水的问题，有人想到了采用空气中取水净化的技术获得高品质饮用水，制造出了无水源供水的饮水机(见图 8-3)。

图 8-3 空气制水机

商业模式创新的价值主张创新，是指通过自己的产品或服务为用户创造意想不到的价值，让用户忠诚而富有黏性，自己从第三方赚钱。传统商业模式的价值主张是通过自己的产品或服务给用户创造价值，让用户满意、自己赚钱。而现代商业模式的价值主张创新，打破了传统商业模式的价值主张。

商业模式创新的客户关系创新改变了传统商业模式

的客户关系。传统企业的客户关系就是甲方和乙方的关系，通过产品销售或者服务建立起甲乙双方的合作关系，以用户的满意度来评判客户关系的好坏。现代商业模式中企业与用户的关系变成了三角关系：商家、用户和客户。商家提供两类服务：一类是直接给到最终用户，用户可能是免费享受服务，而且商家还要不断地根据用户需求对产品或服务进行完善和升级；另一类是给到间接客户，客户愿意买单并不是因为商家的产品好，而是因为免费用户给他们带来了商机(资料拓展 8-11)。

【资料拓展 8-11】永久免费不等于不赚钱

360 杀毒软件通过永久免费策略打开并垄断消费者入口，因为在移动互联网时代，网络病毒时刻存在，并且不断升级，一旦手机或者电脑感染病毒就会造成严重损失，因此，消费者对查杀网络病毒的需求是刚性的。360 主张让消费者免费获得查杀病毒的服务，由此 360 与客户之间的关系也发生了变化。360 开通了客户在线反馈通道，可以让消费者随时反馈对软件的使用感受，消费者若遇到无法查杀的病毒，也可以通过平台及时反馈，这样 360 就能够根据消费者的反馈及时修正软件产品的功能和性能，让客户体验更加完美。360 的盈利模式在于掌握海量的终端消费者信息之后，推出针对不同消费者的多级服务产品，比如杀毒软件的增值服务、数据中心服务、精准定向投放的广告服务、游戏软件等。

商业模式创新的营销渠道创新，就是重构移动互联网营销渠道。商业的价值在于抢夺消费者的时间，如今消费者获取商业广告等信息的渠道转移到了移动终端，原来的代理商、线下店面、电视广告和网站广告的营销效果急剧下降，取而代之的是移动端 APP，这是新的营销渠道。

商业模式创新的成本结构创新就是改变企业经营的成本结构。传统企业的成本结构中原材料采购、库存、设备、人工、成品库存、销售、运输、服务、管理等占据大部分成本。在基于移动互联网的新型商业模式中，原料采购和库存、成品库存、运输等的成本几乎可以降到零，原因是生产模式由计划生产改为订单生产，许多成本项目自然消失，如小米手机便很好地遵循了成本结构创新的原则。

商业模式创新的盈利模式创新，是关注商业体系中的每一个主体创造的价值。低买高卖赚取差价是几千年颠扑不破的商业真理，但是新型商业模式将不再仅仅盯着赚取差价，而是关注在商业体系中为每一个主体创造的价值，它们都有可能产生新的利润增长点。

三、可复制原则

商业模式的可复制原则是指企业自身可以快速复制自己的商业模式，但是同时让竞争对手无法复制。这两者是并行的，快速复制自己的商业模式，可以让企业变得越来越强大；让竞争对手无法复制，可以让企业没有后顾之忧，一心一意谋发展。海尔的商业模式便是一个典型的例子(资料拓展 8-12)。否则，就有可能出现两种情况：一种是自己可以复制，竞争对手也可以快速复制，这时如果竞争对手的资源更丰富、实力更雄厚，那么结果很可能是辛辛苦苦创建的商业模式变成了她人的嫁衣；另一种是自己无法快速复制，虽然商业模式很好，但迟迟无法打开市场局面，最后很可能让一个优秀的企业胎死腹中。

【资料拓展 8-12】海尔商业模式的可复制性

海尔集团董事会主席张瑞敏曾经说过："复杂的事情简单化，简单的事情重复做，做到极致就是不简单。"海尔在不断创新中砥砺前行，从砸冰箱开始的品牌模式到服务模式，从海尔的集团化管理模式到众创思想指导下的"人单合一"模式，将自己成功的商业模式不断复制。

"人单合一"模式体现为企业平台化、员工创客化、用户个性化。企业平台化是指企业从传统的树状层级组织模式转变为公共服务的共创共赢平台，类似一个自由市场原来所有的店面和商品经营都是自营，需要非常复杂的管理体系，现在转变为所有店面都是对外出租，管理部门只需做好公共服务，每个店面都会自主经营；员工创客化是指员工与企业之间的关系发生了变化，原来是雇佣关系，员工是被动接受指令的执行者，现在员工转变为企业各部门的动态合伙人，员工主动为用户创造价值，时刻感受到是给自己做事，而非打工；用户个性化是指用户从普通消费者转变为全流程最佳体验的参与者，从顾客转变为频繁交互的用户资源。

要做到自我复制，企业就要将自身的商业模式标准化、规范化，将复杂的技术环节隐蔽到操作程序后面，让运营者和操作者执行简单重复的动作即可完成商业逻辑。要防止竞争对手复制，企业必须有强大的知识产权保护措施，要么商业模式本身已经将技术隐蔽在表象之后，要么通过知识产权保护措施加以保护。比如，中关村创业大街的商业模式就是既可以自我复制，又做到了有效防范。中关村创业大街聚集了丰富的创新创业要素，包括资本、技术、人才、市场、品牌、渠道和场地要素，外人看到的是中关村创新创业大街开了很多咖啡店，为创业者提供了免费的创新创业场地，而这只是创新创业的七大要素之一。正是完整的创新创业要素聚集，让中关村创新创业大街形成了卓越而又可以防止被盗用的商业模式。

四、可持续发展原则

事物可否持续发展决定了它的生命周期。企业也是如此，在设计商业模式时务必要考虑可持续发展原则。商业模式的可持续发展有两种：一种是企业的收入可持续，每年都可以预测未来几年的收入情况；另一种是在发展过程中形成对环境的有效保护，保证企业的业务模式不受环境破坏和资源枯竭的影响。

第一种可持续发展的商业模式可以通过 IBM 的案例找到答案。2004 年 12 月 8 日，联想董事长柳传志与 IBM 副总裁 John Joyce 签约，联想正式收购 IBM PC 业务，包括笔记本电脑、台式电脑及一体机业务，但不包含面向企业及政府等部门的服务器、工控机及刀片机等业务。

IBM 放弃 PC 业务是基于 IBM 的第三次平台转型。PC 业务的特点众所周知，消费者购买一次之后，3～5 年内不会再次购买，就意味着消费者在逐年减少，而 IBM 全球信息服务业务可以精确预见未来 3～5 年的收入情况。IBM 认为，台式电脑将越来越不重要，云计算时代即将来临，因此决定彻底放弃台式个人电脑业务。

第二种可持续发展的商业模式超出了单个企业经营的范围，是企业的社会责任和人类可持续发展的问题。

《国务院办公厅关于创新管理优化服务培育壮大经济发展新动能加快新旧动能接续转换的意见》(国办发〔2017〕4 号)指出："当今世界，新一轮科技革命和产业变革呈现多领域、跨学科、群体性突破新态势，正在向经济社会各领域广泛深入渗透。我国经济发展进入新常态，创新驱动发展战略深入实施，大众创业、万众创新蓬勃兴起，诸多新产业、新业态蕴含巨大发展潜力，呈现技术更迭快、业态多元化、产业融合化、组织网络化、发展个性化、要素成果分享化等新特征，以技术创新为引领，以新技术新产业新业态新模式为核心，以知识、技术、信息、数据等新生产要素为支撑的经济发展新动能正在形成。加快培育壮大新动能、改造提升传统动能是促进经济结构转型和实体经济升级的重要途径，也是推进供给侧结构性改革的重要着力点。"

因此，商业模式必须坚持可持续发展原则，既要满足市场需求，又要顺应国际和国内趋势，顺应全球经济可持续发展的大势。

五、自增长原则

自增长原则是指消费者被企业提供的优质产品或服务打动，自觉自愿地为企业推广产品或服务。由于消费者更加相信用户的推荐，从而使企业的业务自动地得到增长。

大多数情况下，企业都为找客户发愁，特别是创业企业，由于产品不容易被客户认知认可，更是为找客户而苦恼。但是也有一些企业由于机制设计巧妙而轻松地找到了客户，而且将客户转变为业务员，愿意主动推广，使得业务增长变为自增长模式。

比如微信的用户增长就属于典型的自增长模式。现在几乎每个人的手机里都安装了微信 APP，也许大部分人已经不记得当时是如何安装上的，但是可以肯定的是，大多数人是因为周围的同学、同事、亲戚、朋友安装了微信，在一起交流时被推荐安装了微信 APP，很少有人是因为接收到腾讯业务员的推销信息安装的。滴滴公司也是这种自增长模式的典型代表(资料拓展 8-13)。

【资料拓展 8-13】自动增长的滴滴用户

滴滴出行共享了出行资源，减轻了交通拥堵和环境污染，改变了人们出行的方式和习惯。滴滴出行，不仅解决了出租车司机空跑率高和乘客打车难的问题，而且解决了私家车一人驾车上下班闲置副驾驶和后排座位的冗余问题，更是破解了大量可以与私家车车主顺路的人们出行难的问题。

滴滴出行刚上线时，主要靠公司线下团队在机场、车站、加油站等地设立服务区，为司机免费安装 APP，指导使用；另外，还向出租车公司推广安装滴滴打车软件，虽然其间经历了几次失败，但还是拿下了北京昌平的一家出租车公司，并以此作为市场推广样板扩大推广。

后来，滴滴公司设计了推荐司机加入有奖机制，使得已经成为滴滴车主的用户很愿意自觉推荐周围的朋友成为滴滴车主。为了能够让消费者加大自动推广力度，滴滴公司制定了许多给司机和用户的优惠政策。司机通过成功抢单并将用户送至目的地可以获得相应的现金或者话费补贴，还可以赚取用户加价部分的额外收益；用户通过滴滴成功打车将会获得相应的现金或者话费补贴，因为滴滴与微信的合作使得用户若用微信支付可享受优惠。通过这些机制，滴滴用户大部分转化为业务员，利用业余时间给滴滴介绍新用户，这种类似群众运动的推广机制设计成就了滴滴，使滴滴很快便占领了全国大部分打车市场。

显而易见，这是企业渴望的模式。首先是产品或服务满足了客户的刚性需求；其次是产品或服务好用，操作简单不出错；再次是用户接受条件简单，最好是免费。满足这三点就可以逐渐树立客户口碑，实现用户自动增长。

第四节　商业模式的设计方法

商业模式的设计可以采取不同的方法，从不同的切入点开始。技术型创业团队可以采取技术驱动设计法，营销型创业团队可以采取应用驱动设计法，资本型创业团队可以采取资本驱动设计法。虽然商业模式的设计方法不同，但目标是相同的，都是为了找到可以持续盈利的商业模式。

一、技术驱动设计法

技术驱动设计法是指在价值主张中凸显技术创新的重要性。创新创业的原始驱动力是因为创业团队掌握了核心技术，其优势是利用核心技术建立商业壁垒，形成较为明显的竞争优势，如石墨烯远红外取暖画通过解决石墨烯的技术难题，靠技术创新实现了自己的市场地位(资料拓展 8-14)；劣势是技术型创新创业往往容易忽视市场需求和客户反馈。技术驱动创新，需要特别高的技术含量，只有具备一定专业训练的个体或团队才能做到技术创新。因此，技术驱动设计必须掌握核心技术，通过颠覆性的技术创造独一无二的产品，实现技术创新驱动创新创业。

【资料拓展 8-14】石墨烯远红外取暖画

我国南方地区冬季无法集中供暖，室内阴冷潮湿。而传统空调制热取暖容易导致空气干燥；电暖器热效差，有辐射，耗电量大；燃气壁挂炉安装成本高。

一些技术专家发现，石墨烯与水性高分子树脂复合制备的水性石墨烯导电涂层材料可用于电加热领域，节能环保。他们通过改造及表面处理技术，改善了石墨烯的水溶性，解决了纳米导电微粒与水性树脂相容性的问题；结合超声、机械搅拌、球磨、辊压等分散方法，解决了石墨烯在水性高分子树脂中的分散问题；加入高效润湿分散剂和稳定剂，提高了产品的稳定性。

解决了技术难题之后，技术专家又在外观设计上进行创新，将这种石墨烯新材料制作成壁画，采用超薄无框设计，可以将名人字画、山水景致采用耐高温 UV 印刷工艺制作成具有采暖功能的“石墨烯远红外取暖画”，整体简洁美观、重量轻、安装方便，使用时表面温度可达到 80℃左右。

技术驱动设计法主要有以下步骤。

(1) 确认技术先进性。在国家认可的科技查新机构进行技术查新，申请知识产权保护。

(2) 技术转化为产品。依托独创技术设计和生产新产品或新服务，并设计出样品或者进行小范围试点，得到用户体验反馈意见或成功验证。

(3) 明确用户对象。对新技术、新产品的适用对象进行确认，并对目标市场进行细分，根据不同用户需求设计相应的产品体系。

(4) 确定营销渠道。确认找到目标用户的渠道，并设计向用户推送商业信息的工具。

(5) 设计盈利模式。设计出满足用户系统化需求的产品，包括用于市场自动推广的免费产品、让客户享受增值服务的收费产品或服务、为第三方设计的产品或服务。

(6) 细化成本结构。全面分析成本，包括生产成本、销售成本、管理成本、服务成本等。

二、应用驱动设计法

应用驱动设计法是将现有技术经过组合进行集成创新的一种商业模式设计。这种设计如果能解决一个没有被满足的社会需求，也是非常好的创业项目，如 3D 打印机。科技部早在 2006 年就指出，我国的创新分为三种：原始创新、集成创新和引进消化吸收再创新。

原始创新主要集中在基础科学和前沿技术领域。原始创新是为未来发展奠定坚实基础的创新，其本质属性是原创性和第一性。目前，我国原始创新不足，核心原因是体制机制约束了科技工作人员的创新活力。

集成创新的主体是企业，企业利用各种信息技术、管理技术与工具，对各个创新要素和创新内容进行选择、优化和系统集成，以此更多地占有市场份额，创造更大的经济效益。它与原始创新的区别是，集成创新应用的所有单项技术都不是原创的，都是已经存在的，其创新之处就在于对这些已经存在的单项技术按照自己的需要进行系统集成并创造出全新的产品或工艺。

引进消化吸收再创新是最常见、最基本的创新形式，其核心概念是利用各种引进的技术资源，在消化吸收的基础上完成重大创新。它与集成创新的相同点是都以存在的单项技术为基础，不同点在于，集成创新的结果是一个全新产品，而引进消化吸收再创新的结果是产品价值链某个或者某些重要环节的重大创新。引进消化吸收再创新是各国尤其是发展中国家普遍采取的方式。

集成创新和引进消化吸收再创新都属于应用创新的范畴，依据这种创新设计商业模式，重要的是找到一个没有被满足的市场需求。

应用驱动设计法主要有以下步骤。

(1) 寻找市场需求。找到一个没有被满足的市场需求，分析需求是否是刚性的。

(2) 探寻解决方案。根据掌握的现有技术，通过集成和组合探寻解决方案。

(3) 创造体验样品。将解决方案转化为样品，让用户体验，并验证设计方案的可行性。

(4) 确定目标用户。针对市场需求人群确定目标用户，以及到哪里可以找到这些目标用户。

(5) 设计产品体系。根据消费者的特点和产品属性，设计产品体系，形成满足用户不同层次需求的体系化价值链。

(6) 分析成本构成。分析生产、销售、服务等各业务环节的成本，并制定降低成本的策略。

(7) 确认利润来源，根据产品体系和用户的需求情况，确认可能产生收益的点，并进行排序，找到保底收入来源和拓展收入来源。

三、资本驱动设计法

不同于传统的创新创业，当前的创新创业遵循资本驱动创新创业的逻辑。也就是说，在新兴产业领域，初期的创业项目大部分是被资本驱动产生的，比如最近几年火热的网约车 APP 软件创业项目就是典型的资本驱动(资料拓展 8-15)。

【资料拓展 8-15】网约车 APP 软件

2012 年第一个网约车 APP 上线，初期的功能是满足出租车司机找乘客，让乘客方便打车。不久之后，网约车 APP 软件迅速增多，仅北京就有超过 100 个网约车 APP 软件。

2015 年 4 月，在北京市场占有率最高的是“51 用车”。据悉，“51 用车”还与百度业务部门达成了合作协议。百度公司将“51 用车”嵌入百度地图中，使人们在地图中搜索目的地时，可以在地图中直接点击“用车”完成下单约车，这不仅给了资金而且给了最好的资源。

可是正当前途光明的时候，滴滴出现了，两家公司进行“双补”，同时给司机和乘客补贴，目的都是抢夺客户，这就是两家公司拼实力。在全国范围内进行双向补贴，每天就要花费数千万元，而且此时还没有直接的盈利模式，生死存亡就像打游戏一样，看谁先耗尽最后一滴血，或者看谁的输血能力强。在竞争了一段时间后，2016 年 3 月，“51 用车”宣布退出网约车市场。

滴滴以强大的资本力量打败了市场上的大部分竞争对手，并不断向投资人彰显人们出行的刚性需求和美好未来。经过投资人的不断输血，滴滴变得越来越有实力。在打败竞争对手之后，滴滴开始设计相应的盈利模式，包括广告、高峰期加价、资金沉淀等。

资本驱动设计法主要有以下步骤。

(1) 确定用户需求。找到一个明确的用户需求，最好是具备刚性、黏性和隐性特征的用户需求，并进行小范围的用户需求校验。

(2) 彰显投资价值。设计商业计划书，向投资人彰显投资价值，争取得到具有行业资源的投资机构的青睐。

(3) 融资占领市场。通过融资快速占领市场，用资本驱动市场扩张进度。

(4) 弱化竞争对手。以强大的资本，采用并购或者市场挤压的方式弱化竞争对手。

(5) 分析成本构成。核算运营成本，分析成本结构，保持企业的现金流充足。

(6) 设计盈利模式。在充分占领市场之后，要考虑企业可持续发展的盈利模式的设计。

第五节　几种典型的商业模式

一、平台模式

平台模式是指平台运营者构建一个公共服务平台，为其他企业提供在平台上经营所需要的各种共性服务。这一模式的平台运营者通过规模效应获取收益。平台使用者可以借助平台的品牌资源、客户资源、渠道资源、结算体系等降低准入门槛，降低经营成本，降低经营风险。无论是客户数据、商品数据、交易数据、结算数据等都是平台构建大数据的信息来源。平台可以通过大数据分析形成新型的商业价值，为平台使用者提供增值服务获取收益。

电商是一种成功的平台模式，“互联网+商业”创造出来的电商平台已经为无数厂家、商家和消费者带来了巨大价值，阿里巴巴通过强大的平台业务，聚集了几千万个商家，拥有海量数据资源(资料拓展 8-16)。电商平台模式成功的关键是平台上的参与者都受益，商家、消费者、增值服务商都可以通过平台赚到钱。平台要好用，让商家和消费者都很容易操作；平台要公正，制定好合理的运营规则；平台要有大数据分析功能，通过海量数据的积累和分析，给平台用户提供使用建议。

【资料拓展 8-16】阿里巴巴的电商平台

阿里巴巴构建了淘宝和天猫两个电商平台，但是这两个平台上没有任何一件商品是阿里巴巴自己生产或经销的，都是第三方的产品和经营，这就是电商平台。阿里巴巴提供的是软件、存储等公共服务，开店、推广、结算等基础服务，网店装修、网店排位、促销、推广等增值服务，就像阿里巴巴开了一个自由市场，只提供公共服务，不做任何商品的经营。这样就体现出一定的公正性，能够让商家和厂家都愿意将产品放到这样的平台上。

通过这样的公共服务平台，阿里巴巴推出了一系列服务项目，比如阿里云、支付宝、淘宝大学等。这种平台模式聚集了几千万个商家开店，每一个类别都有几千种产品，每天有数十亿元的交易额。这些海量的客户数据、商品数据、交易数据和消费行为数据，形成了宝贵的大数据资源，借此可以分析出若干富有价值的商业操作措施。正因为如此，阿里巴巴将大数据定义为重大战略。

二、入口模式

入口模式在于通过满足消费者的刚性需求，以免费方式向消费者打开入口，促使其自愿进入企业设计的商业系统，享受企业提供的优质免费服务。通过这样的模式，企业以极低的成本获取客户资源。在客户享受基本服务的过程中，可以针对不同类型的客户，设计和提供增值服务以获取利润。

360 终生免费杀毒就是一种典型的入口模式，其业务模式被称为“免费+增值”服务。360 向个人用户提供免费的安全的杀毒服务，以此打开用户入口，获取海量用户。在此基础上，360 将用户导入浏览器和导航等产品中，向广告客户收取费用以获取收入。

首先，免费功能与收费功能并非针对同一产品或服务；其次，收费对象并非针对普通用户。掌握的免费用户信息越多，收费用户就越愿意付费购买增值服务。360 公司已经有超过 4 亿用户，有众多商家愿意为其商业信息可以精确地送达给这些用户而向 360 公司付费。

移动互联网时代，创业者应该思考一个问题：有哪些新的用户需求没有被发现、没有被满足，如何通过持续创新去抓住用户，改善用户体验，从而获得新的创业机遇。

三、储值卡模式

储值卡模式是指消费者对某项服务有购买需求，但并不会即时消费，为此将一定金额预存到一张储值消费卡中的商业模式。消费者需要消费时，可以预约商家提供服务的时间和地点。这种模式避免了许多峰值凸显的服务矛盾。

有机蔬菜储值卡就是这样一个典型示例。有一家做有机蔬菜的企业，以前是直接销售实物，每到逢年过节的时候，都要提前一个月增加几十个人，加装十几部热线电话，临时租用十几辆面包车，就像迎接一场大战一样。节前亲朋好友送礼、企业福利发放等都集中在十几天时间内，形成了瞬间的服务需求高峰，工人们几乎 24 小时工作。然而节日一过，客户需求呈断崖式下降，几乎就没有了客户。这种模式使企业苦不堪言。

后来，企业创始人跟几位研究商业模式的老师聊起了自己的痛点，经过头脑风暴，几位老师给企业创造出一种有机蔬菜卡。节前，企业向客户销售的不再是有机蔬菜实物，而是一张储值卡。消费者当场购买 300 元或 500 元一张的储值卡，卡的有效期为 6 个月，其中包含一定品种和数量的有机蔬菜。在有效期内，消费者可以随时拨打热线电话预约送货时间和地点。这一改变，使得企业当年的销售收入在人员没有增加的基础上翻了 10 倍，免去了临时租车加人的痛苦。

其实，这仅仅是模式的改变，不仅解决了企业的痛点，而且将营业额翻了 10 倍。产品还是有机蔬菜，没变；客户还是那些客户，没变；员工还是那些员工，没变。可见，仅仅是一个模式的转变，便能够让一个企业起死回生，这就是商业模式的力量。

四、共享经济模式

随着移动互联网的普及和深入，共享经济模式已经渗透到各个领域。共享经济模式是指在两个人或者组织之间物品使用权暂时转移，使用者向所有者支付一定报酬，最终达成交易的经济模式。这是一种所有权和使用权分离的新兴商业模式。共享经济包括三个个体，即商品或服务的需求方、供给方和共享交易平台。共享交易平台作为连接供需双方的纽带，通过移动 LBS(基于位置服务)应用、动态算法与定价、双方互评体系等一系列机制的建立，使得供需双方可以通过平台快速达成交易。

顺风车就是一种典型的共享经济模式。车主将自己车上座位的使用权通过共享平台临时转移给乘客，并通过第三方平台保障双方权益。车主和乘客都可以发起顺风车请求。在顺风车交易平台上，系统根据双方的起点、终点、出发时间、乘客人数与车主提供的座数进行算法匹配，并将乘客信息通知车主，供车主选择是否接单。车主根据顺路程度、出发时间、乘客性别、乘客职业和费用等决定是否接单。如果接单，接单后要在约定时间到达约定地点接乘客。车主到达起点后通知乘客，乘客上车后确定上车并预付车费，到达终点后乘客确认送达，交易完成，双方互相评价。

五、众创模式

众创模式是指企业通过将部门企业化，将企业的经营权和利益分配权下放到部门甚至员工，使员工的劳动与个人利益紧密挂钩，同时将企业利益与员工的个人利益紧密挂钩，从而实现既能最大限度地调动员工的积极性，又能让企业与个人共同发展的一种模式。

济南源动力小微餐饮孵化平台就是一种典型的众创模式。源动力餐饮管理咨询有限公司总部位于济南，被誉为中国最大的小微型连锁企业孵化平台。该公司在国内率先建立了以小微餐饮为核心的“双创”平台。截至 2016 年年底，在线创业人员 3500 人，孵化创业项目 70 多个，店面 2 万多个，带动就业 10 万余人。其中，山东省内成功孵化经营实体店 109 个。

源动力为创业者们提供了三大功能模块，即前端孵化功能模块、中端支撑功能模块、后端服务功能模块，包括在线客服、开业指导、品牌策划、促销推广、技术培训、管理咨询、仓储服务等全链条服务。

源动力的成就源自公司推行的“五化改革”：员工创客化、部门小微化、项目品牌化、经营自主化、企业平台化。这一改革实现了把集团公司转变为平台，股份下放，最后把品牌项目转变为独立企业，把员工转变为创客，把企业格局转变为生态体系的全域商业模式。所有的项目以自主经营体形式展开独立经营。自主经营体就是一个项目、一批股东、一个公司。股东由三类人群组成，即创业团队、平台团队、支持团队，股份分配比例为 4∶4∶2，自主经营体具备“自演进、自迭代、自激励”等特性，三个团队方向一致，利益捆绑融合，形成了高速发展的势能。

思考题

1. 什么是商业模式？它的基因组成包括哪些部分？
2. 如何借助互联网设计顺应时代的商业模式？
3. 如何创新商业模式？在没有技术创新时，应选择什么创新？
4. 结合材料，分析该公司如何实现从随机消费到黏性消费的转化。

【材料分析题】打印机销售的商业模式

顾名思义，打印机销售，就是如何将打印机通过一定的渠道销售给消费者。一般情况是销售打印机，赠送耗材，而有一家打印机公司颠倒过来，赠送主机，销售耗材，这是一种商业模式的转变。原来销售打印机，消费者买了一台打印机，买卖双方的关系就结束了。5 年之内消费者不会再买打印机，这就属于随机性消费。5 年之后，打印机用坏了，换新机器时，消费者会重新从众多品牌中选择。对于打印机商家来说，就意味着每年都要四处找客户，好不容易完成一年的销售任务后，第二年又要重新归零，从头再来，第二年的收入就没有保障。后来打印机商家换了一种模式，打印机免费送给消费者，但是消费者以后用的硒鼓、墨粉、打印纸等耗材全部由这家提供。这样打印机商家就有了持续的收入和利润。可见，通过模式设计，能够将随机性消费的客户转化为黏性客户。

第九章

创富：赢取创业财富

内容提要

本章讨论创新创业路径理论中的“创富”。从商业计划书的含义、设计思路入手，阐述创业过程中的融资渠道、融资体验，介绍创业路演、创业大赛的一些情况，更好地理解创新创业过程中的创富路径。

投资者的荣耀是希望雪中送炭，而不是锦上添花。

——沈南鹏

第一节　商业计划书

一、商业计划书概述

(一)商业计划书的含义

商业计划书 (Business Plan)，也称创业计划书，是指创业者在前期对项目进行科学的调研、分析与搜集有关资料的基础上，根据一定的格式和内容要求展示其创业计划、行动策略和市场前景，为达到招商融资和其他发展目标而做的可行性书面材料。

商业计划书是一份全方位的项目计划，它从产品、人员、业务逻辑、商业模式等各个方面对即将展开的项目进行全面的可行性分析。商业计划书，可以全面地呈现创业者的项目规划，也可以促使创业者有计划地展开商业活动，甚至成为吸引投资融资的重要依据。如果公司是一本书，商业计划书就像是这本书的封面，做得好就可以把投资者深深地吸引住。它会使风险投资家产生这样的印象："这个公司将会成为行业中的龙头企业。因此，一份好的商业计划书，应该简明扼要、条理清晰，聚焦于特定的策略、目标、计划和行动。

商业计划书摘要是风险投资者首先要看的内容，它浓缩了商业计划书的精华，反映了商业项目的全貌，是全部计划书的核心。它必须让风险投资和私募股权投资的投资者有兴趣看详细的商业计划书，能给投资者留下长久的深刻的印象。因此，商业计划书将摘录出与筹集资金最相关的细节，包括公司内部的基本情况，公司的能力以及局限性，公司的竞争对手，营销和财务战略，公司的管理队伍等情况。

具体来说，一份完整的商业计划书一般控制在两千字左右，主要包括以下几个方面：第一，初创企业概述。说明企业所处的行业，企业经营的性质和范围。第二，研究与开发。包括企业主要的产品或服务。第三，创业团队和管理组织形式。第四，市场营销策略。说明企业的市场甚至细分市场在哪里，谁是企业的顾客，他们有哪些需求。第五，融资说明。说明融资额度、企业合伙人、投资人等一些情况。可见，商业计划书需要浓缩以上精华，呈现给风险投资者清晰完整的商业项目信息，进而引起投资者的兴趣，以更好地推进创业项目的发展。

(二)商业计划书的作用

一份优秀的商业计划书，不仅能够有效地指导创业者理清本企业未来的发展，而且能够吸引多方投资人的关注。因此，对于创业者而言，一份缜密的商业计划书起着重要的作用。

1. 商业计划书是创业者把握企业发展的总体脉络

通过撰写商业计划书，创业者能够明确创新创业方向，理清创新创业思路。商业计划书的撰写是一个长期的过程，创业者需要根据自己的实际情况不断地进行调整和完善。在这一过程中，创业者或者改变思路，或者更新营销模式，或者意识到某一方面的不足，都可以促进创业者不断地优化商业计划书。因此，商业计划书有助于创业者对即将创新创业的项目进行一个总体把握，以更好地把握企业发展的总体脉络。

2. 商业计划书是创业者进行经营活动的重要支撑

商业计划书是为即将开创的经营活动所做的预想规划。商业计划书主要围绕企业构想，涉及产品开发、商业模式、资金规划等一系列关系到项目发展命运的内容。因此，商业计划书是企业经营活动的有力依据和有效支撑，引领着企业的创立与成长。

3. 商业计划书是创业者进行创新创业的不竭动力

商业计划书是创业者的理想，是对理想的现实阐述，是理想与现实连接的桥梁。创业项目的预期目标、战略、进度安排、团队管理等方面都是创业者理想的具体化图景，是创业者奋斗的动力。商业计划书的撰写，有助于创业团队更好地理解创业者的愿景，是他们团结合作、打拼未来的“催化剂”。同时，商业计划书也是创业者赢得家人和亲戚支持的有力工具，是坚定创业者创新创业信心的“黏合剂”。因此，如果能够获得各方面的认同，商业计划书将能够给予创业者创新创业的不竭动力。

4. 商业计划书是创业者获取投资融资的重要依据

从投资融资角度而言，商业计划书通常被喻为“敲门砖”。在一份详细完备的商业计划中，往往包含投资者所需要的信息，如创业项目的发展远景、业务逻辑、团队构成、商业模式等。这些信息都是投资者关心的重点，也是他们衡量创业项目潜力的依据。因此，商业计划书成为投资者是否决定投资的关键依据，甚至也是获取政府青睐的重要参考。

二、商业计划书的设计思路

(一)梳理业务逻辑和商业模式

任何一个创业项目在设计创业计划书时，都首先要对业务逻辑和商业模式进行梳理。

1. 业务逻辑

简单来说，业务逻辑是一项产品或服务从开发到生产再到销售，以及后期运营维护的一个整体流程。例如，对制造商而言，一个手机的业务逻辑包括四个方面：第一，设计手机，包括它的外形、功能、配置、性能等；其次是生产手机，一是自己建厂生产，二是委托或者外包生产；第三，销售手机，可以自建销售点，也可以外包，如找销售公司或者电商进行销售；第四，售后服务，需要处理手机在使用过程中可能遇到的一些问题，不管是消费者不适应手机还是手机本身的问题，都需要有售后服务。这是一个手机制造商的业务逻辑。

2. 商业模式

所谓商业模式，就是如何让双方都能获得利益。商业模式有两个原则，一是为客户创造价值，二是为企业获取利润。为客户创造价值是指能够满足客户哪种需求，解决客户什么痛点，最终让客户认为必须要使用这个产品，才能解决他的痛点。除了给客户创造价值以外，还要研究企业怎么赚钱，厂家如何盈利。实际上，商业模式也是一种赚钱的模式，主要解决五个问题：第一，赚谁的钱，即目标客户是谁；第二，拿什么赚钱，即主营产品是什么；第三，市场策略是什么，即赚哪一个群体的钱；第四，赚多久的钱，即产品的生命周期有多长；第五，能赚多少钱，即市场空间有多大。要解决这五个问题，就需要把商业计划书中的这五个问题进行深度剖析，分别给出每个答案。

通过上述分析，相当于把商业模式进行了梳理，找到了产品的业务逻辑。

(二)说服合伙人加盟创业团队

一般来讲，目前的创业很难靠一个人从头到尾地把事情全都做好，所以一定要有一个团队。怎么能够把创业团队的主要成员，也就是合伙人找到？正如雷军所说："作为创业者，尤其是在创业初期的时候，要花很多时间去找合伙人，因为合伙人是一个创业团队能否成功的关键。"这时，创业者需要通过一个商业计划书，把业务逻辑和商业模式清楚地讲解给合伙人。如果合伙人能看到希望，同时也能够找到自己在这个团队中的定位，就可能成为合伙人。尤其是初创期，对公司拥有股权的，需要把个人利益和企业利益捆绑在一起的这些人，叫创业团队。

一个创业团队会有几个不同的角色，有擅长技术的，有擅长营销的，有擅长管理的，也有擅长服务或运营的，这样会形成一个优势互补、取长补短的合伙人团队。这样的创业团队，在将来的团队运营过程中，会有一个非常好的效果。商业计划书，是说服合伙人加盟的有力武器，能够让合伙人看到这个业务具有非常好的前景，同时也能够看到其在创业过程中能够发挥自己的所长。另外，其他合伙人也需要相互包容，最终能够形成一个和谐的团队。所以，创业团队有时不仅仅是看一个人的能力高低，更重要的是这些人能不能相互融合、相互包容，真正能够成为一个高效的团队。这一点，也是需要通过商业计划书来实现的。

(三)说服投资人对项目进行投资

投资人一般是通过商业计划书来了解项目。尤其是一开始，投资人对所投资项目还不是特别熟悉的时候。创业团队带着项目去找投资，也是通过商业计划书来给投资人讲解项目满足了客户哪些需求，商业模式是什么，有哪些市场空间等。前面提到的商业模式的五个问题，都需要在商业设计中给投资人讲解。通过商业计划书，能够把这些问题说清楚，能够给投资人讲明白。这样，投资人会根据其重点投资的产业领域，根据项目的情况以及项目团队，决定是否要对项目进行投资，投资额度是多大。因此，商业计划书是非常重要的一个工具，是说服投资人的一个工具。

(四)打动大赛评委，能够给出准确得分

不管是已经创业的人，还是高校学生，会参加很多各种类型的创业路演或创业大赛。向创业路演或创业大赛上，创业团队以商业计划书作为一个蓝本，用 5～10 分钟时间，向评委说明自己项目的情况。评委基本上也是凭借这 10 分钟的时间进行打分。要在这么短的时间内打动评委，让评委去衡量项目是一件具有挑战性的事情。所以，商业计划书并非做得越全或者内容越多越好，而是要把项目要点说清楚。特别是在创业路演或创业大赛上，这么短的时间，没有机会和时间非常详细地给评委们讲解。因此，一定要把核心点、重点给大赛评委讲清楚。

显然，决定创业路演或创业大赛能不能得到高分，能不能入围，关键在于商业计划书呈现的重点和逻辑。

第二节　创业融资与融资体验

一、融资概述

(一)股权融资

股权融资是指企业的股东愿意让出部分企业所有权，通过企业增资的方式引进新股东的融资方式。

股权融资所获得的资金，企业无须还本付息，但新股东将与老股东同样分享企业的盈利与增长。股权融资的特点决定了其用途的广泛性，既可以充实企业的营运资金，也可以用于企业的投资活动。

按融资的渠道来划分，股权融资主要有两大类：公开市场发售和私募股权融资。所谓公开市场发售就是通过股票市场向公众投资者发行企业的股票来募集资金，包括企业上市(IPO)、上市企业的增发和配股都是利用公开市场进行股权融资的具体形式。所谓私募股权融资，是指企业自行寻找特定的投资人，吸引其通过增资入股企业的融资方式。绝大多数股票市场对于申请发行股票的企业都有一定的条件要求，例如，中国对公司上市除了要求连续 3 年盈利之外，还要求企业有 5000 万元的资产规模。因此，对大多数中小企业来说，较难达到上市发行股票的门槛，私募股权融资成为民营中小企业进行股权融资的主要方式，也就是现在经常提到的投融资。

(二)债权融资

债权融资是指企业通过借钱的方式进行融资。债权融资所获得的资金，企业首先要承担资金的利息，另外借款到期后要向债权人偿还资金的本金。债权融资的特点决定了其用途主要是解决企业营运资金短缺的问题，而不是用于资本项下的开支。

(三)股权融资与债权融资的关系

1. 风险不同

对企业而言，股权融资的风险通常小于债权融资的风险，股票投资者对股息的收益通常由企业的盈利水平和发展的需要而定，与发行公司债券相比，公司没有固定的付息压力，且普通股也没有固定的到期日，因而不存在还本付息的融资风险。发行债券，企业则必须承担按期付息和到期还本的义务，这种义务是公司必须承担的，与公司的经营状况和盈利水平无关。当公司经营不善时，有可能面临巨大的付息和还债压力，导致资金链断裂而破产。因此，企业发行债券面临的财务风险较高。

2. 融资成本不同

从理论上讲，股权融资的成本高于负债融资。这是因为：一方面，从投资者的角度讲，投资于普通股的风险较高，要求的投资报酬率也会较高；另一方面，对于筹资公司来讲，股利从税后利润中支付，不具备抵税作用，而且股票的发行费用一般也高于其他证券，而债务性资金的利息费用在税前列支，具有抵税的作用。因此，股权融资的成本一般要高于负债融资成本。

3. 对控制权的影响不同

债券融资虽然会增加企业的财务风险，但它不会削减股东对企业的控制权力。如果选择增募股本的方式进行股权融资，现有股东对企业的控制权就会被稀释。随着新股的发行，流通在外的普通股数目必将增加，从而导致每股收益和股价下跌，进而对现有股东产生不利的影响。因此，企业一般不愿意发行新股融资。

4. 对企业的作用不同

如果发行普通股，这些将是公司的永久性资本，是公司正常经营和抵御风险的基础。股权资本增多，有利于增加公司的信用价值，增强公司的信誉，可以为企业发行更多的债务融资提供强有力的支持。如果发行债券，企业可以获得资金的杠杆收益，无论盈利多少，企业只需支付给债权人事先约好的利息和到期还本的义务，而且利息可以作为成本费用在税前列支，具有抵税作用。当企业盈利增加时，企业发行债券可以获得更大的资本杠杆收益，而且企业还可以发行可转换债券和可赎回债券，以便更加灵活主动地调整公司的资本结构，使其资本结构更加趋向合理。

(四)初创企业的融资渠道选择

初创企业时，创业者需要通过一定的渠道募集启动和早期运营资金。常见的渠道主要有以下几个方面。

1. 创业者个人积蓄

除了自己的钱，创业者不找其他来源的资金。这一前提是创业者需要有足够的积蓄。这样就不会为欠债而产生压力，公司也完全控制在自己手上。但这样也有风险，如果创业失败，将一无所有，并且以后再重新开始的压力就更大。

2. 合伙人的储蓄

找几个合伙人一起创业，不仅可以分担业务管理、财务负担，还可以共享经验和能力。这种募集资金的方法能够解决个人积蓄不多、经验不足、能力不够等初创公司普遍存在的问题。一位或几位好的合伙人，能产生协同效应，比单枪匹马更容易获得成功。这样做同样也有风险，在遇到创业困难或者赚到钱之后，有些合伙人可能想退出，不负责任的合伙人还可能把债务都留给他人，从而伤害友谊。

3. 易货出售

在市场尚未打开之前，如果无法从客户那里获得收入，可以考虑提供产品或服务给合作伙伴，以交换自己可以出售获利的产品。比如拿动画片换电视台的广告时段、拿曲别针换房子的故事等。但是，像曲别针换房子这样的事情太神奇，很难复制。而且出售置换回来的产品，也需要额外的人力和资源，如果对产品不熟悉，反而令人左右为难。

4. 抵押贷款

如果有不动产比如厂房和住宅、有形动产如设备和艺术品等，可以进行抵押。有些债权人接受抵押贷款。如果创业失败，有可能造成房子等不动产的流失，使家庭和婚姻处于危险的境地。

5. 银行贷款

银行贷款是很多创业者选择的募集资金渠道。尽管国内银行主要是对大中型企业开放信贷渠道，但有些银行也推出了面向中小型企业的小额信贷，如果能获得银行的贷款，这通常是最便宜的借贷资金来源。对于初创企业，由于很难向银行证明可以盈利，所以通常获得贷款的可能性不大。即便获得，如果经营不好，到期还本付息时，将是颗定时炸弹。

6. 政府资助

政府资助也是一条获得资金支持的渠道。在“大众创业、万众创新”的背景下，各地政府的不同部门、科技园区等通常针对不同类型的初创公司、人才等提供各种资助项目，如无偿资助、贴息贷款等。这些信息比较透明，可以在政府网站上进行查询。当然，由于是政府的公益性资助，一般很少会要求回报。但政府会要求创业者有更高的可信度，并且需要准备较为烦琐的材料进行逐步申报。一旦通过，创业者必须在一定的期限内接受政府的阶段性检查，让政府相关部门看到项目进展的程度。

7. 孵化器

随着双创的热潮，各地出现了很多不同类型的孵化器。他们关注创意和创意团队，旨在发掘可能成功的初创公司，并在最早期给予资金及创业辅导等方面的支持。一般情况下，孵化器能够提供给每家公司的资金额较少。同时，由于申请者众多，不可能对太多创业者进行开放。

8. 天使投资

当前，天使投资非常活跃，重点关注早期的创业公司。他们对项目的评估比较复杂和严格，通常是以资金和增值服务换取公司 10%～30%的股份。另外，他们会在投资条款上做一些安排，以便能尽快实现投资退出，获取回报。当然，对大部分初创公司来说，天使投资并不适合，因为他们关注的是有一定基础，有规模化成长机会，并有成为大公司潜力的公司。另外，这种融资周期通常比较长，创业者要花大量的时间和精力去应对。

需要明确和强调的是，很多创业者执拗地认为，如果不能获得天使投资的融资，就没法启动或发展公司。这样的想法是完全错误的。

9. 自力更生

这种情况下，一般是企业已经发展到了一定阶段，公司依靠自身业务产生的利润和现金流，继续投入滚动发展，自己维持成长性。因此，很多企业可能需要一定的时间才能走到这一步。现实中，有些创业者在此之前就会因为山穷水尽而丧失信心，甚至关门大吉。

二、融资的作用

(一)融资在资本层面的作用

1. 充盈运营资金

如果企业是一台汽车，那么资本就是企业的燃油。很多企业之所以倒下都是因为资金链的断裂。融资就是为企业前进补充足够的燃料。

2. 梳理资本结构

一旦进入融资阶段，投资人一定会对企业的财务状况进行评估。投资人的介入是对企业资本结构的一次梳理，可以通过融资优化企业的资本结构。

3. 为下一步的企业融资做准备

得到投资人的认可后，企业一般会加大前进的步伐。因此，这一轮的投资人进入之后，要做的第一件事就是寻找下一轮投资人，以保证企业不会因为快速发展而出现资金短缺。多一个人甚至是一群人去思考这件事总比创业者一人思考要强得多。

(二)融资在业务层面的作用

1. 提高业务竞争力

获得融资后，企业的资金量可以得到极大的补充。此时，企业可以在业务层面加大投入，不管是产品的质量、技术的应用，还是价格和市场的宣传等方面，都会得到有效的支撑。这些变化，对于提高企业业务的竞争力都有极大的帮助。

2. 试水新业务

资金到位后，除了拓展企业的现有业务外，还可以有足够的力量去试水新业务，去做更多的市场尝试，为企业寻找下一个利润增长点。

(三)融资在市场层面的作用

1. 资本背书，提高企业品牌知名度

获到高额投资是企业发展过程中的一个重要节点。一般情况下，企业会做一轮宣传，让同行或者目标客户知晓自己得到了投资。实际上，这就是在利用投资机构的资本背书为企业做宣传，提高企业的影响力，进而提高企业的品牌知名度。但是，也有一些企业为了提高自身的影响力，对融资数据进行造假，反而有时会得不偿失。

2. 给消费者以信心

目标客户在购买产品的时候最担心的就是企业实力不够，产品出现质量问题，后续服务无法支撑等。融资成功，无疑会提振目标客户的信心，起到良好的市场效应。

(四)融资在战略层面的作用

1. 提升了战略调整空间

资金充足之后，企业在制定发展战略的时候可以操作的空间就会变大，就可以制定一些原本无法实现或者不敢尝试的发展战略。

2. 投资人对战略制定的帮助

投资人投资之后，会介入企业的战略制定工作中。这样，来自投资人背后的资源以及投资人的个人经验，都会对企业的战略制定给予帮助。

(五)融资在团队层面的作用

1. 提振团队信心

融资成功之后，团队的自信心会得到极大的提振。整个团队会为之沸腾，工作热情和干劲会急剧地增加，整个公司的气氛都会有所提高。

2. 提高团队凝聚力和稳定性

没有哪个人会在企业高速发展的时候选择离开，而融资成功则是企业发展过程的重要里程碑。融资成功之后，团队会认为这是自己努力付出的结果，团队的凝聚力和稳定性都会得到提高。特别是融资之后，企业通常会相应地提高团队待遇。

三、融资体验

(一)融资之后的得失

1. 资金的获得

融资成功之后，最直接的收获就是得到了希望的资金，有了资金就有了实现战略目标的基础。这是很多初创企业所渴求的，因为再宏大的创业愿景，如果没有资金的支持，可能也是雾里看花。

2. 资源的获得

融资成功之后，除了现金之外，投资人还会将其背后的资源对接给创业者，而同时外部的其他资源也会因为融资成功而变得容易获得。此时，更多的资源会使初创企业锦上添花，源源不断地获得各方面支持。如果创业者能够把握前进的动力，将会在短时间内使企业的发展跃升到一个新高度，如滴滴。

3. 控制权的削弱

与资金的获得和资源的获得相伴生的就是创业者对于企业的控制权和话语权会被相应削弱。在制定企业战略的时候不再是创始人的“一言堂”了，投资人的意见也要考虑进去。在以往的投资案例中，创始人被投资人“绑架”最后被赶出公司的现象也屡见不鲜。

(二)资金与控制权的争夺

在融资之前，创业者首先要想清楚一件事，即真的需要投资人融资吗？这好比开车上高速公路，中途没有出口，出口却在遥远的地方，叫作“IPO 上市”或者“被并购”。创业者只有在这条路上一直开下去，要么顺顺利利地开到底，要么人仰马翻地冲破高速公路护栏，公司破产清算结束。在这条高速公路上，开车是有规则的，走上投资人融资道路的公司也是有规则的。

一旦进入融资阶段，企业以后的重大决策不再是创业者一个人说了算。创业者可能习惯了自己在企业“一言堂”，但投资人也是股东，通常是“优先股东”，而他们拥有一些特殊的权利，用来保护自己的利益。因此，最直接的就是组成董事会，他们通常会在董事会上占 1～2 个席位，对公司的重大事情有举手表决的权利。首先，要给投资人一部分股权，可能是比较大的比例，比如第一轮投资人就出让超过 30%，第二轮、第三轮投资人之后，创业者剩下的股权就不到 50%了。这很正常，不要说不想放弃公司的所有权，不愿出让太多的股份。可是除此之外，还能给投资人什么呢？投资人不需要“好创意”，他们希望自己投入的资金能获得合理的回报。如果抱怨投资人抢夺了自己的利益，那就最好不要向别人融资。

与此同时，企业的财务需要进行规范化和透明化管理。流水账式的记账方式已经不适用了，需要组建专业的财会部门帮助企业处理账务事宜。如每个季度需要提供报表给投资人，年底给投资人提供下年度预算等。每一笔超过一定额度的资金支出，也都需要投资人点头。更有甚者，投资人可能直接派一个财务总监过来把持公司财务，以便清清楚楚地知道公司的每一笔钱是怎么挣的、每一笔钱是怎么花的。这才是公司走向正规和做大做强的基础，创业者要做好这个准备。

实际上，在这个时候就是资金与控制权的争夺。创业者需要投资人的钱，还不希望把与这部分钱对应的控制权给他。投资人则需要通过创业者的创意赚取高额利润，一定会经常评估企业资金走向。因此，这就要看创始人的商业设计了。比如马云的合伙人制度、京东的 AB 股制度和 Facebook 的 ABC 股制度。

(三)融资的流程

1. 确定目标投资人

确定目标投资人是融资的第一步，也是非常重要的。不是每个投资人都合适自己，自己也不会合适所有的投资人。因此，关键是挑选出那些可能会投资的投资人。一旦知道哪些投资人可能是与自己匹配的、值得花时间沟通的，就不必要在不相关的投资人身上浪费时间，而要集中全部的时间和精力，定点“轰炸”真正有机会的投资人，以获得他们的投资。

2. 准备融资文件

在锁定目标投资人之后，需要准备一套融资文件。融资文件不是一次性的，通常随着融资的进程，需要准备不同的文件。

(1) 初次面谈之前：准备 1～2 页篇幅的“执行摘要”，也可以叫作“鱼饵”文件，用来吸引投资人的目光，引发他们的兴趣。

(2) 融资演示：准备 PPT 演示文件，用于与投资人面对面地演讲，加深投资人对公司的认识。

(3) 尽职调查：配合投资人对公司进行考察、摸底。

(4) 法律文件：准备公司章程、销售合同、以前的投资协议(如果有的话)等。

上述资料准备好后，将这些文件按内容分成单独的小文件，呈现给投资人。这样，既能满足投资人的需求，也有很好的保密性。另外，按照次序，及时提交给投资人需要的文件，也能给投资人留下好的印象。

3. 与投资人联系

与投资人联系的关键在于三个方面：联系谁？怎么联系？什么时候联系？

(1) 联系谁？

投资人公司通常是合伙制的，合伙人主导项目的投资，通常会配备投资副总裁、投资经理、分析员等进行协助。一般情况下，投资人公司的合伙人各自找项目、看项目、评估项目。但真正需要投资的话，需要投资人公司内部集体决定。所以，要想获得投资人的投资，创业者要先说服投资人公司里某个恰当的合伙人，由他来负责推进自己的项目，并负责说服其他合伙人。

此时，拿出整理好的投资人清单，他们可能是会投资的投资人。针对每家投资人，找出需要说服的合伙人。这项工作难度很大，也是一种技巧。当然有些投资人并没有分得这么细，有些投资人由投资经理、副总裁与项目初次接触。

(2) 怎么联系？

找到相应的投资人联系人(合伙人或投资经理)之后，与他们联系的最好方法是找人推荐。看看朋友圈，有没有可以做推荐的人。如果能找到融资顾问帮忙，这项工作就简单多了。如果“鱼饵”文件能够“钓”起投资人的兴趣，紧接着会做面对面的融资演示。

当然，如果聘请一些有头有脸的人物做公司的董事或顾问，他们会给自己很多推荐。另外，参加一些风险投资的会议、论坛也可以认识一些投资人。

(3) 什么时候联系？

如果可以的话，先找 2～3 家可能不会投资的投资人练练手，看看融资演示文件准备得怎么样，演讲水平如何，他们有什么样的问题，等等，以增强自己的融资信心。

练完手，再对融资文件进行修改和完善，然后去找真正有可能投资的投资人。与这些投资人联系，要尽可能在较短周期内集中 2～3 个批次完成，一次 10～20 家。不要这周联系几个，下周联系几个，下个月又联系几个。集中联系的好处是，投资人的投资意向书会集中到一起。这样就可以比较哪家条款好，哪家报价高，顺便在投资人之间形成一种竞争。当然，这可能也面临一种风险，即如果很多投资人都已经谈过，但都没有兴趣，可能会在投资人圈得到一个坏名声——你的公司没人要。此时公司的发展可能会很惨，因为投资人也是喜欢跟风的。

4. 给投资人做融资演示

给投资人做融资演示是融资的真正开始，而前面的工作都是为了能够实现与投资人面对面地进行沟通而做的准备。首先，你要知道投资人想通过演示了解什么。当然，无非就是规模巨大的市场及行业、完美的产品、独特有效的商业模式、诱人的财务状况及预测、梦幻的团队等。其次，要努力地告诉投资人，自己的项目是投资人今年看到的千百个项目中最值得投资的，最好的项目。最后，需要向投资人展示自己是一个值得信赖的人，这样的公司将会走向成功。投资人并不是目光短浅、不愿意承担风险，他们只不过是想投资给能看到的最好的项目。

5. 后续会谈及尽职调查

一旦创业者给投资人做了一个成功的融资演示，吸引了投资人的兴趣，后面就是更多的会谈和投资人对公司的尽职调查。有些投资人只做一些简单的调查，在签订Term Sheet(投资条款清单)之后再进行详细的尽职调查。

通常情况下，尽职调查会由投资人的一个合伙人及投资经理来主导，而详细尽职调查就会请第三方的会计师和律师介入。只有与投资人签了排他性的 Term Sheet 之后，投资人才会请第三方的会计师和律师进场做财务调查和法律调查，因为这些费用很高。

投资人在做调查的时候，创业者最好也能抽时间查查投资人的情况。最好的方式就是与这家投资人投资过的公司 CEO 谈谈，比如投资人的合伙人都有什么特点？他们投资后的增值服务如何？他们是不是在投资后会对管理团队大换血？把很多关心的问题搞清楚之后，再最终决定是不是接受这家投资人。

6. 合伙人演示及出具 Term Sheet

给全体合伙人做融资演示，决定创业者能否拿到投资人的 Term Sheet。这个演示比那个在过去几个月一直密切沟通、正在调查投资人的合伙人的演示更重要，只不过重点不太一样。合伙人演示的目的是不让他们挑出毛病，对创业者说“No”，而是让投资人发掘投资价值，对创业者说“Yes”。

在给全体合伙人做演示之前，负责创业者项目投资的合伙人已经与其他合伙人多次沟通过创业者的项目了，他们很可能已经认同了。因此，没有必要过分强调项目有多好，而是尽量别出错，别把融资搞砸了。

演示时，将注意力放在问题最多的合伙人身上，任何一个质疑都有可能让创业者的融资泡汤，要尽量赢得他的认可。如果合伙人演示成功了，投资人会给你一份 Term Sheet。此时，创业者可以松一口气了，初战告捷。

7. Term Sheet 谈判

得到投资人的 Term Sheet 是创业者与投资人建立关系的一个重要时刻。如果双方签字了，最终获得投资的可能性非常大。但在签字之前，还需要就条款内容进行谈判。

对创业者来说，Term Sheet 谈判是比较艰难的，主要是缺少这方面的经验。比如公司价值、投资人要求的各种优先权利、保护机制、公司治理等方面的要求。这些情况，创业者可能是第一次遇到，而投资人整天琢磨这些内容，所以创业者最好提前做好这些准备。

拿到 Term Sheet 之后，创业者可以请律师了。一定要找有代表公司向投资人融资经验的律师，没有这方面经验的律师会让谈判非常艰难，甚至会把投资人赶跑，使融资泡汤。

8. 法律文件

Term Sheet 签完以后，投资人还要做详细的尽职调查，通常是财务和法律两部分。另外，投资人还要把项目提交投资决策委员会批准。如果尽职调查发现问题，或者投资决策委员会否决投资，投资人与创业者的缘分就到此为止了。这一点，在 Term Sheet 中通常会有明确的提示。

投资人通常有一套所谓“标准”的投资文件，但基本上是从投资人的利益角度出发的。所以，创业者要自己与投资人谈判 Term Sheet，落实具体条款的用途和目的，然后由律师将创业者的真实意思转换成法律文件。

其实，大部分条款都是可以协商的。如果有律师帮忙解释和沟通会让创业者更有针对性。另外，如果创业者手上能够拿到好几家投资人的 Term Sheet，事情相对就更简单了。相互对比一下，创业者就能够在谈判桌上有更多的底气。项目足够好，同时又有其他投资人的争夺，沉不住气的投资人便会主动松口，很多苛刻的条款自然会被放松。

如果做第二轮融资，创业者最好请第一轮投资人聘请的律师，因为他最清楚当初为了第一轮投资人的利益，给创业者设置了一些什么样的条款，对创业者有什么样的限制。一旦他掉转身份，要维护创业者利益的时候，就会在所有条款上想方设法地与第二轮投资人“对抗”。这个时候，创业者会发现，原来所有的 Term Sheet 条款都是可以协商的。

目前，国内外的投资人很多，向他们融资，可能涉及的法律问题更多一些，是做“红筹架构”模式投资，还是做“合资公司”形式？是投人民币还是投美元？都会涉及向有关政府主管部门的一些申报手续。当然，创业者不必担心，律师和投资人非常清楚操作程序。

9. 资金到账

至此，创业者完成了整个融资程序，钱也到了公司的账户。但可能是分期到账，所以兴奋之余，要小心不要乱花钱。

按照创业者给投资人的资金使用计划，在未来的一年左右按照需求使用。逐步实现设定的里程碑，兑现给投资人的承诺，后续资金才会及时到账。需要注意的是，换豪华办公室、大幅涨薪、大肆招人等这些烧包的事情不要轻易决定，很多没钱能活下去，融到钱就死掉的公司就是这么死的。

(四)融资的法律文件

1. 商业计划书

在正式融资的时候，一份完整的商业计划书是必不可少的。

2. 投资条款清单

融资过程中，投资中的一些重点问题应该提前以正式文本的形式清晰地呈现出来。因此，在投资条款清单(Term Sheet)中，将列出此次投资中的一些重点问题，如投资比例、金额、价格、权利等。此部分是一个专门的领域，可以找一些专业书籍详细地了解。

3. 尽职调查清单

签署 Term Sheet 之后，投资人会提出一份尽职调查清单，列出需要创业者提供的各种文件。这份文件是投资人全面了解创业者公司的一份清单。

4. 尽职调查报告

尽职调查报告是投资人在做完尽职调查之后要撰写的一份内部文件。这份文件主要是给投资决策委员会进行投票决策提供依据。

5. 投资协议

投资协议就是投资人与被投企业双方签署的关于投资的正式文件。

6. 保密协议

在项目尽职调查之前，投资人要和被调查企业签署一个信息保密协议。这份保密协议主要是对由于尽职调查而获得的项目方信息进行保密的一个约定，以便打消项目方在信息披露时的顾虑。

(五)融资前的准备工作

一个创业项目在融资前要做的准备工作很多，准备得越充足，在融资的时候就越从容，往往能取得好的结果。

1. 团队准备

在投资的时候，早期股权投资者(个人天使、天使机构等)最看重的就是团队，毕竟事在人为。有了团队就会有后面的一切。虽然投资界一度掀起了是投人还是投领域的争论，但是最终还是投资人对于创始团队的选择权重更高一些。

那么在融资之前，创业者最好准备一支看上去还不错的团队。同时，团队最好职责清晰，分工明确，而且有能力胜任。当然，如果团队中有 Google、腾讯、阿里巴巴、苹果等大公司的相关牛人，那么项目获得投资的可能性会大大提高。

2. 商业模式准备

说到底，商业模式就是指公司挣钱的模式。用简单的一句话来描述，就是公司通过什么样的客户提供什么样的服务而获得什么样的收入。因此，在融资之前，最好是把商业模式考虑清楚。选择一个有无限想象空间的领域，用一个逻辑上可行的商业模式去撬动市场，再加上优秀的团队，那么项目就很有可能被投资人所追捧。

虽然投资人会更关注团队，但是商业模式也是投资人考察创业团队的一个重要参数。如果创业者能够设计一个让投资人觉得兴奋的商业模式，那么投资人也就不得不认可创业团队的能力了。

3. 业务/产品准备

在融资之前，创业者的产品最好有个 DEMO 版。产品原型能够让投资人产生直观体验，同时也让投资人感觉创业者并没有停留在思考上，而是已经付诸行动。当然，有了一个产品原型之后，投资人也更容易进行判断，创业者自己在介绍的时候也会更加细致和有说服力。

4. 客户准备

如果可能的话，创业者最好已经有几个样板客户。这些客户真实地花钱购买了产品或者服务。这样创业者就可以告诉投资人已经小范围地验证了自己的商业模式，在描述客户需求及市场空间的时候也就有了数据作为融资的基础。

5. 资料准备

融资前要准备好一系列的融资文件。创业者要根据自己项目的实际情况，准备好给投资人看的各种资料，并将各类资料装成单独的文件，继而由各类文件匹配成一套。

6. 心理准备

融资不是一个终点，而是一个起点。要学会与投资人打交道，要学会与投资人博弈，更要学会与投资人合作。同时公司的发展和治理也都需要创业者更多的精力投入和能力投入。创新创业活动是一个复杂的过程，需要创业者有一颗强大的心脏。

第三节 创 业 路 演

一、创业路演概述

(一)创业路演的含义

创业路演是创业项目启动前对一定的投资人进行商业计划书宣讲的一种活动。由此，凡是以融资为目的的推介会都被称为路演。创业路演主要是针对早期创业项目的路演活动，以此来区别于上市路演。

创业路演是随着早期投资的兴起而发展的，是早期股权投资的伴生产物。在国内，最近一轮的创业投资热潮是从 2009 年开始的，随着中国从事早期创业股权投资的机构和个人的急剧增长，创业路演渐渐成为一种重要的媒介方式。投资人需要通过了解更多的创业者信息来优中选优，而创业者则是迫切希望将自己的商业计划书展示给更多的投资人，以提高自己融资成功的可能性。因此，创业路演成为连接投资人与创业者之间的重要桥梁和纽带。创业路演有正式的商业氛围，参与者又都是经过筛选甚至是定向邀请的，匹配度更高，效果更好。于是越来越多的投资人和创业者会倾向于通过选择创业路演作为其投资或者创业的有效途径。

显然，创业路演是指企业或创业代表在公共场所向投资方宣讲理念、产品演示、创业计划、创业团队等，从而获得融资的一种活动。

(二)创业路演的发展历程

自 2009 年起，创业路演在国内的创业融资热潮中共经历了三个阶段。

1. 萌芽阶段

在早期，创业路演是以小范围的私密活动形式存在的，主要由投资人和财务顾问组织创业者参加。当然，也有媒体参与组织的创业路演。2009 年“计世资讯”就曾组织过多场创业融资路演对接活动。创业路演还是零散的、少量的活动，多数为投资机构自己组织的路演活动。笔者曾经在 2009—2011 年间组织过几十场创业路演，只不过都是为了自己的投资机构而组织的创业路演。那时，每个月一般有 1～2 两次路演活动，每次筛选邀请 3 家创业企业进行路演，在座的投资人会对项目进行详细的询问。一次路演要两三个小时，留给每个路演者的时间比较充裕。一个项目的展示时间多为 30～40 分钟，还有 10～20 分钟的问答时间。如果某个项目被问的问题多了，时间还会延长。据了解，其他机构或媒体组织的创业路演大体上也是按照这样的形式操作的。后来，随着需求的增加，越来越多的人开始参与到组织创业者和投资人进行路演对接的行列中来。

2011 年，以对接创业者和投资人为主要目的车库咖啡、3W 咖啡这些咖啡厅(现在叫“创咖”)在海淀图书城的步行街相继开业，迎来了创业路演发展的新时代。创业路演由之前的私密形式逐渐地变成公开和半公开的方式。由于创业咖啡厅需要人气和消费量才能存活，所以将这样一个颇有神秘感的路演活动进行公开化或半公开化，会吸引更多的创业者和行业从业者的关注。投资人也喜欢这种宣传的方式，因为公开、半公开的创业路演活动，除了能够展示创业者的创业项目外，还能够展示投资人犀利的眼光，对行业的理解，对项目问题的洞悉，也展示着投资人背后投资机构的品牌和关注的方向。

这个阶段，虽然陆陆续续地出现了很多创业路演，但是创业路演整体上仍然处于一个萌芽状态，很多行业以外的人对于创业路演还一无所知或者知之甚少。创业路演仍然是个很神秘的事情，很多人会在微博上以晒出自己参加了某创业路演而自豪。同时，创业路演也成为创业咖啡厅和创业媒体吸引关注、提高人气的撒手锏。

2. 繁荣阶段

2011—2013 年，是北京创业路演最高峰的时候。几乎每周有 3～5 次各种路演，高峰的时候每天两三场创业路演。甚至有创业者专门为其他创业者开发了一个获得这种创业路演活动信息的平台，而且在一段时间颇有人气。创业邦、创业家、创业影院、36 氪、钛媒体、虎嗅等，越来越多的组织和机构参与到了组织创业路演的大潮中来。创业路演也进入繁荣发展的阶段。由于参与组织创业路演的机构和个人越来越多，于是投资人和创业者都不够用了，特别是投资人。行业的繁荣总会带动行业的发展，竞争的出现则会带动创新。为了吸引更多更优质的投资人参与，路演组织者们开始在创业路演的形式和内容方面做文章，试图区别于其他路演，提升自己的价值和知名度。

首先是行业划分，针对投资人的投资方向进行行业划分，只做某个行业的项目创业路演，这样就定向地吸引了投资人，也建立了专业的形象。其次就是路演形式的变化，出现了 8+7、10+5 等多种组合形式的路演，几分钟项目展示，几分钟投资人的问答。现在看来，这样的活动更像是一场作秀，创业者作秀，投资人也在作秀。现在能够在电视上看到的融资类节目就是这样的形式。说到电视节目，就不得不提到《赢在中国》栏目，这是中国最早的创业路演节目，也是最成功的。很多线下创业路演都没有这个栏目的效果好。早期的电视节目还有《给你一个亿》栏目，也是一样的内容。

这个阶段，创业路演开展得如火如荼，能够接触和参与创业路演的人越来越多。但随之而来的创业路演质量在急剧下降，特别当创业路演表演化之后。很多创业者以参加各种创业路演为己任，拿着一份 PPT 混迹于各种路演现场，结交各路投资人，项目做得如何不清楚，却混了一个脸熟。这不得不说是一种潮流红利。此时，创业路演成了街谈巷议的热门话题，如果对创业路演没有了解，简直不好意思出现在中关村一带了。

3. 理性阶段

从 2014 年开始，投资人开始退出或减少参加各类形式的创业路演活动。原因有两个，第一个原因是这类活动太多了，参加不过来，时间都被参加这类活动占据了。当然如果这类活动能够帮助投资人获得优秀的项目，投资人也还是愿意参加的。第二个原因就是这类创业路演的项目经常浮于表面，流于形式，无法满足投资人对于项目的质量要求，于是投资人选择退出。

投资项目是投资人参加此类活动的原始动力，宣传只是顺手的事情。如果没有足够的优质项目，就失去了吸引投资人参与的动力。特别当投资人发现自己忙于参加各种创业路演的时候，其他同行已经悄悄地投入了一个又一个好项目。因此，当投资人发现获得优质项目另辟蹊径的时候，远离这个不是最优选择的渠道就顺理成章了。而当创业路演缺少投资人站脚助威之后，创业者特别是优秀的创业者也不愿意参加创业路演了。此时，创业路演陷入了一段时间的低谷。

“大众创业、万众创新”的口号被李克强总理在两会上提出之后，全国雨后春笋般涌现了很多创业孵化器。这些创业孵化器为了提升自己的知名度，又开始重走创业咖啡之路，用各种创业路演来吸引创业者。这时候，投资人虽然不愿意参加这类活动，但是一方面碍于邀请者的关系，另一方面毕竟面对的是一个以孵化创业项目为己任的专业机构，对项目的诉求会部分地得到满足。还有一个因素就是中国从事风险投资的人在呈几何级数增长，新晋的投资人面临比老牌投资人更难的竞争局面，于是增加曝光度自然就变成了一个刚需，正是这些新晋的投资人又一次支撑起了创业路演的大潮。

(三)创业路演的现状

经过一轮起伏之后，创业路演逐渐回归理性。投资人开始慎重地选择组织创业路演的主办方，创业者也在慎重地选择参加什么样的创业路演。创业路演正在洗尽铅华回归到其初始的目的——以融资为目的的项目介绍。由于区域发展的差异，创业路演正呈现出两种不同的状态。

1. 一二线城市的理性回归

北上广深这样的一线城市，特别是北京，历经七八年的洗礼，三个阶段的沉浮后，当下已经走上理性回归之路。在项目选择和辅导方面，组织方做了更多的工作，选择优质的、匹配的项目参加路演活动。同时，对于投资人的邀请也更精准，只邀请在特定领域进行投资的投资人，提高投资人与创业者之间的匹配度，进而提高融资的成功率。作为投资人，在选择创业路演的领域、规模、阶段和主办方等方面也更慎重了。三方都在努力地使创业路演回归理性，不耽误彼此的宝贵时间。这也算是创业路演试错迭代的一个过程。

2. 三四线城市的方兴未艾

与北上广深等一二线城市不同，三四线城市还没有经历过完整的创业路演发展历程，尚处于早期萌芽阶段。在这些城市，创业路演、创业、投融资还是一个新鲜事物。作为一种新现象、新名词，人们还在津津乐道。全国各地的孵化器、加速器、创业咖啡等机构还将重复上演一二线城市曾经的起伏。也许这个过程会缩短，但是这个历程是无法跨越的一个发展阶段，将受到投资人、创业者、组织方，甚至区域文化的影响。

二、创业路演的目的和价值

(一)创业路演的目的

通常情况下，创业路演有四方参与：创业者、投资人、主办方和观摩者。第一方是路演的创业者，他们是创业路演的演员、项目展示方。第二方是路演的投资人，他们同样是创业路演的演员，只不过他们是主演、大腕儿。第三方是路演的组织方，他们是创业路演的导演，演员和规则都由他们进行挑选和制定。第四方是创业路演的观摩者，他们是这场表演的观众。因此，每一方都有自己的目的，而且还有着明显的区别。

1. 创业者的目的

对于创业者来说，参加创业路演的心情很复杂。虽然不同的创业者有着不同的目的，但基本归纳起来也无外乎以下几种。第一，为了项目融资：大多数参加创业路演的人都是为了能够真正获得投资人的关注，进而获得投资；第二，为了项目展示：有的创业者可能刚刚拿到投资，但是为了宣传也为了下一轮投资而参加路演；第三，为了认识投资人：很多参加路演的人都是为了能够与投资人建立关系，哪怕没有拿到投资；第四，为了让投资人提意见：有一小部分创业者是为了听投资人的点评而参加创业路演的，从而获得思路；第五，为了融资锻炼：有创业者参加创业路演纯粹是为了自我锻炼，好为正式的融资活动做准备；第六，为了给主办方站台：很多特别牛的创业者会帮助主办方站台，以吸引投资人的持续关注；第七，为了好玩：还有一部分参加路演的人纯粹就为了好玩，想尝试一下路演的滋味。

这些各种各样的目的，通常是组合出现的，参加路演的创业者很少有一个单纯的目的，多数是几个目的兼而有之的情况。

2. 投资人的目的

投资人参加路演的目的大体上可以分为以下六种。第一，为增加阅历：投资人也有关注不到的地方，通过路演可以了解很多行业信息，增加阅历；第二，为自我锻炼：新入行的投资人需要通过路演这样的方式来锻炼自己，向同行学习；第三，为获得好项目：投资人的原始目的还是看项目，为了获取优质项目而参加路演；第四，为主办方站台：一些知名的投资人受主办方的邀请来参会，纯粹是为了站台；第五，为了观察行业动态：一次有质量的创业路演中也可以观察出行业的动态，哪些行业和方向有行动；第六，为了自我曝光：投资人需要知名度才能吸引更多的优质项目，创业路演这样的曝光机会很有必要。同创业者一样，投资人参加创业路演的目的也是综合性的。

3. 主办方的目的

一般情况下，主办方多为孵化器、创业咖啡或者创投媒体等专业机构，因此他们的目的主要有两个方面。第一，聚集优秀项目：有意愿组织路演的主办方通常会有聚集创业项目的任务和目的；第二，建立与投资人的联系：投资人一直都是备受关注的，通过路演可以建立与投资人的联系。

4. 观摩者的目的

观众一直是创业路演的重要组成部分，特别是创业路演最繁荣的时期。这些人有的是投资人，有的是创业者，也有的是学习者。他们通常抱着以下目的来观摩创业路演。第一，了解行业动态：通过创业者的路演了解行业的动态；第二，结交创投圈的人脉：希望通过和投资人、创业者沟通与其建立联系；第三，观摩学习：对创业项目进行观摩学习。

(二)创业路演的价值

1. 搭建一个项目沟通的桥梁

各方都怀着明确的目的来参加路演活动，很好地进行项目交流。在这个正式平台上，创业者能够获得来自不同投资人的不同观点。无论最终能否获得投资，能够获得一些知识和批评也是有价值的。这样的路演过程，对于创业项目的成长也是非常有利的。

2. 引导着行业发展和变革

一般来说，参加创业路演的创业项目多为比较前沿的领域和方向。从这种意义上讲，创业路演在引导着行业的发展，是行业动态的风向标。比如这一段时间大数据应用的创业项目多，就会刺激大数据行业的发展。别人讲过的，投资人批评过的，创业者就会想办法进行突破，行业也就随之发展了。

3. 头脑风暴，刺激行业发展

在创业路演过程中，创业者和投资人通常会就某个问题进行意见交换，甚至是争论，甚至投资人之间也经常会出现意见相左的时候。此时，往往是头脑风暴的时候，大家都在表达最真实的看法，是对行业或项目来自不同角度的深度思考，这样的争论会刺激行业的发展。

4. 发现价值

创业路演的核心价值是能够发现优质项目或者优质的创业者。这种核心价值，也是创业路演的最根本目的。从微观上讲，满足了创业者和投资方的双方需求。从宏观上讲，推动了某个行业甚至领域的快速发展。

三、参加创业路演

(一)寻找参加创业路演的机会

创业路演发展到今天，寻找参加创业路演的机会已经较之前容易很多了，主要途径有三个。

1. 创业咖啡、孵化器

创业咖啡和创业孵化器会定期组织创业路演，这是目前最便捷的能够参加创业路演的渠道。这一渠道门槛低，只要询问一下相关的负责人就能够了解到足够的信息。

2. 创业媒体和网络

创业媒体、微博、微信中也经常会披露创业路演的信息，多关注一些创业媒体的微博或者微信群，也能获得创业路演的信息。

3. 第三方渠道或平台

寻找专门为创业路演发布信息的第三方渠道或者平台，能够获得一些比较私密的路演信息。

从上述三个渠道来看，创业咖啡和孵化器这个渠道最便捷，但是路演质量参差不齐，而第三方渠道介绍甚至是熟人推介的创业路演相对质量较高。

(二)选择适合自己的创业路演

任何事情都不是一帆风顺的。创业者决定去参加一次创业路演之前要慎重考虑，要想清楚自己的目的。那些通过一次创业路演就获得投资的故事都是传说，一是概率很低，二是还有内幕。理论上，一个创业项目参加一次创业路演就获得投资的概率不比买一张足彩中二等奖的概率高。所以，在参加创业路演的时候，创业者要提前选择适合自己的创业路演。

创业者至少要从以下三个方面进行考虑。

1. 明确项目的融资需求

创业者要十分明确自己的项目处于什么阶段，是早期天使还是 A 轮、B 轮，要找与一个投资人投资金额匹配的创业路演。比如准备融资 200 万元，而在座的都是动辄投资数千万美元的投资人，那么很可能就会无功而返了。反之亦然。因为投不起和不关注的结果是一样的。

2. 了解不同创业路演的属性：规模、行业、阶段等

参加路演之前，对路演细节做个了解。如有多少投资人参加，有几个项目做路演，每个项目的演讲时间是多久，沟通时间是多少，是哪类项目，是否有自己的竞争

对手，还是完全不相干的行业。参加路演的企业或项目都处于什么状态，是否与你处于同一阶段。匹配度越高，收获就会越大。

3. 了解参加创业路演的机构背景：投资行业、投资阶段、投资喜好等

如果有可能的话，还要对参加路演的投资人和投资机构做个了解。弄清楚，这些人的投资偏好，投资什么阶段的项目？他们关注的行业主要是什么，投资过哪些案例，是否有与自己的项目相类似或者上下游的项目？投资人是关注团队多一些、关注技术多一些，还是关注商业模式创新多一些？投资人在其所在的投资机构的职位如何，是否有投资决策权？将这些背景了解清楚之后，能够提高创业者沟通的效率。

(三)创业路演前应准备的内容

1. 准备一份融资演示 PPT

创业路演需要使用 PPT 进行演讲，因此提前准备好一份 15～20 页的融资 PPT 十分必要。融资 PPT 的内容要遵循 3C 原则：清晰(Clear)、简洁(Concise)、能激发兴趣(Compelling)。清晰主要体现在商业模式、公司定位、目标客户、解决问题、应用场景等方面，要让听众一看或一听就能够知道创业者要做的大约是个什么样的事业。因为短短几分钟的演讲，创业者是没有时间进行详细解释的，需要言简意赅。语言要尽量精练，减少重复的话语和口水话，同时还要避免过度使用修饰语。再有就是要选择能够激发投资人提问的方式来描述，引导投资人提问会比自己漫无目的地表述效果更好。

2. 选择合适的演讲者

创业路演通常由创始人进行演讲，但是如果创始人不善于表达，或者有语音障碍，或者存在其他会影响演讲的问题时，需要及时更换演讲者。对于演讲者而言，要求对项目的熟悉程度不能低于创始人，语言表达能力强，最好是 PPT 的制作者，具备很好的演讲能力。一个合适的演讲者能够给项目加分。一个糟糕的演讲者可能会让投资人忽略项目本身而过度关注演讲者。因此，演讲者的角色一定要慎重选择。

3. 事先了解到场投资人的喜好和关注点

创业项目得到投资人的认可是融资的关键。因此，可以事先了解到场投资人的情况，如有哪些投资人、关注的领域、哪些特点等。总之，多做一些准备工作，会让事情朝着好的方向发展。

4. 演练投资人关注的问题

在参加路演之前，以投资人的身份和角度多问自己几个为什么，提前预设一下投资人会关注的问题，做好准备和演练。这样，在创业路演时，如果投资人问到相关问题时能够从容应对，给投资人留下美好的印象。切记，不要过度与投资人争论某个问

题。如果确实没有合适的答案，不妨坦诚承认这个问题还没有找到答案，也好过撒谎或者临时编造一个答案。

5. 融资演讲训练

演讲在创业路演中的权重很高，甚至已经超过 PPT 本身。如果一份精致的 PPT 被一个不熟练甚至是完全生涩的演讲毁了的话，那就太可惜了。因此在参加创业路演前，要做好充分的演讲训练。

演讲过程通常只有 10 分钟，要条理清楚，逻辑结构完整，还要显得不那么仓促。这就要求演讲者在语速、停顿、PPT 的配合使用上做到收放自如。最糟糕的演讲形式是简单地读完 PPT 上的文字。PPT 的目的是提纲挈领，点出重点并引导创业者的演讲，而演讲本身就是为了阐述和补充这些要点的。因此，PPT 要让观众一下子知道内容，而所有需要解释的内容由演讲者来完成。这样，观众就不会只看 PPT 或者只关注演讲者了。

创业演讲时还要控制时间，不要超时，也不要太短，甚至两三分钟就说完。超时会导致有些信息投资人没有听到就被迫结束了，用时过短又会显得准备不足。创业者要合理分配演讲时间(在投资人公司里演讲可能会半个小时左右，而在创业路演时只有 8～10 分钟)。开场白不宜超过 1 分钟，不要啰唆。其他时间合理分配在各部分内容的介绍之中，比如产品或服务介绍控制在 2～3 分钟内，团队介绍 1～2 分钟，项目现状介绍 1～2 分钟，市场及竞争分析描述 2～3 分钟，公司的财务状况 1～2 分钟，公司发展预期及融资规划 1～2 分钟等。

演讲控制与 PPT 的配合使用，需要经过训练才能逐步达到一个理想的状态。可以找几个人作为观众，以实战的方式进行演讲训练。当然，如果有条件还可以邀请一些导师协助进行训练。

第四节　创 业 大 赛

一、创业大赛概论

(一)创业大赛的由来

在双创大潮来临之前，创业大赛就已经产生了。只是双创大潮之后，创业大赛更如雨后春笋。创业大赛同创业路演相似，可以被认为是创业路演的升级版。创业大赛最早是由投资人和投资机构组织的，其目的是获得优质项目。通过层层筛选，优质项目会进入决赛，进入投资人的视野中。作为组织方，投资人会按照自己挑选项目的标准制定比赛规则，符合自己要求的项目就会最终被选送到决赛。这样，投资人可以增加项目筛选的范围，还能够节约很多项目沟通和考察的时间，将精力关注到被筛选过的项目上。这也是创业大赛能够产生并发展的原动力。

(二)创业大赛的发展历程

创业大赛，是创业路演的升级版，也经历了从萌芽阶段到繁荣发展的过程。据了解，由科技部火炬中心主办的“中国创新创业大赛”是最早的官方创业大赛，自 2011 年创办至今已经组织了六届。这个大赛是由原百利鞋业的创始人、芳晟股权投资基金创始合伙人于明芳先生在成立基金之后为了获得优质的科技创业项目，推动科技部火炬中心创办的。经过五年的发展，中国创新创业大赛已经发展成为一项全国性，持续期长达 8～9 个月的综合性官方创业大赛。每年启动仪式都会有科技部部长、副部长等领导参加。清华大学的“舟山杯”创业大赛则是大学中比较早的创业大赛。

“双创”大潮兴起之后，很多机构和孵化器开始组织创业大赛。与创业路演不同的是，创业大赛持续周期更长，需要的统筹和协调工作更多，耗费的资金量也更大。组织形式上，创业大赛与创业路演相差不多，只是把筛选的层数增加了，而且更加公开透明。这种选拔过程以比赛的形式展现，通过评委打分最终来决定创新创业项目的取舍。

当前，创业大赛不再是少数人的游戏了，越来越多的机构和个人开始组织创业大赛，加入了创新创业的潮流。当然，由于条件的限制，创业大赛还没有像创业路演那样繁荣，也没有达到那样的频次和范围。但是较之以前，创业大赛的数量和范围都有所增加。也许是受到创业路演发展轨迹的影响，创业大赛似乎很早就进入了冷静期，并没有过热。综合性的创业大赛被少数权威机构(如科技部、共青团中央等)所组织的大赛唱了主角，很多大赛都是派生于这些综合性的创业大赛，进而组织各种创业分赛。还有一些创业大赛就是行业创业大赛，主要由关注某行业的媒体、孵化器或者投资机构来进行组织举办的。

(三)创业大赛的现状

创业大赛现在已经发展得比较成熟，已经有明显的维度区分了。一个维度是行业属性，另一个维度是行政级别。这两个维度构建出了一个四象限的区格，也就形成四种不同类型的大赛(见图 9-1)。这四种大赛是现在主流的大赛，还有一类大赛需要单独说明的就是各高校自己组织的校级创业大赛，也是现在创业大赛中不可忽视的一股力量。

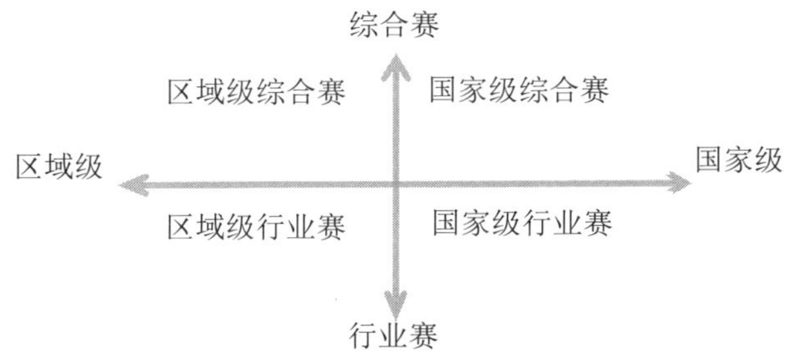

图 9-1 创业大赛的分类

1. 国家级综合赛

此类大赛多由政府机构和行政事业单位主办，持续时间较久，涉及的范围较广，参与人数众多，是目前中国创业大赛中的主要力量。如中国创新创业大赛(科技部主办)和中国青年创新创业大赛(共青团中央主办)。

2. 国家级行业赛

此类大赛多由一些大型的投资机构或者媒体机构主办，重点关注某个领域，有很强的行业属性，如中国硬件创业大赛(华强集团联合星云加速器主办)。

3. 区域级综合赛

按照行政级别和区域划分的综合性赛事，多是由各级政府伴生于国家级综合赛而举办的地方分赛。

4. 区域级行业赛

区域内的行业赛，主要由较小的孵化器或者创业咖啡馆主办。

二、创业大赛的作用

(一)创业大赛的目的

与创业路演相似，说到创业大赛的目的，应该将创业大赛所涉及的各方的目的都有所剖析才算全面。通常情况下，创业大赛有三方参与，首先是创业者，他们是大赛参赛选手；其次是投资人，同时是创业大赛评委；第三方是路演的组织方，他们是创业大赛的导演，大赛的规则和选手都由他们挑选。与创业路演不同的是，创业大赛基本是与大赛有关的人员，邀请的观众比较少。

1. 创业者的目的

对于创业者来说，参加创业大赛的心情与参加创业路演的心情差不多，不同的是创业大赛有奖金奖励，这也是一个重要的因素。在这种情况下，创业者参加创业大赛的目的有以下几个。

第一，为了获得奖金：能够进入某一级的比赛便可以获得不菲的奖金，这个还是重要的目的。

第二，为了项目融资：大多数参加创业大赛的人还是为了能够真正获得投资人的关注，进而获得投资。

第三，为了项目展示：有的创业者可能刚刚拿到投资，但是为了宣传也为了下一轮投资而参加大赛。

第四，为了打磨商业模式：参加大赛，与评委进行交流，可以帮助创业者深度思考，打磨项目。

显然，创业大赛的创业者更多地关注奖金和融资的可能性，甚至可以说为了获得大赛奖金的成分更高。毕竟，对于一般创业者来说，几十万元甚至上百万元的奖金也是一笔不小的资金。

2. 投资人的目的

在创业大赛中，投资人参加创业大赛的目的相对比较明确和单纯，毕竟投资人作为评委参加创业大赛的机会很少，他们一般是一些投资大咖或行业权威。总体来说，他们的目的有以下几个方面。

第一，为获得好项目：相比创业路演的项目，创业大赛的项目还是更好一些，大赛算是一个优质的创业项目筛选渠道。

第二，为主办方站台：既然大赛是个优质的项目渠道，那么为大赛站台吸引更多项目也就能理解了。

第三，为了观察行业动态：创业大赛的项目更多，质量更高，对于行业信息的收集更有利。

第四，为了自我曝光：由于创业大赛的级别比创业路演要高很多，提高曝光度当然要选更高平台。

3. 主办方的目的

主办方由于以政府机构、教育机构为主，这些机构都是一些公益性非营利机构，因此主办方的目的比较简单，主要是响应国家关于“大众创业、万众创新”的号召，为创业者提供一个良好的创业平台。同时，这些机构举办创新创业大赛，还能够营造积极的创新创业教育氛围，为引领创新型国家建设而尽到自己的责任。即使有营利性的企业参与，也是一些大众传媒与行业组织的创业大赛，他们有着公众传播的社会责任感，其目的是为行业发展提供方向。

(二)创业大赛的价值

1. 提升创新创业水平

一个国家的进步还是要靠科技和经济的发展来推动，创业大赛的兴起和举办可以刺激更多的人投身到创新创业大潮中来，促进科技创新和成果转化，培育高水平、高层次、高素质的创业团队和具有核心创新能力的成长性战略新兴产业源头企业，提升新时期创新创业水平。

2. 营造创新创业氛围

激发更多人的创新创业精神，吸引优秀的创新创业人才的关注，营造“鼓励创新、支持创业”的氛围，为将中国建设成创新型国家奠定基础。

3. 促进科技和金融结合

以创业大赛为纽带，聚集各种创新资源，吸纳包括创业投资机构在内的社会各方力量广泛参与对科技型中小企业的投入，为创新创业团队和企业搭建融资服务平台，促进中小企业的创新发展，刺激科技金融的结合。

三、参加创业大赛

(一)选择创业大赛的原则

相比创业路演，创业大赛的级别更高，要求更高，所以在准备参加创业大赛之前，要参考参加创业路演的部分内容对自己进行更深刻的判断——自己是否做好了充分的准备，是否搞清楚了大赛的各项要求，是否有机会获得名次等。总体来说，要从以下几个方面进行选择。

1. 大赛的行业属性

参赛之前要明确地了解大赛属性，是针对青年人还是针对成熟团队的大赛？是综合性大赛还是行业大赛？主办方邀请的都是处于什么阶段的企业？大赛是否属于某个全国性大赛的阶段性赛区？大赛的流程如何？这样的一系列问题都需要去考察。只有对大赛有一个深入的了解之后，再判断自己是否适合这样的创业大赛。因为参加大赛需要耗费的时间远比参加一次创业路演要多得多，要保证所花的时间得到合理的回报。匹配度越高，越容易获得理想中的回报。

对高校学生而言，参加“互联网+”大学生创新创业大赛，是一个良好的创新创业契机。中国“互联网+”大学生创新创业大赛，由教育部等 13 个部委联合举办，是一个国家级综合性的创新创业赛事。这个创业大赛的周期一般会延续半年时间，每年 3—5 月份是报名时间，6 月份由各高校进行初赛，7—8 月份由各省市进行复赛，10 月份举办全国总决赛和颁奖典礼。由于会经过高校、省市、全国三轮的赛事周期，可以提供更好的创富平台。

2. 大赛的规则设置

要了解创业大赛的规则，如项目评审的流程如何？一共有几个项目参赛？分组情况如何？每小组的项目情况如何？自己的项目会被分到什么样的小组或者行业中？每个项目演讲时间多久，沟通时间多少？参赛的企业或项目都处于什么状态，是否跟自己处于同一阶段？奖金是如何发放的？是否有其他附加条件？奖金的提供者是主办方还是投资机构？在“互联网+”大学生创新创业大赛的全国总决赛的规则设置中，清晰地列出了大赛的分组情况、评审流程、沟通时间以及展示内容①。深入了解大赛的

① 第一，按照项目所属参赛组别，将 150 个入围项目分组，其中创意组 4 组，初创组 3 组，成长组 2 组，就业型创业组 1 组，赛前由抽签确定组内比赛顺序。第二，参赛项目在指定场地进行项目展示及答辩，项目展示时间不超过 10 分钟，答辩时间不超过 5 分钟。第三，项目展示内容应包括行业背景、市场定位与分析、产品/服务介绍、商业模式、营销策略、财务分析与融资计划、风险控制、团队介绍等。可进行产品实物展示，但不得向评委赠送产品。第四，10 组评审同时进行，现场评分标准为：优秀：100～85 分；良好：85～70 分；一般：70～55；差：55～0 分。打分精确到 0.5 分，每个项目的最终成绩为所有评委的打分去掉 1 个最高分、1 个最低分后取平均分，保留到小数点后两位(四舍五入)。每个项目展示及答辩结束后，评委打分，教室内、外屏幕当场公布成绩。

规则，将有助于更好地把握自己的创新项目，也容易获得预期收获。

3. 评委与评分标准

同创业路演一样，如果可能的话，需要对参与大赛项目评审的评委们做一个调查。如这些评委都隶属于什么样的机构？评审的习惯如何？项目的评审标准如何？各方面的权重如何？评委的投资偏好，以往的投资案例有哪些？这些项目现在的状态如何？是否有与你的项目相似的标的？参加大赛能获奖自然是好事，如果没获奖但获得了某个投资人的青睐，也是一件很有价值和意义的事情。

如在“互联网+”大学生创新创业大赛中，通常会邀请行业企业、创投机构、孵化器(科技园、产业园、众创空间、加速器等)、高校和科研院所的相关专家负责参赛项目的评审工作，并指导大学生创新创业。在评分标准方面，不同的赛道、不同的组别也有不同的评分标准(见表 9-1)，最终按照打分给出等级评价。参加这些活动的经历，大学生能够为毕业以后的创新创业提供宝贵的经验。

表 9-1　第四届“互联网+”大学生创新创业大赛评分标准

赛道	组　别	评审要点	评审内容	分值	备注
主赛道	创意组	创新性	1. 突出原始创意的价值，不鼓励模仿。 2. 强调利用互联网技术、方法和思维在销售、研发、生产、物流、信息、人力、管理等方面寻求突破和创新。 3. 鼓励项目与高校科技成果转移转化相结合。	40	
		团队情况	1. 考察管理团队各成员的教育和工作背景、价值观念、擅长领域，成员的分工和业务互补情况。 2. 公司的组织构架、人员配置安排是否科学。 3. 创业顾问，主要投资人和持股情况。 4. 战略合作企业及其与本项目的关系，团队是否具有实现这种突破的具体方案和可能的资源基础	30	
		商业性	1. 在商业模式方面，强调设计的完整性与可行性，完整地描述商业模式，评测其盈利能力推导过程的合理性。 2. 在机会识别与利用、竞争与合作、技术基础、产品或服务设计、资金及人员需求、现行法律法规限制等方面具有可行性。 3. 在调查研究方面，考察行业调查研究程度，项目市场、技术等调查工作是否形成一手资料，不鼓励文献调查，强调田野调查和实际操作检验	25	
		带动就业前景	综合考察项目发展战略和规模扩张策略的合理性和可行性，预判项目可能带动社会就业的能力	5	

续表

赛道	组　别	评审要点	评审内容	分值	备注
主赛道	初创组/成长组	商业性	1. 在经营绩效方面：重点考察项目存续时间、项目的营业收入、税收上缴、持续盈利能力、市场份额等情况；以及结合项目特点制定合适的市场营销策略，带来良性的业务利润、总资产收益、净资产收益、销售收入增长、投资与产出比等情况。 2. 在成长性方面：重点考察项目目标市场容量大小及可扩展性以及该项目是否有合适的计划和可能性(包括人力资源、资金、技术等方面)支持其未来5年的高速成长。 3. 在商业模式方面：强调项目设计的完整性与可行性，并给出完整的商业模式描述，以及在机会识别与利用、竞争与合作、技术基础、产品或服务设计、资金及人员需求、现行法律法规限制等方面需具有可行性。 4. 在融资方面：强调融资需求及资金使用规划	40	
		团队情况	1. 管理团队各成员有关的教育和工作背景、价值观念、擅长领域，成员的分工和业务互补情况。 2. 公司的组织构架、人员配置以及领导层成员。 3. 创业顾问，主要投资人和持股情况。 4. 战略合作企业及其与本项目的关系	30	
		创新性	1. 突出原始创意的价值，不鼓励模仿。 2. 强调利用互联网技术、方法、思维在销售、研发、生产、物流、信息、人力、管理等方面寻求突破和创新。 3. 鼓励项目与高校科技成果转移转化相结合	20	
		带动就业情况	考察项目增加社会就业份额，发展战略和扩张的策略合理性，上下产业链的密切程度和带动效率、其他社会效益	10	
	就业创业组	项目团队	1. 团队成员互补与协调性。 2. 组织结构设置合理性。 3. 股权结构设置合理性	20	加总得分
		商业性	1. 生存性和盈利能力。 2. 可行性和完整性。 3. 可复制性	20	加总得分

续表

赛道	组别	评审要点	评审内容	分值	备注
主赛道	就业创业组	创新性(单项得分)	1. 岗位创新。 2. 技能创新。 3. 技术创新。 4. 产业协同创新。 5. 模式创新	20	满足任一单项得满分
		带动就业	1. 与当地经济发展紧密结合，促进区域社会经济转型升级。 2. 带动就业人数	40	加总得分
“青年红色筑梦之旅”赛道		项目团队	考察项目团队成员的基本素质和业务能力；奉献意愿和价值观；教育背景与相关工作活动经验；团队或公司组织架构与分工协作的合理性；团队权益结构或公司股权的合理性	30	
		实效性	考察项目对精准扶贫脱贫和乡村振兴的贡献度；项目对农村组织和农民增收、地方产业结构优化的促进效果；或者对当地就业、教育、医疗、环境保护与生态建设等方面的促进效果	30	
		创新性	考察项目的技术创新程度和对创新技术引入与应用(鼓励高校科研成果转化)；或者项目在生产、服务、营销等商业模式要素上的创新程度；或者项目组织与资源整合模式的创新程度	20	
		可持续性	考察项目的持续生存能力和推广性。项目的存续时间、自造血能力、市场份额等，业务成长的计划和可能性(包括人力资源、资金、技术等方面支持其未来持续稳健增长)；或者在精准扶贫和乡村振兴方面形成的模式具有推广性	20	
		必要条件	参加“青年红色筑梦之旅”活动		
国际赛道	未注册公司项目	创新性	突出原始创意的价值、不鼓励模仿。强调利用互联网技术、方法和思维在销售、研发、生产、物流、信息、人力、管理等方面寻求突破和创新	40	
		团队情况	考察管理团队各成员的教育和工作背景、价值观念、擅长领域、成员的分工和业务互补情况；公司的组织架构、人员配置安排是否科学；创业顾问、主要投资人和持股情况；战略合作企业及其与本项目的关系、团队是否有实现这种突破的具体方案和可能的资源基础	30	

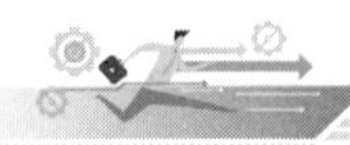

续表

赛道	组别	评审要点	评审内容	分值	备注
国际赛道	未注册公司项目	商业性	在商业模式方面，强调设计的完整性与可行性，完整地描述商业模式，评测其盈利能力推导过程的合理性。在机会识别与利用、竞争与合作、技术基础、产品或服务设计、资金及人员需求、现行法律法规限制等方面具有可行性。在调查研究方面，考察行业调查研究程度、项目市场、技术等调查工作是否形成第一手资料，不鼓励文献调查，强调实地调查和实际操作检验	25	
		带动就业前景	综合考察项目发展战略和规模扩张策略的合理性和可行性，预判项目可能带动社会就业的能力	5	
	已注册公司项目	商业性	在经营绩效方面，重点考察项目存续时间、项目的营业收入、税收上缴、持续盈利能力、市场份额等情况；以及结合项目特点制定合适的市场营销策略，带来良性的业务利润、总资产收益、净资金收益、销售收入增长、投资与产出比等情况。在成长性方面，重点考察项目目标市场容量大小及可扩展性以及该项目是否有合适的计划和可能性(包括人力资源、资金、技术等方面)支持其未来 5 年的高速成长。在商业模式方面，强调项目设计的完整性与可行性，并给出完整的商业模式描述，以及在机会识别与利用、竞争与合作、技术基础、产品或服务设计、资金及人员需求、现行法律法规限制等方面需具有可行性。在融资方面，强调融资需求及资金使用规划	40	
		团队情况	主要考察管理团队各成员有关的教育和工作背景、价值观念、擅长领域、成员的分工和业务互补情况；公司的组织构架、人员配置以及领导层成员；创业顾问、主要投资人和持股情况；战略合作企业及其与本项目的关系	30	
		创新性	突出原始创意的价值，不鼓励模仿。强调利用互联网技术、方法、思维在销售、研发、生产、物流、信息、人力、管理等方面寻求突破和创新。鼓励项目与高校科技成果转移转化相结合	20	
		带动就业情况	考察项目增加社会就业份额，发展战略和扩张策略的合理性，上下产业链的密切程度和带动效率、其他社会效益	10	

(二)参加创业大赛前应准备的内容

1. 一份精心准备的商业计划书

与参加创业路演一样，参加创业大赛要准备一份与大赛属性匹配的商业计划书。

2. 打磨商业模式

创业大赛高手云集，要在参赛之前对项目的商业模式进行打磨，这样才能增加成功的筹码。

3. 演讲训练

前面已经提到了，参加比赛之前，要进行演讲训练，要确定流程、时间和演示的连贯性。

4. 时间分配

通常的创业大赛演示时间是 15～20 分钟(包括问答环节)，要确保演示简练、专注。同时，提前 5 分钟做好演讲准备，进入演讲状态。

5. 幻灯片数量

15～20 页最佳，大多数融资演示的内容能够融入这些幻灯片中。

6. 着装礼仪

商务休闲装就行，不需要西装革履，除非你习惯这样。

思考题

1. 简述商业计划书的作用。
2. 简述融资的作用及其渠道。
3. 结合自己的专业知识和创业想法，试进行一次创业路演。
4. 根据材料，从不同角度分析大学生创新创业大赛的价值。

【材料分析题】中国“互联网+”大学生创新创业大赛

材料 1

中国“互联网+”大学生创新创业大赛，由教育部等 13 个部委联合举办，每年举办一次。自 2015 年首次举办以来，该项赛事已经在吉林大学、华中科技大学、西安电子科技大学、厦门大学成功地举办了四届，下一届将在浙江大学举办。大赛分为创意组、初创组、成长组、就业创业组四个组别，设置了主赛道、国际赛道和“青年红色筑梦之旅”赛道。

中国“互联网+”大学生创新创业大赛，以赛促教、以赛促学、以赛促创，积极

地推进了高校学生创新创业的训练和实践，提高了高校的创新创业人才培养水平，为建设创新型国家提供了源源不断的人才和智力支撑。在“大众创业、万众创新”的土壤中，“互联网+”大学生创新创业大赛作为高校深化创新创业教育改革的重要抓手，在创新创业教育方面探索出了一条以创新引领创业、创业带动就业的双创人才培养之路，从而有效地推动了高校毕业生更高质量的创业就业。

材料 2

2018 年 10 月 15 日，第四届中国“互联网+”大学生创新创业大赛在厦门大学闭幕。大赛最终产生了 96 名金奖，211 名银奖。其中，来自北京理工大学的“中云智车——未来商用无人车行业定义者”创新创业项目夺得冠军。此次大赛规模超过了往届，创新创业项目超过 64 万项，参赛人数达到 265 万名、参与高校 2278 所，还有 1000 多家企业和投资机构也参加和支持了大赛。

本届大赛以“勇立时代潮头敢闯会创，扎根中国大地书写人生华章”为主题，突出了海洋文化特色。参赛项目涉及航天、医疗、教育、食品等诸多领域，创新成果显著、应用广泛。赛事瞄准国家重大需求，一大批师生共创的“高精尖”项目涌现。与此同时，依托“青年红色筑梦之旅”赛道，大学生将创新创业项目与服务创新驱动发展、乡村振兴和脱贫攻坚等国家战略紧密结合，一支敢闯会创的青年生力军正在形成。

第十章
整合创新创业资源

内容提要

本章从创业资源的含义、类型入手，讲解创业者的自身资源、职业资源、人脉资源，分析创新创业资源的重要意义，最后阐述影响创业资源获取的要素和创业资源获取的主要途径，为获取创新创业资源奠定基础。

企业家精神的真谛就是创新，创新是一种管理职能。

——熊彼特

第一节　创业资源概述

一、创业资源的含义

创新创业的重要前提条件，就是创业者拥有或能够支配的与创新创业目标相匹配的一定资源。依据战略管理较具影响力的资源基础理论的相关界定，资源是指企业在向社会提供产品或服务的过程中，所拥有的或者所能够支配的用以实现目标的各种要素及要素的组合。

创业资源是指新创企业诞生以及成长过程中所需要的各种生产要素和支撑条件。对于创新创业的个体而言，凡是能够对其创业项目或创业企业具有一定益处的要素，都可以看作是创业资源。

创业资源对于创新创业活动具有重要的意义。企业创立以后，创业者需要积极地从外界不断获取创业资源，以支撑企业的稳步发展。同时，作为创新创业活动的核心管理者，创业者如何在其创新创业活动中有效地将创业资源进行整合，使有限的创业资源发挥到最大效应，进而推动初创企业的快速发展，有着非常重要的意义。丰富的创业资源是制定企业战略的基础和保障，充分的创业资源可以适当引领企业的战略方向，帮助新创企业选择正确的创新创业战略。

二、创业资源的类型

不同的创新创业活动所需要的核心创业资源也是存在显著差异的。目前，学术界对创业资源大致有三种分类。

(一)按其来源分类

创业资源按其来源可以分为自有资源和外部资源。自有资源是指创业者或创业团队自身所拥有的可用于创新创业的资源，如自有资金、技术、机会、信息等。外部资源是指创业者从外部获取的各种资源，包括朋友、亲戚、商务伙伴或其他投资者的投资资金、经营空间、设备或其他原材料等。自有资源的拥有状况(特别是技术和人力资源)会影响外部资源的获得和运用。

(二)按其存在形态分类

创业资源按其存在形态可以分为有形资源和无形资源。无形资源往往是撬动有形资源的重要手段。

有形资源是具有物质形态的、价值可用货币度量的资源。有形资源主要包括金融资源、实物资源与组织资源三大类。金融资源，主要是企业物质要素和非物质要素的货币体现，主要表现为已经发生且能用会计方式记录在账的，能以货币计量的各种经济资源，包括资金、债券以及其他形式。实物资源，主要是企业从事生产经营活动所需要的一切生产资料，其构成状况按实物资源在生产经营过程中的作用，划分为劳动对象和劳动手段。组织资源，主要是企业为了实现既定目标，按照一定规则和程序，而设置的多层次岗位及其相应的人员隶属关系权责角色结构等，主要包括企业的战略规划、员工开发、评价和报酬系统等内容。

无形资源是非物质形态的、价值难以用金钱精确度量的资源，如人力资源、技术资源、品牌资源、政策资源、市场资源以及企业信誉等。人力资源、技术资源、企业信誉相对好理解。品牌资源可以是一个名称、名词、符号或设计，或是它们的组合，其目的是识别某一销售者，或某一消费群体的产品或服务，并使之与竞争对手的产品和服务进行区别。品牌资源又可细分为产品品牌、服务品牌与企业品牌三大类。市场资源，主要包括营销网络与客户资源、行业经验资源以及人脉资源等软资源。政策资源，主要是基于政府制定和落实的关于创新创业行业或领域的鼓励扶植政策等，以及开展的与创新创业教育相关的培训或技能提升等，具体包括专项资金扶持、财政补贴、社会保障等鼓励创业者创新创业的政策文件，为创业者提供的相关信息与管理咨询，以及其他专业化的服务或项目支持等。

(三)按其性质分类

根据资源的性质，可将创业资源分为六种类型，即人力资源、社会资源、财务资源、物质资源、科技资源和组织资源。

(1) 人力资源，主要是指存在于企业组织系统内部的有经验的、掌握特殊技能的员工等和可供企业利用的外部人员的总和。它主要包括创业者与创业团队的知识、训练、经验，也包括组织及其成员的专业智慧、判断力、视野、愿景，甚至是创业者、创业团队的人际关系网络。创业者是创新创业中最重要的人力资源，其价值观和执行力更是创新创业的基石。合适的员工也是创新创业人力资源的重要部分，他们是企业可持续发展的关键因素。人力资源是企业资源结构中较为重要的核心资源，是企业技术实现以及信息转化的主体和载体，以及其他资源的实际操作者。这些人力资源决定着所有资源效力的发挥水平。

(2) 社会资源，主要指由于人际和社会关系网络而形成的资源。社会资源可以是人力资源的一部分，或者说是特殊的人力资源。社会资源对创新创业活动非常重要，因为社会资源能使创业者有机会接触到大量的外部资源，有助于通过网络关系降低潜在的风险，增强合作者之间的信任和声誉。开发社会资源也是创业者的重要使命。

(3) 财务资源，包括资金、资产、股票、债券等。从存在形态来说，也可以是有形的金融资源。对创业者来说，财务资源主要来自个人、家庭和朋友。由于缺乏抵押物等多方面原因，创业者初期从外部获取大量财务资源的可能性比较困难。

(4) 物质资源，是创新创业和经营活动所需要的有形资产，如土地、厂房、设备

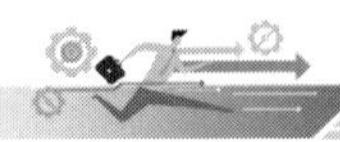

等。有些也包括一些自然资源，如矿山、森林等。

(5) 科技资源，包括关键技术、制造流程、作业系统、专用生产设备等。通常，科技资源有三个层次：一是根据自然科学和生产实践经验而发展成的各种工艺流程、加工方法、劳动技能和诀窍等；二是将这些流程、方法、技能和诀窍等付诸实现的相应的生产工具和其他物资设备；三是适应现代劳动分工和生产规模等要求的对生产系统中所有资源进行有效组织和管理的知识、经验和方法。在以信息和互联网为主的时代，科技资源还包括与企业日常实际问题相关的软件方面的知识以及为解决这些实际问题所使用的设备、工具等硬件方面的知识。科技资源的专有性主要体现为与企业相关的专门知识、商业秘密、专利和著作权等资源。

(6) 组织资源，包括组织结构、作业流程、工作规范和质量系统等。组织资源通常指组织内部的正式管理系统，包括信息沟通、决策系统以及组织内正式和非正式的计划活动等。一般来说，人力资源需要在组织资源的支持下才能更好地发挥作用，企业文化也需要在良好的组织环境中培养。组织资源来自创业者及其团队对创业企业的最初设计和不断调整，同时包括对环境的适应和对成功经验的学习。由于创新创业过程通常是被解释成组织的形成过程，所以对于创业企业来说，组织资源是具有标志性意义的一类资源。

第二节　不同创业群体的主要创业资源

一、大学生创业者的主要创业资源

(一)创业者的自身资源

大学生是创新创业的潜在群体。在创业开始阶段，其所拥有的内部资源主要是创业者自身的知识或技能资源，以及其所占有的生产资料等，又被称为创业者个人所拥有的有形资产及无形资产。

(1) 现金资源。主要是创业者本人及其家庭所拥有的可随时支配的现金和银行存款。此处所讲的“随时支配”，主要表示其创新创业能够获得家人的全力支持，但是也需要为家庭生活留下必要的生活资金。而那些易于变现的国债和股票等也可以看作现金资产。

(2) 房产和交通资源。该部分资源可被看作创业企业的硬件资源，又可看作现金资产的补充。在新创企业需要时，可以作为抵押物向银行或其他投资人进行融资等申请。若这些房产或交通工具是依靠按揭方式进行购置，那么其抵押价值将会大打折扣。

(3) 技术和知识资源。这类资源也包括有形和无形两种。有形的主要包括已申请成果的发明专利、实用新型专利和外观专利，或是某一领域公认的专家，如注册会计师、律师、高级美工师、设计师、工程师、医生以及心理咨询师等。无形的主要包括专有技术、科研成果或者对某一特定行业或领域拥有深入研究的成果或研究等。

(4) 信用资源。信用是依附在人之间、单位之间和商品交易之间形成的一种相互信任的生产关系和社会关系。在经济领域，信誉构成了人之间、单位之间、商品交易之间的双方自觉自愿的反复交往，消费者甚至愿意付出更多的钱来延续这种关系。若大学生在读书生活期间没有信用污点，那么结合相关金融机构政策，可简单地对个体的信用资源进行整理评估，获得政策支持。或者，也可以综合考量自我现有的信用，寻找是否有人愿意进行投资，是否有人愿意借钱给你，以及是否有人愿意帮你开拓资源，甚至基于你的信用值是否有人愿意无偿为你工作。

(5) 商业资源。对于市场经济和游戏规则的认知程度，尤其个体对于其所进入行业的理解程度，对学生创新创业影响深远。行业之间的差异较为显著，各行业之间的关键成功要素也具有显著区别，创业者需要深入地进行研究和实践，才能积累足够有效的商业经验。

(6) 家族资源。家族资源在一定条件下可以成为经济支持、创业指导、学习机会、人脉关系以及客户资源等。即使家族资源较为丰富，也需要创业者首先获得家族权威者的首肯或认定，才能有效地利用这些资源。

大学生正处于资源积累的初始阶段，其自身所拥有的资源数量相对较少，或者资源质量较为一般，但是对有限的资源进行整合和优化，也能够给创业者带来强大的势能。创业者通过个体实践所积累的资源较为关键，不仅可以证明创业者的潜在能力，进而增强其创新创业的自信心，还能获得家人的支持以及投资人的信赖。同时，无形资产的获得也将成为创业者的核心竞争力。若在校期间，大学生创业者能够获得关于产品方面的专利技术，将会成为吸引投资，以及获得学校、政府支持的关键资源。兼之创业者拥有较好的个人信用，还能够高效地吸引优秀的创业合伙人，加入创业团队等。

(二)创业者的职业资源

创业者的职业资源主要指创业者在其创新创业以前，在为他人工作时所建立的各种资源，主要包括项目资源和人际资源。以职业资源为切入点进行创新创业活动，如充分利用工作中所建立的多种关系，符合创新创业活动“不熟不做”的不成文规定。通常认为，选择从职业资源入手进行创新创业，已成为多数人创新创业成功的制胜法宝。当然，不能违背职业操守进行创新创业活动。根据某一权威媒体的调查研究，我国大部分离职创新创业人员，八成以上都利用了先前工作中所积累起来的各种资源与关系，进而实现了创新创业成功。尽管大部分学生在学校期间，无法实现真正的工作，但是只要其有意识地进行校园资源整合，那么也能为其顺利地进行创新创业提供重要经验。同时，在校期间，学生也需要与创新创业相关的导师或服务人员建立良好的沟通关系，从而获得老师的公共资源或个人的人脉资源，进而实现“捷径”创新创业。

(三)创业者的人脉资源

对于初创企业而言，创业者的外部资源当属人脉资源，也就是高校学生创业者在校期间所建立的人际网络或社会网络。高校学生创新创业人脉资源主要分为同学资源和朋友资源。

(1) 同学资源。不管是小学、中学、大学或是研究生，因为长时间相处，同学之间接触的机会相对较多，彼此较为了解和熟悉，圈子关系相对可靠和稳定。很多创业企业在进行创业团队的选择过程中，就较多地关注同学群体。如腾讯集团，其“五虎将”的成员关系主要是同学关系。基于该圈子关系相对牢靠的特点，现在越来越盛行“同学会”或“校友会”等，创业者可借此来拓展较为牢靠的人际关系，短时间建立高效的合作队伍。

(2) 朋友资源。各个阶段的同学、战友以及同乡同事等都可归类为朋友，对于创业者来说，朋友犹如资本，多多益善。俗话说“在家靠父母，出门靠朋友”，也体现了朋友对于个体在今后职业和生活发展中的重要资源。创业者若拥有的朋友数量不多，或质量一般，那么其创新创业过程将可能漫长且艰辛。基于此，很多管理学研究学者提出，对于高校学生创业者，就应将如何有效地提升其人际交往能力放在重要位置。

二、初创企业的主要创业资源

创新创业活动的本质，就是创业者围绕潜在机会来调动和整合一切可以利用的资源，进而实现产品或服务商业价值的活动。对于初创企业而言，其创业者的自身资源、职业资源以及人脉资源优质与否，对其今后的发展壮大具有重要影响。这些资源主要包括社会、技术、资金以及人力等主要资源。在一定程度上，创业者能否有效地利用创业资源会影响创业者的创新创业方向。

(一)社会资本对于初创企业的意义

最初，社会资本的概念是由法国著名学者布尔迪厄提出的，而真正意义上对社会资本进行概念界定的是美国著名社会理论家科尔曼。1988 年，科尔曼发表了一篇关于社会资本的代表性文章“作为人力资本发展条件的社会资本”。这是美国学术界首次明确使用“社会资本”这一名词，并在文中对其内涵进行了界定。自此之后，伴随着其他学术领域的专家对该名词的继续阐释，“社会资本”的内涵逐步得到了完善。

社会资本是指个人通过社会联系，获取相关资源并由此获得收益的能力。这是一个具有一定代表性的概念，此处所提及的资源主要包含社会地位、权力、财富等。当这些资源在一定环境中处于相对稀缺状态时，创业者能够通过以下主要方式进行资源的获取。其一，社会联系是创业者个体作为社会团体或组织的成员，与其团体或组织所构建起来的相对稳定的关系，而创业者个体可以通过该种稳定关系获得其所需的相关资源。其二，社会联系是人际的社会网络。与之前的社会组织成员关系不同，进入人际社会网络没有相关的资格门槛问题，不需要任何正式的团体或组织仪式，而是人与人之间的接触、交流沟通等过程所进行或发生的资源的交换互动。

在创新创业领域，所提及的社会资本主要是基于个体人际和社会关系网络所形成的资源。该种资源又可以看作是一种特殊的人力资源。社会资本能够促使创业者有机会接触外部各种各样的资源，能够通过关系网络降低潜在的威胁风险要素，并且可以带来个体之间信任度的增强。基于此认知，相关学者通过研究发现，尽管个体所拥有或利用的财务资源与其是否能顺利成为创业者并无显著相关性，但是对于创业者个体而言，其所能利用的财务资源对其创新创业初始阶段具有一定的影响。换言之，对于那些拥有相对丰富社会资本的创业者通常能够以较低的成本，获取较好的创业所需的相关资源。

(二)金融资本对于初创企业的意义

资金对于企业运营而言，如同新鲜血液对于生物体，其重要性不言而喻。资金是创业者在资源整合过程中的重要因素。从产品创意到商业转化，从起步到成熟，创业企业都离不开必要的资金。可以说，创新创业活动的每一主要环节都离不开资金的支持。有效地为新创企业吸引到足够的资金，是创业者较为关注的事情。

现实中有许多沉痛的教训。由于核心创业者在创新创业前，没有充分地意识到创业资金对于创新创业活动的重要性，他们没有真正运营企业的经验，没有对资金的需求进行科学评估，导致初创企业在发展中后期难以实现资金的周转。有相当一部分企业因为资金运转问题，导致后期破产退出市场，甚至付出生命的代价①。一般而言，对于大多数初创企业，在初创阶段，以及之后相当长的一段时期内，都难以实现较快的盈利收入。因此，创业者需要谨慎客观地对其创业企业进行有效估算，做好在一定时期内企业难以实现盈利收入的状态准备，提前做好资金周转和补给的准备工作。

对于高校学生创业者而言，资金问题更是该年轻群体需要及时思考和解决的创新创业关键资源。因为大多数的高校学生，普遍处于即将毕业或毕业时间较短的状态，自身难以拥有足够的资金来实现创新创业初期的资金投入。根据某一权威调研机构的结果显示：对于高校学生而言，资金缺乏、融资难是进行创新创业活动需要首先面临的问题。《2016 年中国大学生就业报告》指出，2015 届毕业的大学生自主创业资金主要依靠父母、亲友投资、借贷，比例约为 78%；来自商业性风险投资、政府资助的比例均较小，还不到 5%。②根据调研的结果显示，大学生创业者资金的获取渠道，居于首位的依旧是家人和亲属，其次是高校学生创业者个体的积蓄，再次是朋友同学的

① 22 楼跳下、猝然离世！又有两位创业者离开了我们[EB/OL]. http://www.sohu.com/a/246107487_470098，2018-8-9.

② 大学生创业失败率 95%，他们缺的是什么？[EB/OL]. http://www.sohu.com/a/122314599_439055，2016-12-22.

集资，最后是相关金融机构的借贷等。

近些年，党中央、国务院以及各级地方政府陆续出台了一系列相关金融政策，支持和鼓励高校学生创新创业，在一定程度上为高校学生创业者开通了顺畅的创新创业渠道。这些优惠政策涉及融资、开业、税收、创业培训、创业指导等诸多方面。社会金融机构的信贷获取资金的方式，正在逐渐得到高校学生创业者的认可。伴随着我国金融信贷小额贷款等商业业务的完善，今后高校学生创业者也会逐步转换资金筹措思路，借助此金融渠道来获取创新创业的预期资金，为自己的创新创业之路插上飞翔的翅膀。

(三)科学技术对于初创企业的意义

技术创新是推动企业持续健康发展的重要动力。对于那些依靠科技创新的初创企业而言，科技创新是企业生存竞争的核心优势。科技型创业企业的核心竞争优势就是技术的独创性和独占性，这些专业技术知识使其创新创业产品具备独特的差异性，与其他传统的创业领域产品有着显著的差异。具体表现在产品附加值普遍相对较高、价值难以得到精准的估算以及产品之间的依存度相对较高。

对于科技型创新创业的多数企业而言，技术要素需要始终处于较为核心的地位。科技型创业企业以技术的研究开发为主要经营方式。技术的创新创造是企业的核心和灵魂。近些年，大多数的高校学生创业者，其创新创业的领域多涉及互联网技术开发、算法以及数据分析等科技行业。这些高科技的创业企业通过开发满足市场的新产品，以及新颖独特的高科技产品迅速地在市场环境中脱颖而出，获得了较大的经济效益，如 ofo 共享单车项目就是第二届中国“互联网+”大学生创新创业全国总决赛的金奖获得者。虽然共享单车在发展过程中出现了一些问题，但这并不影响科学技术在初创企业中的重要含量，也不影响其曾经带给人们初创企业的创新体验。

对于其他非技术类的高校学生创业企业而言，技术资源的重要来源渠道是人力资源，重视技术资源的整合同样也是重视对人才资源的运用。技术资源的整合运用，不仅需要集聚企业组织内部的相关核心技术资源，还需要充分整合外部的可用技术资源，如积极地寻找、引进具有商业价值的科技成果，同时还需要强化与社会其他科研院所等科研机构的科技成果合作，寻求企业相关技术的商业转化机会等，以此推动企业组织创新，提升市场核心竞争力。

(四)人力资本对于初创企业的意义

人力资本是初创企业的实际开发者和操作者，决定着企业的步伐和方向。其中最重要的人力资本便是创业者或创业团队。习近平曾说：“人才是创新的根基，是创新的核心要素。创新驱动实质上是人才驱动。”[①]创新创业这一社会活动的本质就是创

---

① 习近平的创新观[EB/OL].http://www.sohu.com/a/246227345_117159?g=?code=af59aac1ff164c6b1b9f47f9eedd52f&_f =index_cpc_1，2018-8-10.

业者围绕潜在的商业机会，整合一切可用的资源来实现商业目标的过程。这一商业活动资源包括创业者本身的物质资本、人力资源以及一些必要的社会资源，这些资源都会对创业者的创新创业活动产生一定影响。其中，影响创业者人力资本的主要因素包括创业者个体的教育经历、行业工作经历以及其他有关的创新创业经历；同时，还包括家庭环境、家庭关系网络等外部环境因素。创业者作为初创企业的核心领导，其所具有的人力资本、社会资本对新创企业的创建和后期发展都具有重要而深远的影响。

新时代变化日新月异，伴随着信息技术的飞速发展，越来越多的创业项目活动难以凭借个体或几个人的力量，成功地实现创新创业。因此，规模化的创业团队也应运而生。相关权威数据显示，创业团队所创办的企业要比个体创办的企业市场存活率相对较高，并且其成长发展也整体上比个体所创办的企业持续性好。究其原因，主要是由于创业团队的规模化，团队成员通常具备多元化的知识能力背景、较为广阔的人力资源网络以及团队自身的凝聚力量。相较于个体创办企业的组织，创业团队的组织更容易得到社会投资机构或投资人的认可，也相对容易获得外部的社会资源。当然，创业者的人力资本和社会资本都对构建创业团队具有一定的影响。一方面，优秀的创新创业领导人更有可能吸引到优秀的人才来共同创新创业；另一方面，创业者的社会资本对创业团队的组建和持续性发挥了不可忽视的作用。

管理团队也是创新创业过程中重要的人力资源。随着创新企业发展到一定阶段，管理体系逐渐健全，规章制度逐渐完善，组织架构也日益明晰。这时，企业还需要从外部引进一些专业的管理人才，他们能够为企业带来有益的建议，以及创新性的管理思路。需要提及的是，正是因为专业人员具有外来性，因此管理风格与理念也可能与原本创业团队中的核心成员不同，甚至可能出现一定的矛盾。

此外，在创新创业过程中，还需要加强与外部相关领域(业务)方面专业人才的联系。这些专业人才能够为企业发展提供一定的指导和帮助，是不可多得的人力资源，如高等院校创新创业的专职教师、律师事务机构的专职人员、银行机构的专业人士以及风险投资机构等单位的专职人员等。尤其对于刚刚接触社会的高校学生而言，大部分对于企业运作的流程事务等都尚处于陌生阶段，可以尽可能地利用外部人力资源来确保创新创业活动中的关键节点事务，从而使自己的创业项目得到较好的运营和管理，进而实现创新创业的成功。

第三节　影响创业资源获取的主要因素

对于创业企业而言，是否能够从外界获取有效的资源，首先取决于资源所有者对创业者或创业团队的认同。在很大程度上，这一认同取决于商业创意的价值。商业创意为资源获取提供了杠杆，一种能被资源所有者认同的、有价值的商业创意，有助于降低创业者获取资源的难度。因此，创业资源与一般的商业资源具有一定的区别(资料拓展 10-1)。除了商业创意的价值外，影响创业企业获取创业资源的因素，主要包括创业导向、创业者、创业团队先前的工作经验、资源配置方式、创业者的管理能力、社会网络等。

【资料拓展 10-1】创业资源与一般商业资源的区别

创业资源首先是商业资源，是能够实现价值的商业资源。但是，并不是所有的商业资源都能够成为创业资源，因为只有创业者或创业团队拥有或可以利用的商业资源才是创业资源。

自然界中有很多商业资源，包括土地、矿产、石油、劳动力以及大量的信息等，但是对于创新创业活动来说，只有创业者能够开发或利用的那部分资源才可以称为创业资源。

同时创业资源更多地变现为无形资源，而通常的商业资源多数变现为有形的资源。创业资源与商业资源相比，独特性更强，创业者的个人能力和社会网络资源往往是创业中最关键的资源，而在一般的商业资源中，规范的管理和制度则是企业取得成功的基础资源。

一、创业战略导向

创业导向的内涵源自战略管理领域对于企业战略决策模式研究的战略选择理论。该理论提出，企业通过市场分析来进行选择，并实施战略行为和新市场进入行为。概括来讲，创业导向反映了企业建立新视野、应对环境变化的一种特定的心智模式，是一种意愿或态度之后进行的一系列关于创新创业的行为。常见的创业模型研究中，创业导向通常被划分为三个主要特质：创新性、风险承担性和前瞻性。创新性主要指企业热衷能够给其带来新产品、新服务以及新工艺的新思想、新观点和新实践的手段；风险承担性主要指管理者愿意承担较大或有风险事务的程度；前瞻性主要指企业通过预测未来需求改造环境，以此寻找比竞争对手更早引入新产品或服务的机会。

在当下市场竞争日益激烈的背景下，初创企业通常需要运用更多的创新行为、承担更多的风险来参与市场竞争，进而取得良好的市场业绩。在明确的创业导向的指引下，创业企业能够创造性地整合其社会资源，进而科学地利用资源，将这些创业资源实现较好的动态整合，发挥资源的最大效应。

二、创业者(团队)先前的经验

创业者(或创业团队)先前的工作经验通常可以分为创业经验和行业经验两大类。其中，创业经验主要指先前创建过新的企业或组织，是创业者在该过程中所获得的感性和理性的观念、知识或机能等。创业经验为创业者提供了一定的对创业机会识别、资源获取以及行业运营等领域的相对成熟的信息。行业经验主要是指创业者在某一行业中的先前工作经历。行业经验提供了相关行业的规范和规则、供应商和客户网络以及雇佣管理等相关信息。

创新创业活动本身就是一个知识进行转移的过程。从先前的创新创业经验中迁移来的知识能够提高创业者识别创业机会与处理创业资源等方面的能力，还能增强创新创业项目开拓等方面的经验，进而更好地实现创业的商业价值。通常情况下，那些具备一定创业经验的创业者会出现或形成一定的创业思维定式，进而不断地驱动创业者继续发现和寻求创业机会。在不确定性和实践压力下，创业者先前的创业经验提供了相对有利于创业机会做出决策的隐性知识，该种隐性知识可以通过创业者迁移到新创的组织中。同时，较多的创新创业经验，还能帮助创业者克服新企业初始阶段所面临的各种潜在威胁，能够有效地帮助创业者规避可能的市场风险和运行压力等。

创业者先前的行业领域经验中所积累的顾客问题、市场服务知识以及市场环境知识等，能在一定程度上成就创业者更敏锐地触摸创业机会。相较于其他非该领域的创业者，这些创业者有更灵敏的创业机会嗅觉、更好的资源获取能力以及其他的内外部环境资源。同时，先前的行业管理经验，能够有效地帮助创业者，规避其在初创企业运营过程中可能出现的重大问题。还有，那些拥有一定先前行业经验的创业者通常具有其行业领域的人脉圈，能够在短时间内帮助创业者在其行业领域获得良好的信息推广和行业地位认知。

三、相关资源的配置方式

资源配置主要是基于人们对于那些相对稀缺的资源，在不同用途上加以比较，进而做出选择的活动。在创新创业活动过程中，创业资源通常呈现出一定的不足或匮乏，大部分创业者难以获取其创新创业活动所需要的资源。这就严格要求创业者需要合理配置相对有限的、稀缺的创业资源，充分利用其自身所拥有的而其他创业者可能忽视或轻视的资源，发挥必要的资源杠杆优化资源配置。创业资源的配置方式主要包括市场交易与非市场交易两种方式。在通常情况下，多数资源可以通过市场交易获取。但是，由于创业资源存在一定的异质性和多样性等特点，不同领域的创业者或不同层次的创业者对于同一资源，通常具有差异化的效用期望，一些期望难以得到有效的满足和实现。因此，通过资源配置的方式，创业企业还需要进行不断创新，研究开发出资源的新效用，以便更好地满足创业者的需求。

四、创业者个体的管理水平

在很大程度上，创业者个体的管理运行水平取决于创业资源的有效获取及合理利用。对于创业企业而言，创业者的管理水平属于企业的软实力，对企业的组织管理发展具有重要的意义。创业者的管理能力包括沟通能力、激励能力、行政管理能力、学习能力以及外部协调能力等多个方面。

创业者较好的沟通能力，可以促进创业团队展现出坚强的凝聚力，采取共同的行动，从而更易于获得必备的外部资源；激励能力能够有效地促进企业组织内部综合素质的提升，进而内生出团队核心；创业者必要的行政管理能力有助于有效地整合企业的有限资源，提升企业的运营效率。

同时，创业者还可以将企业运行的个体需求与组织发展进行充分匹配，进而吸引市场中更多优秀的人力资源加入。学习能力是指创业者需要树立终身学习的思想，在企业不同的发展阶段学习企业成长所需的知识，有助于企业在发展过程中做出科学合理的决策。外部协调能力是创业者个体的外向应用，外部协调能力越强(这一能力被称为“势能”)，与外部企业或创业团队达成合作的可能性越大。也就是说，创业者的势能越强，越有助于创业者充分利用外部资源为企业服务，得到必要的外部资源的外在效应，同时为企业今后的发展创造良好的社会环境。

五、社会关系网络

社会关系网络所包含的要素相对较多，状态也较为复杂，但是能够为新创企业提供其所需的各种资源，而且还是某些初创企业生存发展的重要资源。社会网络是隐性知识传播的重要途径，能通过促进相关信息，如技能、生产工艺等信息的传递，进而间接促进创新。此外，社会网络还能在一定程度上降低企业交易成本，帮助企业获取与之相匹配的资源。根据权威调研显示，社会关系网络的强度、关系信任以及网络规模与创业资源的获取具有一定的相关性。同时，初创企业还需要关注强关系网络的维护和利用，进而弥补企业初创阶段资金不足等劣势。强关系网络的主体通常是家人、亲属和朋友同学关系等，这些关系有着天然的亲和力，更容易获取资金、技术以及人力等资源和有益的创新创业活动的建议。因此，社会网络对于创业资源的获取具有重要意义。

差异化的社会关系网络和网络地位，为个体之间的有效沟通协作提供了差异的渠道。在社会网络中处于优势地位的创业者，通常拥有较为优质和可靠的社会关系资源，能够有针对性地了解差异化个体之间的诉求，进而针对性地进行商业创意的传递，最终实现从关系网络成员中获取所需的资源，为其进行配置方式的资源创新提供较好的基础。

第四节　创业资源获取的主要途径

创业资源的获取途径通常可分为市场途径和非市场途径两种。当创新创业所需的资源拥有相对活跃的市场，或类似的可比较资源进行交易时，可以采用市场交易的途径；除此之外，其他情况下主要采用非市场的交易途径。

一、通过市场交易途径获取资源

通过市场途径进行相关资源获取的方式主要包括购买、联盟和并购等。

其一，购买相关资源。主要是通过市场购入的方式，利用财务资源获取资源。比如购买厂房、装修布置、购买设备等物质资源，以及购买专利技术，聘请有经验的职员等。需要注意的是，知识领域内的资源特别是隐性知识等，是难以通过市场渠道直接购买的。因此，新创企业需要借助非市场渠道进行相关的开发或累积。对于大部分创业者而言，购买资源可能是较为常见的获取资源的渠道，大部分资源，特别是物质资源、人力资源以及技术资源等通常依靠市场途径进行必要的获取。

其二，联盟方式获取相关资源。联盟泛指通过联合其他形式，对一些企业或个体难以独立实现的资源开发，实行联盟方式进行共同开发的方式。该种方式能够实现对相关资源价值及其使用价值达成一定的共识，并且还能共同对相关技术的研发或使用实现共享。这也是一些技术类企业广泛采用的方式，如选择与地方高校或科研机构实行联盟，能够在不增加设备投入的同时，及时得到企业发展所需的相关技术资源，促进企业的持续稳定健康发展。

其三，并购方式获取相关资源。该方式主要是通过股权或资产收购，将企业的外部资源进行内化的一种企业交易方式。资源并购的重要前提是并购双方的资源，特别是知识等新资源具有较高的关联度。该方式可以有效地帮助创业者，减少进入一个崭新领域的时间成本，进而较好地实现创业机会的掌控。

二、通过非市场途径获取资源

通过非市场途径进行资源获取的主要方式包括资源吸引和资源累积。

所谓资源吸引，主要是指发挥无形资源的杠杆作用，利用新创企业的商业计划，通过对创新创业前景的描述、创业团队的声望等来获取相关创业资源。此处的创业资源可以是创业所必需的物质资源、技术资源以及人力资源等。创业者在进行融资或技术获取过程中，可以通过恰当地展示其创业项目以及创业团队声誉等，进而获得天使投资人或风险投资机构的认可和信任，进而吸引到其所需的相关创业资源。

所谓资源累积，主要是指创业者利用现有的资源，在企业内部通过技术研发、员工培训等方式，形成其所需的资源。在企业内部开发新技术，以及对组织内部员工的素质进行提升和培训等方式可以实现企业内部资源的自我积累。很多创业者会采用资源积累的方式，实现企业所需人力资源以及技术资源的自我积累。市场实践证明，通过资源积累的方式获得人力资源可作为一种激励方式，激发创业团队或员工的工作积极性，进而提高工作效率。

不管创业企业通过市场途径，还是非市场途径进行相关创业资源的获取，都有赖于资源在市场中的可用性和成本等因素。若证明快速进入市场能够带来一定的成本优势，那么外部购买可能就是实现资源获取的最佳途径。任何一个创业企业，不论是创新创业初期，还是成长或成熟阶段，都离不开对相关资源的获取，可以说是贯穿整个创业活动。大部分初创企业都经历过初期阶段资源匮乏的情况，创业者需要努力获得资源供应商的信任进而获取资源。但对于任何一个创业者来讲，如何利用多种途径实现资源的有效获取，都将是企业发展过程中需要重点关注的课题。

三、创业资源开发的技巧

创业资源开发是指创业者开拓、发现、利用新资源或新用途的活动。在创新创业过程中，创业者需要在实现资源价值的基础上，进一步拓展资源的来源和用途，这是企业创立和成长的竞争优势。

(一)开发个性化的创业资源

实际上，人类的每个生命个体与生俱来地都携带有某些创业资源，如人格、勇气、利益、意识以及精神等，只要合理地唤醒创新创业愿景，激发创新创业精神，就可能点燃创新创业的梦想，进而实现创新创业的目标。因此，创业者需要从创业资源的角度重新认识和审视自我，不断地去开发自身的资源，并进行有效的利用。开发自身创业资源的技巧可以从以下几个方面进行挖掘。首先，转变思想观念，要将自我所拥有的一切，都作为创业资源来看待，包括性别、民族、体质、智力、经验以及其他因素。其次，跳出思维定式，创业者不能按照常规的观点来进行自我审判，而是需要运用辩证的唯物论观点，从资源整合角度来进行资源优势、劣势的判定，要将看似劣势的资源转化为优势资源。只有打破各种条条框框的限制，才能突破思维的局限。

(二)开发高价值的创业资源

从创业资源的角度来看，高校学生是创新创业中的劣势群体，不仅缺少必要的人财物等物质资源，还相对缺少工作或行业经验，以及人脉等相关非物质资源。对于众多的高校学生而言，他们并不缺少对高价值商机的识别能力，以及对商业机会的把控能力。高价值的商机是创新创业的关键资源。根据教育阶段性的特点，高校学生可以利用在校期间学习资源的便利条件，结合其学科专业进行相关理论、知识的学习，并以此来识别创业机会，从而研发出具有一定技术价值的产品或服务，以及新的商业模式。有了这个基础，学生可以凭借此优势资源来吸引创业的其他相关要素，最终顺利地实现创业。

(三)组织效率高的创业团队

对于高校学生而言，创业团队的主要成员类型有：同学型创业团队、亲属型创业团队以及师生型创业团队三种。同学型创业团队，主要是由同学所组成的创业团队，这也是高校学生创新创业群体中最常见的类型。同学型创业团队的成员可能来自大学期间的好友、寝室室友以及组织社团朋友等，甚至跨校区的同学等。首先，提出一个创业机会。其次，发起创新活动，同学们随之参与。当然，期间也有可能是大家共同商讨。最后，诞生一个合理的创业机会，即所谓的头脑风暴。知名在线订餐平台“饿了么”品牌就是创始人在其寝室诞生的。

亲属型创业团队一般分为两类：家族已有企业进行孵化和学生毕业后和家人共同创业。家族型创业企业相对成功率较高，因为其是在已有企业中进行二次孵化。在充分尊重家族意愿的情况下，通常高校学生都会将新的理念或想法带到家族企业中。毕业后和家人共同创新创业，也是近些年学生创业的趋势。越来越多的高校学生选择与家人一起进行家族式创业。

师生型创业团队是由学生邀请教师参加创业团队，促进教师的科研成果转化，最终将产品推向商业市场。尤其在理工类高校，很多学科的教师都拥有一定的技术专利，其中多数技术实际上可以通过商业渠道实现价值转化，并造福于高校、企业或社会。基于我国传统的教师成果评价机制，很多持有专利的教师需要集中精力做科研和教学，难以进行技术成果转化和商业化，也难以给予足够的关注。随着近期教育部和科技部《关于加强高等学校科技成果转移转化工作的若干意见》的出台，明确了建立科技成果转移转化年度报告制度和绩效评价机制，以及健全以增加知识价值为导向的收益分配政策，大大地增强了高校教师的创业动力。以此为契机，与高校教师建立密切的团队合作关系，组织一支高效的创业团队，也是创业资源获取的一条捷径。

第五节　创新创业资源整合的趋势

目前，很多学生都有创业冲动，高校积极地鼓励学生去创业。但是，要获得成功，必须整合多方面创新创业资源。创业者需要了解资源整合的方式方法，顺应大势，把握大局，才能成功创业。

一、顺应经济发展大势

孕育创新创业项目的土壤，与同时期的经济发展环境密切相关。从国际上看，意大利和法国的创意、以色列的创新、德国的创造、美国的创业，在整个经济发展中处于全球领先地位，值得借鉴。从国内来看，深圳的体制机制创新、北京的政策创新、上海的金融创新等，都值得研究和学习。创新驱动战略、新旧动能转换、京津冀协同发展战略、长江经济带发展战略等重大国家战略，引领着国家的经济发展。除了纵观国家的宏观环境，大学生还需要看自己所处的微观环境，是否在这些环境中有适合自己创新创业的资源。

“中关村”闻名遐迩，这里不仅是科技创新的高地，更是创业创富的先锋。然而，中关村的发展有其自身发展轨迹。如果想在中关村发展，创业者就需要顺应中关村的发展大势。1988 年到 1999 年是中关村的自由发展阶段。改革开放的春风让中关村充满了创业的先机。只要敢干、肯干、吃苦，在这里做什么都行，包括“贩卖”电脑①。当时只要售出一台电脑，就可以赚到一万元，随即加入令人艳羡的“万元户”(资料拓展 10-2)行列。这个阶段有少数人获得了成功。1999—2009 年是中关村的产业规划阶段。这个阶段，信息技术、互联网快速兴起和发展。只要在互联网行业创新创业，就能获得资本的青睐，获得政府的支持，使企业获得快速发展。因此，这个阶段诞生了新浪、搜狐、京东、百度等一批大企业。2009 年以后，国务院批复将中关村建设成为国家自主创新示范区，全力推进创新创业便成为中关村的核心要务。此时，中关村的定位是建设具有全球影响力的科技创新中心，产业结构调整在所难免。重点发展战略新兴产业，如新一代信息技术产业、新材料产业、新能源产业、生物与医药工程产业、节能环保产业、位置与北斗导航产业、高端装备制造技术产业等，而一些制造业、低端服务业等就需要向外地疏解。

【资料拓展 10-2】逝去的万元户

万元户，顾名思义是指存款或者收入在 10000 元以上的家庭民户。万元户这个词是在 20 世纪 70 年代末产生的。那个年代万元户是个相当了得的人家。“万元户”年代，1 万元可以买到很多的东西。米价 0.14 元，肉价 0.95 元，走亲戚送礼 2 元左右，压岁钱 0.1～0.2 元。那个年代存款有 1000 元的就比较少了。工人工资一般是每个月 28 元左右。家庭收入在 10000 元以上的，被称为万元户。

改革开放初期，当大多数人还在为填饱肚子忙碌时，极少数农民通过勤劳致富，家庭年收入超过万元，随着中国农村的不断发展，“万元户”很快成为时代的一个记忆。每年能够赚到万元，对于绝大多数家庭来说，是难以想象的。

“万元户”成为那个时代先富农民的代名词。正因为如此，万元户在中国农村改革早期的出现，在社会上曾引起广泛的讨论。由于当时人们受传统思想和“左倾”思想影响较大，少数人认为农村万元户都是一些“奸商”，甚至也有人把农村万元户的出现同资本主义在中国农村的出现画上等号。虽然在现在的人看来，1 万元不算什么。但是，在当年，“万元户”是很多人追逐的梦想。在当时，很多先富起来的人的财富，很快就突破了万元，甚至十万元，但“万元户”已深入人心，也印证了人们致富的强烈渴望。

---

① 改革开放初期，人们对于“计划经济”还是“市场经济”的认识还比较模糊，个人收售东西还不被国家允许，因此“贩卖”是一种禁止行为。但由于中关村的开放下放政策，是一种正常的市场关系。

当前，新一代的信息技术已经向人工智能、物联网这些产业推进。新材料产业由理论研究到智能制造、3D 打印，出现了很多应用，如液态金属打印、塑料模具打印等。因此，在创新创业时，大学生一定要顺应各方面的经济发展大势，营造良好的创新创业发展环境。

二、融入产业生态大局

现在，单打独斗的创新创业项目越来越难以成功。不管是学生创业，还是有一定经验的社会人创业，即使是从大企业中独立出来的人创业，也非常难以成功。只有融入产业生态，才能真正地快速获得发展。

以前，中关村有一家做网络教育软件的小企业，创业者单独做了六年，把积蓄快花光了，也没卖出几套，几近崩溃。有一次，他遇上一个专门做网络教育运营平台的朋友，让其将软件放至运营平台上来试一试，当天就收到了 20 万元的充值。专业教育运营平台上，有大量的成熟客户，这就是产业生态。可见，一旦融入了产业生态，其财富便会以几何级数的态势增长。米兔机器人也是这种模式(资料拓展 10-3)。

【资料拓展 10-3】小米机器人的产业生态

曾经有一个专门做拼插机器人的创业者，其拼插机器人有点像乐高玩具。以前他自己研发自己销售，每天销量仅仅几十台。后来，将研发的产品融入小米生态后，起名为“米兔”，市场价定到 499 元一套。现在小米之家在全国有六十多家店，每个月平均每个店能够售出一万盒，意味着每个月能销售 60 多万盒，销售额突破 3 亿元/月，这样的生态整合，与其原来的产品经营完全是两个概念。通过这样的一个产业生态系统，它的销量呈现一种几何级数的增加，获得了更大的成功。

大学生想去创业时，要先了解所处的产业生态。因此，创新创业项目一定要融入产业生态。生态体系不仅是曾经从事的公司，还可以是自己所处的大产业、大行业、大生态。 融入产业生态体系，将使创业者获得更好的发展。

三、储备职业选手之功

在信息化快速发展的互联网时代，每年会有若干成功的创业者出现，不乏创新创业新秀。这些人大部分在一些大企业历练了 3～5 年，积累了丰富的经验和丰厚的资源，已经成为创业的职业选手，能够更好地把握产业发展方向。

如果毕业后立即投入创业中，相较毕业后先去百度、华为、格力这类大企业的人，经过几年的发展，这些创业者的眼界、能力、人脉和资源肯定是不一样的。比如参加一个会议，尽管你是企业的董事长，但因为企业小，没有知名度，你可能不会得到重视；而一个与自己年龄相仿的大企业普通员工，由于大企业的知名度，也可能会被高度重视和关注。

当前，鼓励员工进行内部创新创业(资料拓展 10-4)，是大企业发展的一个趋势。企业内部经常举办创新创业大赛，比如百度、阿里巴巴和腾讯等，每年都有很多内部的创新创业大赛。百度每年创新创业大赛的一等奖获得者，将获得 1000 万美元的内部投资。如果留在百度公司，这些职工便会成为百度的重点培养对象；如果离开百度去创业，也是百度的生态系统，雇佣关系会变成一种合作关系。

【资料拓展 10-4】内部创新创业

内部创新创业，是由一些有创新创业意向的企业员工发起，在企业的支持下承担企业内部某些业务内容或工作项目，进行创业并与企业分享成果的创新创业模式。这种激励方式不仅可以满足员工的创新创业欲望，同时也能激发企业的内部活力，改善内部分配机制，是一种员工和企业双赢的管理制度。

相对于另立山头，自力更生的创新创业方式，内部创新创业在资金、设备、人才等各方面资源具有得天独厚的优势。由于创业者对于企业环境非常熟悉，在创新创业时一般不存在资金、管理和营销网络等方面的困扰，可以集中精力进行新市场新领域的开发与拓展。同时，由于企业内部所提供的创新创业环境较为宽松，即使是创新创业失败，创业者所需承担的责任也很小，从而大大减轻他们的心理负担。当前，这一模式是很多企业的文化建设品牌，内部创新创业机制，不仅可以满足精英员工在更高层次上的“成就感”，留住优秀人才，同时也有利于企业采取多种经营方式，扩大市场领域，节约成本，延续企业的发展周期。

大企业的内部创业，培养出了众多创业的职业选手。这些职业选手有着丰富的资源。同样的创新创业项目，一个刚从学校出来的学生团队与一个从百度、阿里和腾讯出来的创业团队，如果面对投资人进行同样的项目路演，相信大企业的创业团队更容易获得资本的青睐。因为，这些大企业的创业团队经历了重重历练后，已经成长为职业选手。因此，对于刚走出校门的大学生而言，最好先就业历练，积累更多的创业资源，先将自己打造成一个职业选手，再寻找适当的机会进行创业，成功的机会可能更多。

思考题

1. 什么是创业资源？有哪些主要类型？
2. 影响创业资源获取的主要因素有哪些？
3. 以身边的创新创业活动为例，试分析其资源获取的途径。

附　录

附录 1：中共中央　国务院关于深化体制机制改革　加快实施创新驱动发展战略的若干意见

相关内容的阅读请扫描下方二维码。

附录 2：国务院关于大力推进大众创业　万众创新若干政策措施的意见

相关内容的阅读请扫描下方二维码。

附录 3：国家创新驱动发展战略纲要

相关内容的阅读请扫描下方二维码。

附录 4：国务院关于强化实施创新驱动发展战略　进一步推进大众创业万众创新深入发展的意见

相关内容的阅读请扫描下方二维码。

附录 5：国务院关于推动创新创业高质量发展　打造“双创”升级版的意见

相关内容的阅读请扫描下方二维码。

参 考 文 献

[1] 周三多，陈传明，鲁明泓. 管理学——原理与方法[M]. 3 版. 上海：复旦大学出版社，1999.
[2] 张在生. 职业生涯开发与管理[M]. 天津：天津大学出版社，2003.
[3] 张进. 职业生涯合理划分[M]. 北京：对外经济贸易大学出版社，2016.
[4] 高延鹏，张发俭，吕贵兴. 创业进阶[M]. 北京：教育科学出版社，2017.
[5] Amit R, Zott C. Value Creation in E-business[J]. Strategic Management Journal, 2000(22)：493-520.
[6] 罗珉，曾涛，周思伟. 企业商业模式创新：基于租金理论的解释[J]. 中国工业经济，2005(7)：73-81.
[7] 孙桂生. 从 0 到 1——创新型创业实践方法[M]. 北京：现代教育出版社，2017.
[8] 刘晓春，张善利，张国庆. 创业导向[M]. 北京：教育科学出版社，2017.
[9] 李家华. 创业基础[M]. 2 版. 北京：清华大学出版社，2015.
[10] 贺尊. 创业学概论[M]. 北京：中国人民大学出版社，2010.
[11] 国务院. 关于深化高等学校创新创业教育改革的实施意见[Z]. 〔2015〕36 号，2015-5-13.
[12] 樊丽明. 全面推进创新创业教育[EB/OL]. http://edu. people. com. cn/n1/2018/0108/c1053-29750857. html，2018-1-25.
[13] 芮益芳. 精益创业：如何识别信号与噪声[J]. 商学院，2015(9)：74-75.
[14] 王涛，严光玉. 创新创业学：发现之眼[M]. 成都：电子科技大学出版社，2016.
[15] 许婧. 上海发布新一轮鼓励创业带动就业专项行动计划[EB/OL]. http://finance. ifeng. com/a/20180725/164055300. shtml，2018-7-25.
[16] 张明妍. 德国创新创业现状及其生态体系构建对我国的启示[J]. 科技与经济，2017(3)：26-29.
[17] [美]布鲁斯·R. 巴林杰. 创业计划[M]. 陈忠实，等，译. 北京：机械工业出版社，2010.
[18] 董青春，董志霞. 大学生创业[M]. 北京：经济管理出版社，2012.
[19] 徐俊祥. 大学生创业基础智能训练教程[M]. 北京：现代教育出版社，2014.
[20] 从“小黑屋 11 人”到 6 亿用户，揭秘微信创新密码[N]. 新华每日电讯，2015-12-9.
[21] 精益创业：快速、低成本、高成功率[J]. 中国连锁，2014(3)：94.
[22] 清华大学. 全球创新创业观察 2016/2017 中国报告[EB/OL]. http://finance.people.com.cn/n1/2018/0128/c1004-29791128. html，2018-1-28.
[23] 张志强. 创新创业怎么做：思维与方法[M]. 北京：国家行政学院出版社，2017.
[24] 郑刚，陈劲，蒋石梅. 创新者的逆袭[M]. 北京：北京大学出版社，2017.
[25] 艾瑞克·莱斯. 精益创业——新创企业的成长思维[M]. 北京：中信出版社，2012.
[26] 龚焱. 精益创业方法论——新创企业的成长模式[M]. 北京：机械工业出版社，2016.
[27] 程愚，孙建国，宋文文，等. 商业模式、营运效应与企业绩效[J]. 中国工业经济，2002(7)：83-95.
[28] 魏江，刘洋，应瑛. 商业模式内涵与研究框架建构[J]. 科研管理，2012(5)：107-114.
[29] 翁君奕. 观商务模式：管理领域前纳米研究[J]. 中国经济问题，2004(1)：34-40.
[30] 刘文杰，张彦通. 中国高校创业教育的应然选择——基于历史分析的视角[J]. 北京航空航天大学学报(社会科学版)，2017，5(30)：96-101.

[31] 吴立保，吴政，邱章强. 我国大学生创新创业政策的变迁逻辑与政策建议——基于历史制度主义的分析[J]. 高等教育评论，2017(3)：89-99.
[32] 谜夏. 22 楼跳下、猝然离世！又有两位创业者离开了我们[EB/OL]. http://www.sohu.com/a/246107487_470098，2018-8-9.
[33] [美]卢克·米勒. 用户体验方法论：最懂用户体验的人教你做用户体验[M]. 北京：中信出版社，2016.
[34] 范真. 海归 GREEK 的创业日记——创业是条不归路[M]. 杭州：浙江大学出版社，2013.
[35] 佚名. 大学生创业失败率 95%，他们缺的是什么？[EB/OL]. http://www.sohu.com/a/122314599_439055，2016-12-22.
[36] 史宪文. 现代企划：原理、案例、技术[M]. 北京：清华大学出版社，2011.
[37] 中国高校创新创业学院联盟在山大成立，140 余所高校参与[N]. http://news.ifeng.com/a/20180603/58558355_0.shtml，2018-6-3.
[38] 工信部. 上半年互联网业务收入增速超过 20%[EB/OL]. http://www.ec.com.cn/article/dssz/scyx/201808/30896_1.html，2018-08-02.
[39] 习近平强调人才是第一资源，专家解读四重含义[EB/OL]. http://www.chinanews.com/gn/2018/03-18/8470546.shtml，2018-3-18.
[40] 施韵涛. 精益创业和敏捷[J]. 程序员，2012(10)：60-62.
[41] 习近平的创新观[EB/OL]. http://www. sohu. com/a/246227345_117159?g=0?code=af59aac1ff164c6b1b9f47f9eedd52f&_f=index_cpc_1，2018-8-10.
[42] [美]艾森·拉塞尔. 麦肯锡方法[M]. 张薇薇，译. 北京：机械工业出版社，2010.
[43] 国务院. 国务院关于推动创新创业高质量发展 打造“双创”升级版的意见[Z]. 国发〔2018〕32 号，2018-9-18.
[44] 中共中央 国务院. 国家创新驱动发展战略纲要[EB/OL]. http://www.most.gov.cn/kjzc/gjkjzc/gjkjzczh/201701/t20170117_130531. htm，2016-5-19.
[45] 2018 年“创客中国”创新创业大赛总决赛举行[EB/OL]. http://www.cnr.cn/gd/gdkx/20181010/t20181010_524381418. shtml，2018-10-10.
[46] 冯敏. 雷军谈小米：从米粉中来，到米粉中去[N]. 21 世纪商业评论，2013-9-6.
[47] 国务院. 关于强化实施创新驱动发展战略进一步推进大众创业万众创新深入发展的意见[Z]. 国[2017]37 号，2017-7-21.